Natasha A. Kelly
Schwarz. Deutsch. Weiblich.

Zu diesem Buch

»Erst im Laufe meines Lebens lernte ich, dass es auch viele Schwarze Frauen außerhalb meiner Familie gibt, die ihren Lebensmittelpunkt in Deutschland hatten (und noch haben) und einen ähnlichen Feminismus gelebt haben wie ich. Ihre Geschichten sind zum Teil in diesem Buch zu finden. Sie geben mir heute eine feministische Identität, die jenseits des *weißen* Feminismus reicht. Ihre Lebenswege, die streckenweise ganz anders waren als meiner, zeugen von einer historisch andauernden Position in deutschsprachigen Gesellschaften, die selten Gegenstand von Wissenschaft, Politik, Recht oder Gesellschaft sind. Selten werden unsere spezifischen feministischen Leistungen, Forderungen und Geschichten in den Fokus feministischer Debatten gerückt. Stattdessen werden wir Schwarze Frauen häufig von der feministischen Theorie und antirassistischen Politikdiskursen ausgeschlossen, weil beide von einem eindimensionalen Erfahrungszusammenhang ausgehen, der das Zusammenwirken unterschiedlicher sozialer Kategorien unberücksichtigt lässt.«

Natasha A. Kelly, Jahrgang 1973, ist Gastprofessorin an der Universität der Künste Berlin, Autorin und Herausgeberin, Kuratorin und bildende Künstlerin. Sie arbeitet an der Schnittstelle zwischen Wissenschaft und Kunst und hinterfragt aus einer Schwarzen feministischen, dekolonialen Perspektive eurozentrische Konzepte von Wissen, Macht und Körper. Ihr zentrales Anliegen ist es, Schwarze Perspektiven in der Wissenschaft und Kunst zu stärken; derzeit ist sie federführend an der Gründung eines unabhängigen Instituts für Schwarze deutsche Kunst, Kultur und ihre Wissenschaften beteiligt. Zuletzt erschienen ihre Werke »Rassismus. Strukturelle Probleme brauchen strukturelle Lösungen« (Atrium 2021) und »Schwarzer Feminismus: Grundlagentexte« (Unrast 2019).

NATASHA A. KELLY

SCHWARZ. DEUTSCH. WEIBLICH.

Warum Feminismus mehr als Geschlechtergerechtigkeit fordern muss

PIPER

Mehr über unsere Autorinnen, Autoren und Bücher:
www.piper.de

ISBN 978-3-492-07114-7
2. Auflage 2024

Umschlaggestaltung: FAVORITBUERO, München
Umschlagabbildung: Samia Rachel
Satz: Uhl + Massopust, Aalen
Gesetzt aus der Minion Pro
Litho: Lorenz & Zeller, Inning am Ammersee
Druck und Bindung: GGP Media GmbH, Pößneck
Printed in Germany

Dieses Buch enthält Inhalte, die rassistische und sexistische Gewalt thematisieren, die für einige Leser*innen retraumatisierend wirken können. Die Inhalte dienen nicht zur Verherrlichung oder Billigung dieser Themen. Zweck ihrer Einbeziehung besteht darin, auf soziale Probleme und deren Auswirkungen aufmerksam zu machen und zu ihrer kritischen Auseinandersetzung und Reflexion anzuregen.

Die Großschreibung von »Schwarz« ist ein Ausdruck der Sensibilität gegenüber den sprachlichen Herausforderungen im Umgang mit Rassismus. Damit wird deutlich gemacht, dass es sich um eine selbstbestimmte Identität handelt und nicht um eine rassistische Markierung der Haut. Die Kursivschreibung des Wortes »*weiß*« verweist auf seine Bedeutung als sozialpolitische Analysekategorie, die es ermöglicht, die gesellschaftliche Norm sichtbar zu machen.

Inhalt

1
So viel vorab

Keine Frau wird als Feministin geboren. Wir werden zu Feministinnen gemacht. Und das zwangsläufig, wenn wir im patriarchalen System überleben wollen. Doch es ist ein weiter Weg von der Frau zur Feministin. Damals, als Feministinnen dem Klischee nach unrasiert waren, Bart trugen und andere Frauen für ihren Lippenstift kritisierten, wehrten sich viele Frauen dagegen, so genannt zu werden. Denn Feministinnen wurden aufs Übelste beschimpft und als »hysterische Furien« abgestempelt. Viele Leute dachten damals, Feministinnen seien alle lesbisch und würden per se Männer hassen.

Heute ist das anders. Zur Stunde gehört der Feminismus zum guten Ton in der Gesellschaft. Auch deutsche Politiker*innen haben endlich erkannt, dass das nationale Ansehen nicht von Patriarchen bestimmt werden sollte, sondern vom Status quo der Frau abhängt. Und so sind wir in vielen Dingen bessergestellt als früher: Frauen dürfen zum Beispiel wählen. Seit mehr als einem Jahrhundert dürfen wir mitbestimmen, was in der Politik entschieden wird. Das ist keine Selbstverständlichkeit, wurde doch lang und hart für dieses Privileg gekämpft. Aber dieses Recht gilt leider nicht für alle. Denn Frau ist nicht gleich Frau und Feministin nicht gleich Feministin. Um ihre Stimme in Deutschland abgeben zu dürfen, muss eine Frau die deutsche Staatsbürger*innenschaft besitzen, was nicht auf alle Frauen im Lande zutrifft.

Auch ich bin Feministin. Eine radikale Schwarze Feministin, und deutsch noch dazu. Mein feministischer Weg verlief anders als der jener *weißen* deutschen Frauen, deren erklärtes Ziel es war, genauso hoch hinaus und genauso schnell voranzukommen wie der *weiße* deutsche Mann. »Gleicher Lohn bei gleicher Arbeit!«, forderten sie damals, und das fordern sie noch heute. Soweit ich mich zurückerinnern kann, kamen die Frauen in meiner Familie gar nicht erst dazu, gleichen Lohn zu verlangen. Sie rangen immer um Arbeit. Doch der Zugang zum Arbeitsmarkt und zu höherer Bildung wurde ihnen stets erschwert. Sie konnten sich selten einen Job aussuchen und meist keine kostenlose Bildung genießen. Meine Mutter klagte immer wieder darüber, dass sie als Kind barfuß fünf Meilen zur Schule laufen musste, weil Schuhe zu teuer waren. Geld war also immer Thema, nur haben die Frauen in meiner Familie hart geschuftet, um ein Minimum zu verdienen und das Notwendigste kaufen zu können.

Wenn ich *weißen* Feministinnen zuhöre, entsteht häufig der Eindruck, dass Gleichberechtigung nur dann erreicht wäre, wenn die *weiße* Frau dasselbe verdient wie der *weiße* Mann. Dabei wird übersehen, dass das Frausein von vielen Faktoren beeinflusst wird: Race, Class, Religion, Alter, Ability, Körpernormen, sexuelle Orientierung und nicht zuletzt Nationalität. Viel zu oft neigen *weiße* Frauen also dazu, Feminismus eindimensional und Unterdrückung singulär zu begreifen. Was ihnen fehlt, ist das Verständnis, dass Schwarze Frauen und Frauen of Color unterschiedlichen Formen der Diskriminerung ausgesetzt sind, die nicht einfach addiert werden können, sondern gleichzeitig wirken und auch gleichzeitig bekämpft werden müssen. In meinem *Femiversum* kann sexistische Ungleichheit deshalb nie getrennt von rassistischer und sozialer Ungleichheit verhandelt werden. Denn ich bin Schwarz, deutsch und weiblich und gehöre sowohl zur frühen Schwarzen Immigrant*innengeneration wie auch zur ersten Generation Schwarzer Akademiker*innen, die auf dem ersten Bildungsweg promovieren konnten und heute als Professorin tätig sind.

In dieser Hinsicht habe ich wenig von *weißen* Feministinnen lernen können. Am allerwenigsten von der deutschen Vorzeigefeministin Alice Schwarzer, die in den frühen 1980er-Jahren in deutschen Medien omnipräsent zu sein schien. Ihr Feminismus wurde als unfehlbar dargestellt, ihre feministische Perspektive von vielen *weißen* Frauen als allgemeingültig angenommen. Auf mich wirkte er aber sehr künstlich, aufgesetzt, fast gespielt. In jedem Fall stand ich Alice Schwarzer immer skeptisch gegenüber.

Vielmehr lernte ich als junge Schwarze Frau mit jamaikanischen Wurzeln schon früh einen Feminismus kennen, der viel organischer war, als er in den deutschen Medien vermittelt wurde. In meiner Familie wurde nicht über Feminismus geredet, er wurde gelebt: Die Frauen in meiner Familie arbeiteten, schoben sogar Extraschichten, damit es uns Kindern an nichts fehlte. Sie hielten zusammen, wehrten sich gegen den Rassismus, dem sie auf der Arbeit ausgesetzt waren und gaben mir früh zu verstehen, dass Race nie ohne Class gedacht werden kann. Doch sie bezeichneten sich selbst nie als Feministinnen. Als Kind gehörte der Begriff nicht einmal zu meinem Wortschatz. Und trotzdem. Auch wenn meine Mutter sich selbst nie so bezeichnete, würde ich behaupten, dass sie eine Feministin ist, so wie auch meine Tante und meine Großmutter und die vielen Schwarzen Frauen in meiner Familie, die vor ihnen kamen. Es ist also nicht weit hergeholt zu behaupten, dass ich meinen Hang zum Feminismus schon mit der Muttermilch aufgesogen habe.

Erst im Laufe meines Lebens lernte ich, dass es auch viele Schwarze Frauen außerhalb meiner Familie gab, die ihren Lebensmittelpunkt in Deutschland hatten (und noch haben) und einen ähnlichen Feminismus gelebt haben wie ich. Als ich im Laufe meiner wissenschaftlichen Arbeit erfuhr, wie eng Rasse und Nation im deutschen Kontext miteinander verbunden sind und wie sehr mein Alltag als Schwarze Deutsche davon beeinflusst ist, wollte ich wissen, wer diese Frauen sind, was unsere Gemeinsamkeiten sind und wo unsere Unterschiede liegen.

Im Austausch mit ihnen erfuhr ich, dass wir nicht alle gleich sind und auch nicht alle gleich sein können. Unsere Leben sind von unterschiedlichen Realitäten geprägt. Was wir gemeinsam haben, ist, dass wir an derselben »Kreuzung« stehen, wo sich Rassismus, Kapitalismus und das Patriarchat überschneiden und Mehrfachdiskriminierungen hervorbringen können. [1]

1989 setzte die Schwarze US-amerikanische Juristin Kimberlé Williams Crenshaw »Intersektionalität« als Forschungslinse ein, um an einem ganz konkreten juristischen Fallbeispiel diese spezifische Form der Mehrfachdiskriminierung sichtbar und beschreibbar zu machen.

Kimberlé Williams Crenshaw wurde 1959 in Canton, Ohio, als Tochter eines Schwarzen US-amerikanischen Lehrer*innenpaares geboren. Schon in jungen Jahren strebte sie danach, Rechtsanwältin zu werden. Diesen Wunsch erfüllte sie sich und arbeitete als Anwältin am Gericht, bevor sie 1986 zur University of California, Los Angeles (UCLA) in die Lehre wechselte. Im Zuge ihrer Praxis und Forschung stellte Kimberlé W. Crenshaw fest, dass das US-amerikanische Rechtssystem weitgehend auf Rassismus aufgebaut war, der trotz des Civil Rights Act ungehindert fortbestand. Auf Basis der Critical Race Theory setzte sie »Intersektionalität« als Linse ein, durch welche die Schnittmengen und zeitgleichen Wirkungen unterschiedlicher Diskriminierungen sichtbar gemacht und analysiert werden können. Heute ist Kimberlé W. Crenshaw Professorin und in Forschung und Praxis tätig.

Im Fall »DeGraffenreid versus General Motors« hatten 1976 fünf Schwarze Arbeiterinnen wegen struktureller Diskriminierung gegen ihre ehemalige Firma geklagt, weil sie zuletzt eingestellt und zuerst gekündigt worden waren. Ihre Klage wurde allerdings als gegenstandslos zurückgewiesen. Schließlich seien *weiße* Frauen nicht gekündigt worden, hieß es, weshalb kein Fall von Sexismus vorliegen könne. Und ebenso wenig seien

Schwarze Männer gekündigt worden, weshalb es sich nicht um Rassismus handele. Was das Gericht nicht erkannte, war, dass die Schwarzen Frauen aufgrund ihrer gesellschaftlichen Position zuletzt eingestellt und zuerst gekündigt worden waren. Sie waren gleichzeitig von strukturellem Rassismus und von Sexismus betroffen und erlebten daher eine Form der Mehrfachdiskriminierung. Obwohl (oder gerade weil) die Klage abgewiesen wurde, konnte Kimberlé Crenshaw aufzeigen, dass Mehrfachdiskriminierung sich durch die gleichzeitige Wirkung zwei oder mehrerer Diskriminierungen auszeichnet.[2]

In den letzten Jahren ist »Intersektionalität« im deutschsprachigen Raum zu einem Modewort geworden und nicht mehr aus Wissenschaft, Politik, Kunst oder Kultur wegzudenken. Doch selten wird eine Verbindung zum Entstehungskontext im Schwarzen Feminismus hergestellt. Stattdessen wird Schwarzsein, welches ohne die Verwobenheit von Race und Class nicht analysiert werden kann, als Kern des Intersektionalitätskonzepts einfach »weggedacht«. Wenn *weiße* feministische Theorie also versucht, Frauenerfahrungen zu analysieren, ohne dabei die intersektionale Wirkmacht von Race, Class und Gender in den Blick zu nehmen, trägt sie weniger dazu bei, die rassistischen, kapitalisitischen und sexistischen Strukturen der Gesellschaft abzubauen, sondern hält diese aufrecht. Die Folge ist, dass sexistische Diskriminierung ausschließlich auf der Basis von Gender analysiert wird[3], Class meist ganz aus der Gleichung herausfällt und Race zu einer unsichtbaren Kategorie wird, die *weißen* Frauen das »Privileg der Unsichtbarkeit« verleiht.[4]

In der Konsequenz fühlen sich Schwarze Frauen nicht vom deutschen Feminismus repräsentiert, da stets einseitige Forderungen gestellt werden, die mit unseren Lebensrealitäten nur rudimentär etwas zu tun haben. Um Antworten auf die vielen spezifischen Fragen zu bekommen, schauen wir Schwarze Frauen häufig in die USA. Leider müssen wir aber feststellen, dass wir dort nicht immer die passenden Antworten finden.

Vor allem dann nicht, wenn es um die spezifischen Lebenserfahrungen von Schwarzen Frauen in Deutschland geht: Was bedeutet es aber, eine Schwarze Frau in Deutschland zu sein?

Diese Frage stellte ich mir immer wieder aufs Neue und fand zahlreiche Namen, fragmentierte Biografien, historische Analysen und Diskurse, die darauf hindeuteten, dass es in der Geschichte und Gegenwart des deutschsprachigen Europas schon zahlreiche Schwarze Frauen vor mir gab, einige von ihnen sicherlich auch Feministinnen, die auch um ihre Identität als Schwarze Frauen in Deutschland gekämpft haben. Ihre Geschichten sind zum Teil in diesem Buch zu finden. Sie geben mir heute eine feministische Identität, die jenseits des *weißen* Feminismus reicht. Ihre Lebenswege, die streckenweise ganz anders waren als meiner, zeugen von einer historisch andauernden Position in deutschsprachigen Gesellschaften, die selten Gegenstand von Wissenschaft, Politik, Recht oder Gesellschaft sind.

Diesem Missstand möchte ich mit diesem Buch entgegenwirken. Zum einen möchte ich aufzeigen, dass Schwarze feministische Lebensrealitäten auch in Deutschland verwurzelt sind und weiter zurückreichen als in die deutsche Nachkriegsoder Wendezeit. Zum anderen sollen ebendiese Geschichten von Schwarzen Frauen, die im deutschsprachigen Raum gelebt und gewirkt, aber bislang nur wenig Aufmerksamkeit bekommen haben, sichtbar gemacht werden. Intersektional zu denken und intersektional zu handeln heißt nämlich immer auch, der Unsichtbarmachung Schwarzer feministischer (Ideen-) Geschichte entgegenzuwirken.[5]

Im Zuge der Arbeit an diesem Buch wurde deutlich, dass es nicht funktioniert, historische und gegenwärtige Verquickungen aufzuzeigen, ohne mich selbst dabei ein Stück weit zu öffnen. Aus diesem Grund spreche ich auch Ereignisse aus meinem persönlichen Leben an, über die ich mich selten öffentlich geäußert habe und verweise an dieser Stelle auf das Gewaltpotenzial, das einzelnen Episoden meines eigenen Lebens und das der portraitierten Schwarzen Frauen innewohnt. Meine eigene Geschichte sowie die zahlreicher Schwarzen Frauen in Deutschland bieten dennoch wichtige biografische Anknüpfungspunkte, um weitere Intersektionen herauszuarbeiten und ihre Wechselwirkungen mit Anti-Schwarzem Rassismus und der damit zusammenhängenden Verletzungsmacht zu erfassen.

Darüber hinaus ist es mir wichtig, vorab darauf hinzuweisen, dass auch ich Leerstellen habe, die jenseits meiner eigenen sozialen Realität reichen. Dennoch hoffe ich, jenen Leser*innen, die abweichende Erfahrungen machen, ein Buch an die Hand geben zu können, mit dem sie ihre Geschichte und Geschichten selbstbestimmt erzählen können. Nichtzuletzt hoffe ich, dass insbesondere die Kategorie »Race« im feministischen Diskurs mehr Bedeutung zukommt und Feminismus in Zukunft mehr als Geschlechtergerechtigkeit fordert.

2
»Bin ich etwa keine Frau?«

Ich habe mich in meiner Jugend oft gefragt, ob ich eine »richtige Frau« bin oder jemals werden kann. Nicht, weil ich das Geschlecht, das mir bei der Geburt zugeschrieben wurde, nicht annehmen wollte oder konnte. Vielmehr fand ich mich in der homogenen Kategorie »Frau« selten wieder und glaubte häufig, dass etwas mit mir nicht stimmt. Ich entsprach selten den gängigen *weißen* Vorstellungen von Weiblichkeit oder Schönheit und wurde selten in meinem Frausein bestätigt oder repräsentiert. In einer von der Schwarzen US-amerikanischen Freiheitskämpferin Sojourner Truth überlieferten Rede heißt es:

> *»Der Mann sagt, dass Frauen beim Einsteigen in eine Kutsche geholfen werden müsse, und auch beim Überqueren von Gräben und dass ihnen überall der beste Platz zustehe. Mir hat noch nie jemand in einen Wagen geholfen oder über eine Schlammpfütze oder den besten Platz überlassen. Bin ich etwa keine Frau?«*[1]

Sojourner Truth war eine Schwarze US-amerikanische Freiheitskämpferin und Frauenrechtlerin, die Mitte des 19. Jahrhunderts auf Mehrfachdiskriminierung aufmerksam machte. Ohne lesen oder schreiben zu können, reiste sie nach ihrer Flucht aus der Versklavung durch die USA und sprach öffentlich zur sozialen und politischen Situation von Frauen im Allgemeinen und Schwarzen Frauen insbesondere. Ihre Reden wurden häufig von unterschiedlichen politischen Lagern

nachträglich verschriftlicht und zu deren Zwecken verfälscht wiedergegeben. Auf der Woman's Rights Convention in Akron, Ohio, 1851, legte sie mit der Sichtbarmachung ihrer Erfahrungen den Grundstein für eine intersektionale Debatte, die bis heute andauert.

Obwohl die mir vorliegende Version der Rede von einer *weißen* Frau, namentlich Frances Gage 1858 für die breite Öffentlichkeit verschriftlicht wurde und Rassismus durch die Wortwahl und Ausdrucksweise reproduziert wird[2], sprach Sojourner Truth mir aus der Seele. Sie machte unmissverständlich klar, dass auch Frauen untereinander divers sind und frauenpolitische Forderungen viel stärker alle Frauen berücksichtigen müssten. Schon sehr früh hatte sie erkannt, dass sie, anders als *weiße* Frauen, gleichzeitig von Sexismus und Rassismus betroffen war und zählt somit zu den frühen Stimmen des Schwarzen Feminismus, die intersektionale Gerechtigkeit gefordert haben – lange bevor der Begriff existierte. Sie kritisierte gleichermaßen *weiße* Frauen für den Rassismus und *weiße* und Schwarze Männer für den Sexismus, der ihr entgegengebracht wurde und setzte sich für die Gleichstellung von Schwarzen Frauen und für das Wahlrecht für alle Frauen ein.

Obwohl mich Raum und Zeit von Sojourner Truth trennten, machte ich ähnliche Erfahrungen wie sie, die ich lange nicht benennen konnte. Während ich für die meisten *weißen* Männer nicht als vollwertiger Mensch existierte, hielten sich *weiße* Frauen selten mit ihrem Rassismus mir gegenüber zurück. Das führte dazu, dass ich mich in frauenpolitischen Kämpfen nur beschränkt mit ihnen solidarisieren konnte. Bis heute verstehe ich nicht, warum sie das Frausein ausschließlich aus ihrer eigenen, *weißen* Position definieren und erwarten, dass sich alle anderen Frauen dem anpassen.

Auch Sojourner Truths Identität war wesentlich vielschichtiger, als sie im ersten Moment erscheint. Sie war nicht nur Schwarz und weiblich. Sie hatte auch eine körperliche Beeinträchtigung, über die selten gesprochen wird. Seit einem Unfall im Hause Dumont, wo sie zur Arbeit gezwungen worden war, war ihre rechte Hand verkrümmt. In ihren öffentlichen Auftritten und visuellen Darstellungen lenkte Sojourner Truth häufig die Aufmerksamkeit weg davon, hin zu ihrer Schwarzen Weiblichkeit, indem sie beispielsweise öffentlich ihre Brüste zeigte. Auf diese Weise spielte sie mit ihren sexuellen Reizen und trug selbst dazu bei, von ihrer Behinderung abzulenken und geltende Körpernormen aufrechtzuerhalten. Auch in Schwarzen feministischen Kontexten ist es also entscheidend, nicht nur die eigenen Diskriminierungserfahrungen in den Blick zu nehmen, sondern auch Diskriminierungserfahrungen zu thematisieren, von denen wir nicht persönlich betroffen sind und die auf den ersten Blick nicht sichtbar sind. Darüber hinaus ist es wichtig, unterdrückende Diskurse nicht voneinander zu trennen, sondern aufzuzeigen, wie sie miteinander verwoben sind.[3]

Heute gibt es zwar keine Pferdekutschen mehr wie zu Sojourner Truths Zeit, aber metaphorisch gesprochen wurde auch mir weder die Tür aufgehalten noch der rote Teppich ausgerollt. Und so wie ich erzogen wurde, würde dies auch nicht passieren. Meine Mutter hatte mir sehr früh beigebracht, die Tür selbst zu öffnen, wenn ich irgendwo hineinwollte. Doch ganz ohne Vorbilder, mit denen ich mich hätte identifizieren können, gestaltete sich das nicht so einfach. In meiner Kindheit lernte ich außerhalb meiner Familie keine Schwarzen Frauen kennen. Frauen, die so aussahen wie meine Mutter, meine Schwestern und ich, waren in den frühen 80er-Jahren weder im deutschen Fernsehen noch auf deutschen Straßen unterwegs. Und schon gar nicht in der norddeutschen Kleinstadt, wo ich mit meiner Familie lebte. Egal, wohin ich mich bewegte, ich war von *weißen* Frauen umgeben. Die Mütter meiner Freundinnen waren alle *weiß*. Meine Lehrerinnen: *weiß*. Die Prinzessinnen in meinen Märchenbüchern: *weiß*. Und diese *weißen* Frauen hinterließen nicht immer einen positiven Eindruck.

Eine Begegnung ist mir bis heute im Gedächtnis geblieben:

Als kleines Mädchen fand ich beim Aufräumen eines Tages 20 Pfennig. Damals hat eine Kugel Eis noch so wenig gekostet. Also entschied ich mich, ohne meine Mutter zu fragen, aus dem Haus zu schleichen und zur Eisdiele an der Ecke zu gehen. Ich schloss die Wohnungstür hinter mir, so leise ich konnte, damit meine Mutter mich nicht hörte. Die Vorfreude war mir anzusehen. Ich rannte, so schnell ich konnte, die Treppen hinunter und sprang auf die Straße. Viel weiter würde ich an diesem Tag aber nicht kommen. Eine alte *weiße* Frau war neben mir stehen geblieben. Sie hob ihren Stock und brabbelte etwas, was ich damals noch nicht verstand, aber als sehr angsteinflößend vernahm. Beim Reden schlug ihre Haut tiefe Falten, die ihre Augen verbargen. Dennoch schaffte sie es, mich anzuschauen und mit ihrem Blick zu durchbohren. Wie von der Tarantel gestochen drehte ich mich auf dem Absatz um und lief, so schnell mich meine Schuhe tragen konnten, wieder die Treppe hoch. Das Eis war vergessen. Ich hatte dem Hass ins Gesicht geblickt. Und er hatte zurückgeschaut und wurde fortan mein ständiger Begleiter.

Bis heute weiß ich nicht, was diese alte Dame mir sagen wollte. Ich weiß nur, dass sie ein Gefühl in mir auslöste, das ich so schnell nicht wieder loswerden würde. Sie verkörperte für mich die böse Hexe aus »Hänsel und Gretel« und »Schneewittchen« und kam »Aschenputtels« bösen Stiefschwestern gleich. In meiner kindlichen Vorstellungswelt gab es drei Adjektive, die ich fortan mit *weißen* Frauen verband: »alt«, »hässlich« und »gemein«. Ich lernte früh, dass Schwarze und *weiße* Frauen grundlegend verschieden sind, und wusste, dass ich als Erwachsene nicht so angsteinflößend werden wollte wie sie. Davon, dass ich als Schwarze Frau eine ganz andere Form der Angst verkörpern und ausstrahlen würde, als *weiße* Frauen dies jemals tun könnten, wusste ich wenig. Die jahrhundertealte Zuschreibung, dass Schwarze Frauen wütend seien, aggressiv und böse, würde mich später selbst treffen, ohne dass ich es hätte verhindern können.

3
Das Tor zur *weißen* Welt

Meine Migrationsgeschichte ist im Vergleich zu vielen anderen Erzählungen von Flucht und Vertreibung kurz, und doch auf eine gewisse Art auch schmerzvoll. Viel wurde schon über die US-amerikanischen Streitkräfte berichtet, die nach dem Zweiten Weltkrieg im Süden Deutschlands stationiert waren. In der Geschichte Schwarzer Menschen in Deutschland spielen sie politisch eine tragende Rolle. Dies ist ohne Zweifel dem US-amerikanischen Imperialismus und der Amerikanisierung des Westens nach dem Zweiten Weltkrieg geschuldet.[1] Weniger bekannt ist, dass sich in den Reihen der britischen Armee, die in Norddeutschland stationiert war, auch viele Schwarze Soldat*innen aus den ehemals von den Brit*innen kolonialisierten karibischen und pazifischen Inseln und afrikanischen Ländern befanden.

Bevor ich als fünfjähriges Mädchen verstand, was »Welt« bedeutet und wie ich mich in ihr bewegte (und strategisch bewegen musste), zog auch meine Familie nach der Hochzeit meiner Mutter mit einem *weißen* Engländer von Ostlondon auf eine norddeutsche Militärbasis, wo mein Stiefvater stationiert war. Abgeschottet vom Rest des Landes und umgeben von wüster Einöde, lebten wir unter anderen britischen Familien, zwischen britischen Supermärkten und britischen Kinos und gingen auf eine britische Schule. In meinem kindlichen Glauben waren wir noch immer in England, bis meine Mutter uns Kindern wenige Jahre später mitteilte, dass mein

Stiefvater nicht mehr nach Hause kommen und wir umziehen würden. Was das im Detail bedeutete, verstand ich damals noch nicht. Ich erinnere mich nur an das Gefühl der Leere, das mich auf einmal beschlich und nie wieder verließ. Fakt ist, dass der dreimonatige Krieg von April bis Juni 1982 um die Falklandinseln im Südatlantik nicht nur die hochgelobte Demokratie in Argentinien brachte, sondern sich auch wie ein Riss durch meine Familie zog. Mein Stiefvater musste in diesen Krieg ziehen und kam nie wieder. Die Erinnerungen an ihn, die über die Jahrzehnte verblasst sind, versuche ich, so gut es geht, zu bewahren.

Da meine Mutter selbst keine Soldatin war, blieb ihr keine Wahl: Sie musste das Militär verlassen, wollte aber nicht in das durch Margaret Thatcher gebeutelte Großbritannien zurückkehren. Zu groß war ihre Angst, dass sie als Schwarze alleinerziehende Mutter von vier Kindern an der rassistischen Regierungspolitik der »Eisernen Lady« zugrunde gehen würde. Also packte sie unsere Habseligkeiten ein, nahm uns Kinder an die Hand und führte uns durch das Tor der Kaserne in ein neues Leben. Mit einem Schritt hatten wir die Multikulturalität der Militärbasis verlassen und waren in Deutschland angekommen.

Vor dem Tor schaute ich mich um und bemerkte, wie die Welt sich plötzlich *weiß* färbte; *weißer* als je zuvor. Und dieses weitläufige *Weiß*sein schien eine naturgegebene Tatsache zu sein. Dabei wurden unzählige Spuren von Schwarzen Menschen in Deutschland, insbesondere von Schwarzen deutschen Frauen, die nachweislich bis ins 17. Jahrhundert zurückreichen, schlichtweg ausradiert. Deutsche Kolonialgeschichte einfach vertuscht. Die Brit*innen seien viel schlimmer gewesen, hörte ich die Menschen in meinem Umfeld später immer wieder sagen. Sie bezogen sich dabei auf den europäischen Kolonialismus und versuchten auf diese Weise, Deutschlands historische Schuld zu verharmlosen. Schließlich habe das Land mit der Aufarbeitung des Nationalsozialismus seine Schuldigkeit getan, glaubten viele. Es gab für sie wohl keine Notwendigkeit, in den Wunden der älteren Vergangenheit zu bohren und noch weiter in der Geschichte zurückzugehen.

Ausgeblendet wurde, dass Schwarze Menschen seit dem Verlust von Deutschlands Kolonien nach dem Ersten Weltkrieg immer wieder des Landes verwiesen wurden. Ihre Geschichten wurden hinter einem kollektiven Schweigen verborgen, das auch den Rassismus, der sich durch den Kolonialismus in die Gesellschaft eingeschrieben hatte und den Nazis zu ihrer Mordpolitik verhalf, ungehindert unter der Oberfläche weiterschlummern ließ. Und so wurde mein Leben schon früh von europäischer Expansion und *weißer* Vorherrschaft geprägt. Als Kind des britischen Imperialismus in London geboren, dauerte es auch nicht lange, bis ich die andauernde Wirkmacht des deutschen Kolonialismus und seine Verstrickungen mit dem Nationalsozialismus am eigenen Leib erfahren würde.

Eines Tages spielte ich mit meinen Schwestern auf der Straße vor unserer neuen Wohnung. Wir lebten damals zu fünft in einer Zweizimmerwohnung, weshalb wir Kinder meist draußen spielten. Dort traf ich auch die alte *weiße* Frau mit den tiefen Gesichtsfalten zum ersten Mal, weshalb ich stets wachsam war und mich nicht immer sicher fühlte. Auf der gegenüberliegenden Straßenseite war ein Supermarkt, wo täglich viele Menschen verkehrten. Doch statt ihrem Alltag nachzugehen, blieben viele *weiße* Menschen mit ihren schweren Einkaufstüten in der Hand vor uns stehen und starrten uns an, als ob wir frei laufende Tiere wären. Für viele Leute im Dorf waren wir die ersten Schwarzen Kinder, die sie je gesehen hatten. Wir waren eine menschliche Attraktion!

Ich wusste damals noch nicht, dass es in Europa eine lange Tradition hatte, Menschen aus nicht europäischen Ländern wie Tiere in Käfigen »auszustellen« und zum Tanzen, Trommeln und Speerwerfen zu zwingen. Ziel dieser Schauen war es wohl, das *weiße* Publikum zu belustigen – auch in Deutschland. Auch wenn es seit den späten 50er-Jahren hierzulande offiziell keine Menschenzoos mehr gibt, hatten sich die kolonialen Sehgewohnheiten offenbar tief in deutsche Kultur eingeschrieben. Kaum raus aus der Umzäunung der Militärbasis, fanden wir uns also in der Reinszenierung einer kolonialen Völkerschau wieder. Scheinbar dort abgestellt, um die Schaulust der Zuschauenden zu befriedigen, wurde über uns getuschelt, mit dem Finger auf uns gezeigt und lauthals gelacht. Hätten wir an diesem Tag Eintritt verlangt, wären meine Schwestern und ich sicherlich reich geworden.

Dass die *weißen* Menschen, die mich bis aufs Mark anstarrten, irgendwann eine Hauptrolle in meinem Leben spielen und ihre Blicke mich fortan begleiten würden, sollte mir erst sehr viel später bewusst werden. Fakt war: Es gab kein Zurück. Ich war in Deutschland angekommen und würde bleiben. Also begann ich, mein neues Areal widerwillig zu erkunden.

4

Eine von vielen – mein Sinn für Community

Ich bin das vierte und letzte Kind meiner Mutter. Ihr »Waschbauch«, so nennt sie mich. In jamaikanischen Communitys wird das letztgeborene Kind häufig so bezeichnet. Ihnen wird nachgesagt, faul und verwöhnt zu sein. Ich bestreite es, jemals faul gewesen zu sein, außer an Sonntagen. Mit dem Verwöhntsein ist das so eine Sache. Für jedes Glas, das zu Bruch ging, für jeden Teller, der einen Riss hatte, schoben meine älteren Schwestern mir die Schuld in die Schuhe, da sie der Meinung waren, dass ich als Jüngste am wenigsten Ärger kriegen würde – was natürlich so nicht zutraf. Fakt war: Wenn Mutter sauer war, hattest du dich ihr besser nicht in den Weg zu stellen, ganz egal, ob du der Grund ihres Ärgers warst oder nicht. Das Donnerwetter kam meist mit einem Schrei, hinter dem sich die Wucht einer jamaikanischen Frau verbarg, deren eigene Lebensgeschichte von Kämpfen, Leid und Nöten geprägt ist.

Nachdem meine Mutter nach einigen Monaten in der Zweizimmerwohnung verkündet hatte, dass sie einen neuen Job gefunden hatte, zogen wir in eine größere Wohnung, in der meine Schwestern und ich jeweils zu zweit ein Zimmer teilten. Ein eigenes Zimmer bekam ich nicht. Wir hatten dankbar zu sein, sagte Mutter immer. Uns fehle es schließlich an nichts, argumentierte sie. Und sie hatte recht: In England hatten meine Schwestern und ich immer zu zweit in einem Bett geschlafen, in Deutschland schliefen wir zu zweit in einem Zimmer. Diese Verbesserung hat selbst mein achtjähriges Ich erkennen können.

Doch mit Geld lässt sich bekanntlich nicht alles kaufen, und so machten sich auch die Nachteile ihres neuen Jobs schnell bemerkbar: Anders als andere arbeitende Mütter ging meine nicht von neun bis fünf ins Büro oder in eine Boutique. Sie hatte keine Mittagspause, in der sie schnell nach Hause sprintete, um uns Kinder nach der Schule mit einem warmen Essen zu empfangen. Sie arbeitete nachts, und das gefiel mir zunehmend weniger. In den Folgejahren sahen wir sie kaum. Wenn ich mich morgens – begleitet von den Blicken der *weißen* Dorfbewohner*innen – allein auf den Weg zur Schule machte, schlief sie. Wenn ich nach Hause kam, stand sie gerade auf, nur um wenig später das Haus wieder zu verlassen.

Es gab sogar Tage, da sah ich unsere Mutter gar nicht. Wenn sie aber zu Hause war, war sie nicht zu übersehen. Ihr Duft füllte den Raum, und ihre Schönheit umklammerte mich. Doch ihr Job blieb ein gut gehütetes Familiengeheimnis. In dem kleinen konservativen Dorf, wo wir wohnten, fielen wir ohnehin schon genug auf. Was würden die Leute von uns denken, wenn sie wüssten, dass unsere Mutter in einer Bar arbeitete und wir Kinder abends die meiste Zeit allein zu Hause waren? Hinzu kam die Abwesenheit meines Vaters. Aus Angst vor Verachtung sollten meine Klassenkamerad*innen glauben, dass auch wir als Schwarze Familie ihre konservative Ordnung einhalten würden, also schwiegen meine Schwestern und ich über die sehr ungewöhnlichen Umstände bei uns zu Hause.

Ohne damals schon zu verstehen, welche Strukturen sich durch mein Leben zogen, fand ich mich in einer Linie wieder, die sich bis zu meiner Großfamilie in der Karibik zurückzog. Dort gibt es viele Frauen, die ihre Kinder allein großziehen. Laut *Jamaican Gleaner* wurden 2007 fast 85 Prozent der Kinder in Jamaika von alleinerziehenden Müttern geboren.[1] Ein Grund dafür ist, dass die Heiratsrate im letzten Jahrzehnt zurückgegangen ist, während die Scheidungsrate stieg. Hinzu kommen Migrationsbewegungen, die vor allem jamaikanische Männer seit den 50er-Jahren in die USA, nach Kanada oder Großbritannien führen.[2] Auch viele queere Menschen verlassen aufgrund der LGBTQIA*-feindlichen Staatspolitik die Insel. Denn Homosexualität ist strafbar und Transfeindlichkeit an der Tagesordnung. Der sogenannte »Unzuchtsparagraph«, der aus der britischen Kolonialzeit stammt und noch immer gültig ist, sieht sogar Zwangsarbeit oder bis zu zehn Jahre Haft für schwule Männer vor. Laut einer Umfrage aus dem Jahr 2014 befürworten 91 Prozent der Einwohner*innen dieses veraltete Gesetz und sind Homosexuellen und trans* Personen gegenüber feindlich eingestellt. Gewalttätige Übergriffe sind nicht selten, weshalb viele queere Menschen vor der drohenden Gewalt fliehen.[3]

Zurück bleiben meist die Mütter, die allein für die Erziehung der Kinder zuständig sind. Gleichzeitig müssen sie auch arbeiten gehen und den Haushalt führen. Gleiches galt für die Frauen in meiner Familie – und später auch für mich. Sie arbeiteten schwer, erzogen die Kinder und führten wie selbstverständlich nebenher den Haushalt. Wenn ihnen eine Möglichkeit geboten wurde, die Insel zu verlassen, dann, um Care-Arbeit zu leisten, die die *weiße* Frau in Nordamerika oder Europa entlasten und ihr zur Emanzipation verhelfen würde. Auch meine Großmutter bekam diese »Chance«. Sie war Teil der Windrush-Generation. So wurden karibische Einwander*innen genannt, die während und nach dem Zweiten Weltkrieg auf der *Empire Windrush* nach Großbritannien kamen, um den Fachkräftemangel im Pflegebereich aufzufangen. Aus diesem Grund gibt es in nahezu jeder karibisch-britischen Familie mindestens eine Krankenschwester. In meiner Familie war es meine Großmutter; später wählte auch eine meiner Schwestern diesen Beruf. Die wohl berühmteste jamaikanisch-britische Krankenschwester, von der ich schon im Kindergarten lernte, war Mary Seacole:

Mary Seacole wurde 1805 als Tochter einer freien Schwarzen Frau und eines weißen schottischen Soldaten in Kingston, Jamaika, geboren. Ihre Mutter unterhielt eine Pension für kranke und verwundete Soldaten und lehrte Mary schon in jungen Jahren traditionelle afrikanische und karibische Heilmethoden. In ihrer Autobiografie »Wonderful Adventures of Mrs. Seacole in Many Lands«, der ersten Autobiografie einer Schwarzen Frau in Großbritannien, bezeichnete sie sich selbst als Kreole. Nach dem Tod ihres Mannes reiste Mary Seacole 1854 nach England mit der Absicht, im tobenden Krimkrieg als Krankenschwester zu arbeiten. Allerdings wurde ihre Unterstützung von der britischen Regierung abgelehnt, weshalb sie direkt an die Front ging und aus eigener Kraft ein Lazarett eröffnete. Zurück in London arbeitete sie bis zu ihrem Tod 1881 als persönliche Masseurin der Prinzessin von Wales. 2016 wurde ihr zu Ehren eine Statue auf dem Gelände des St. Thomas' Hospital, Lambeth, London errichtet.[4]

Seit 1962 ist Jamaika politisch unabhängig, wirtschaftlich aber von Armut gebeutelt, was nicht zuletzt der andauernden Zugehörigkeit zum britischen Commonwealth geschuldet ist. Und das wird sich auch nach dem Tod von Queen Elizabeth II. so schnell nicht ändern. Als Staatsoberhaupt von Jamaika folgte ihr König Charles III., und damit wird die Insel noch immer von einem *weißen* Monarchen regiert. Doch seit Langem drängt der Karibikstaat auf eine Loslösung von der britischen Krone. Verständlich, wenn wir in Betracht ziehen, wie die politischen Beziehungen gepflegt werden:

Als der sogenannte Windrush-Skandal 2018 publik wurde, zeigte sich, dass das Vereinigte Königreich auch nicht besser mit seinen ausländischen Mitbürger*innen umging als Deutschland mit seinen Gastarbeiter*innen. Wegen ungültig gewordener Aufenthaltspapiere verloren Tausende Schwarze Brit*innen aus den früheren Kolonien ihre Arbeit und Wohnung, obwohl sie schon seit über 50 Jahren im Land lebten.

Aufgrund der konservativen britischen Einwanderungspolitik wurden sie plötzlich als »illegale Einwander*innen« betrachtet, viele wurden abgeschoben. Meine Großmutter und meine Tante durften bleiben.[5]

Meine Großmutter war bereits Mitte der 60er-Jahre nach London gegangen. Sie ließ ihre Kinder, meine Mutter und meine Tante, bei ihrer Großmutter in Jamaika zurück. Erst als meine Mutter 15 Jahre alt war, holte meine Großmutter sie und später dann auch meine Tante nach, weshalb sie zur zweiten Generation karibischer Einwander*innen in das Vereinigte Königreich zählen. Doch meine Mutter hielt es dort nicht lange aus. Zu groß waren die rassistischen Ausschreitungen, die zunehmend eskalierten und 1981 in den Brixton Riots ihren radikalen Höhepunkt fanden.[6] Die Heirat mit meinem Stiefvater und dessen Rang beim Militär boten ihr die Möglichkeit, die rassistisch motivierte Unruhe hinter sich zu lassen.

Auf deutschem Boden durfte meine Mutter sich mit uns Kindern nach seinem Tod nur niederlassen, weil sie schon sehr früh die britische Staatsangehörigkeit erworben hatte und wir Kinder damit europäisch waren. Vor dem Brexit war Großbritannien Teil der Europäischen Union, weshalb wir in Deutschland problemlos eine unbefristete Aufenthaltserlaubnis bekamen. Außerdem waren die Aufenthaltsbestimmungen damals nicht so streng wie heute. Anders als im Vereinigten Königreich lebten hier aber sehr wenige Menschen mit jamaikanischen Wurzeln. Unsere Kultur war dennoch überall präsent: Reggae Musik und Dread Locks hatten auch ohne Schwarze Körper ihren Weg nach Deutschland gefunden und ein Eigenleben entwickelt. Heute ist Bob Marley allen bekannt. Mit ihm beginnt und endet dann aber auch schon die jamaikanische Geschichtserzählung in Deutschland.

Dennoch (oder gerade deswegen) begann ich mich schon sehr früh mit meinen jamaikanischen Wurzeln zu beschäftigen und als Teil eines großen Ganzen zu verstehen: »*Out of*

Many One People« lautet das nationale Motto Jamaikas. Vor der europäischen Kolonialisierung der Karibik und ihrer Fremdbezeichnung als *West Indies* gab es einen regen innerkaribischen Austausch, der bis nach Südamerika reichte. Viele Individuen aus vielen verschiedenen Kulturen und Ländern kamen auf diese Weise zusammen, sodass »aus vielen ein Volk« wurde. Diversität ist also schon immer Teil unserer Leitkultur gewesen. Und so wurde mir mein Sinn für Vielfalt und Community bereits aus der jamaikanischen Kultur eingepflanzt, auch in der Sprache spiegelt er sich wider.

Die inoffizielle Landessprache von Jamaika ist *Patois,* ein linguistisches Gemenge aus Englisch und Spanisch, das meine Mutter immer dann sprach, wenn sie emotional oder wütend wurde. Als Kinder wurde uns immer auf den Mund geklapst, wenn wir versuchten, den Erwachsenen nachzusprechen. »*Wat'a go an?*« ist bis heute eine beliebte Begrüßung in den Straßen Ostlondons. Und obwohl wir gezwungen waren, das Englisch der Königin zu sprechen, führten wir auf unkonventionelle Weise unsere afrokulturelle Tradition fort, was sich vor allem kulinarisch zeigte: Yams, Plantains, Ackee und Patties – jamaikanische Spezialitäten dürfen bis heute nicht auf meiner Einkaufsliste fehlen und werden gern mit deutschen Knödeln mit Soße kombiniert.

Alles, was ich heute über die Insel weiß, musste ich mir allerdings selbst beibringen. Die Ureinwohner*innen Jamaikas wurden »*Taino*« genannt und gehörten dem indigenen Volk der Arawak an. Auch sie tragen zur Diversität Jamaikas bei und praktizierten Community. Auf der Flucht vor der europäischen Kolonialherrschaft nahmen sie geflohene afrikanische Versklavte in ihren Reihen auf. Gemeinsam formten sie später die Gruppe der *Maroons,* die, angeführt von der Kriegerin Queen Nanny, Widerstand gegen die *weißen* Europäer*-innen leisteten.

Queen Nanny gehörte zum Volk der Aschanti im heutigen Ghana, von wo aus sie zu Beginn des 18. Jahrhunderts mit ihren Brüdern verschleppt und unter brutalsten Bedingungen auf Jamaika versklavt wurde. Wegen der bestialischen Behandlung besonders Schwarzer Frauen entschlossen sich die Geschwister, nach ihrer Ankunft zu fliehen. Nanny führte eine Gruppe in die Berge, wo sie gemeinsam das nach ihr benannte Dorf »Nanny Town« gründeten. Sie soll an der Befreiung von mehr als 800 Versklavten beteiligt gewesen sein, die sie nicht nur strategisch, sondern auch unter Einbringung ihrer Kenntnisse der Kräuterheilkunde und Weitergabe von Spiritualität anführte. Heute wird Queen Nanny als einzige Frau auf der Liste der Nationalheld*innen Jamaikas geführt.

Von den Folgen der Verwobenheit des imperialistischen Kapitalismus und des sexistischen Patriarchats sind afrokaribische Frauen mehr betroffen als von Rassismus, da in Schwarzen Mehrheitsgesellschaften Race nicht die zentrale Kategorie ist. Sie wachsen im Glauben auf, nur Bildung könne sie aus der Armut befreien. Eine andere Anleitung gegen den Kapitalismus gibt es nicht; auch keinen Wegweiser in den Feminismus. Doch der Erfolg gibt ihnen recht: Viele Frauen sind heute Unternehmerinnen, Ärztinnen oder Anwältinnen, oder sie nehmen Gelegenheitsjobs an, die weniger Qualifikationen erfordern, aber regelmäßig bezahlt sind. Da sich immer mehr Frauen auf Karriere- und Bildungsziele konzentrieren, spielt die Geburtenkontrolle eine wichtige Rolle; die Familienplanung ist seit den 50er-Jahren ein fortdauernder Schwerpunkt der Politik der jamaikanischen Regierung. Ebenso die Digitalisierung. Karrierefrauen sind daher keine Seltenheit mehr, und der Feminismus ist viel organischer, als es in Deutschland und Europa den Anschein macht. Jamaika gehört außerdem zu den wenigen Ländern, die erfolgreich von einer Frau geführt wurden. Die ehemalige Premierministerin Portia Simpson-Miller regierte von 2006 bis 2007 und von 2012 bis 2016.[7]

Leider werden feministische Erfolgsgeschichten aus Schwellenländern jedoch viel zu selten erzählt. Wenn die meisten

Deutschen an Jamaika denken, kommt ihnen neben Reggaemusik lediglich ein Inselparadies mit paarungswilligen Männern in den Sinn, wo besonders *weiße* Frauen auf ihre Kosten kommen. Andere Bilder wurden selten präsentiert. Hinzu kommt allerdings die hohe Medienpräsenz von sportlichen Ausnahmetalenten: Die US-amerikanische Filmkomödie »Cool Runnings« feierte zu Beginn der 90er-Jahre weltweiten Erfolg. Sie basiert auf der wahren Geschichte einer jamaikanischen Bobmannschaft, die 1988 an den Olympischen Spielen in Calgary teilnahm. Vielen dürften auch die jamaikanischen »Reggae-Boys« ein Begriff sein. So wurde die Nationalmannschaft bezeichnet, nachdem sie sich 1998 zum ersten Mal für die Männer-Fußballweltmeisterschaft qualifizierte. Zweifelsohne genießt Usain Bolt in Deutschland große Beliebtheit, während weibliche Leichtathletinnen wie Shelly-Ann Fraser Pryce, die ihm in nichts nachsteht, nur wenigen bekannt sein dürften. Vor einiger Zeit erfuhr ich auch von der jamaikanischen Profifußballerin Beverly Ranger, die sogar in Deutschland Ligafußball spielte und 1975 für ihr »Tor des Monats« in der deutschen Öffentlichkeit bekannt wurde.

Sport, vor allem Leichtathletik, oder der Eintritt ins Militär sind die zwei bekanntesten Wege, um in Jamaika der Armut zu entfliehen. Anstelle von Rassismus herrscht dort nämlich ein bitterer Kampf gegen Klassismus, und anstelle von rassistischer Polizeigewalt wütet eine klassenbezogene Polizeigewalt. Die Rate der tödlichen Polizeischießereien ist laut Amnesty International eine der höchsten der Welt. Die häufigsten Opfer sind arme Schwarze Männer, denen kriminelle Handlungen unterstellt werden. Außerdem werden auch arme Frauen, queere Menschen und verwaiste Kinder inhaftiert, gefoltert und ermordet. Mit diesen brutalen Maßnahmen versucht die Regierung, Armut einzudämmen, ohne wirklich die strukturellen Ursachen zu bekämpfen.[8]

Mit Gewissheit kann ich sagen, dass der Antikapitalismus mir, wie mein Sinn für Community, in die Wiege gelegt wurde. Durch den Nachlass der Schwarzen US-amerikanischen Gastprofessorin Audre Lorde, die seit den 1980er-Jahren immer wieder Berlin besuchte und ebenfalls karibische Wurzeln hatte, würde ich später lernen, meine gelebten Differenzen mit meiner inneren und nicht mit meiner äußeren Welt in Einklang zu bringen und auch gegen Rassismus, Sexismus und Kapitalismus zu kämpfen. Doch bis ich so weit war und mit Stolz sagen konnte, dass ich eine radikale Feministin bin, Schwarz und deutsch noch dazu, hatte ich noch einen weiten Weg vor mir.

5
Der Garten meiner Oma

Meine Erfahrungen mit Macht und Ungleichheit wusste ich oft nicht zu benennen, geschweige denn die Matrix aus Rassismus, Kapitalismus und dem (Euro-)Patriarchat zu erkennen, die mich wie ein Netz umgab. Diese Dinge machen sich für die meisten Menschen nur punktuell bemerkbar. Für mich waren sie jedoch wie die elastischen, oft unsichtbaren Seidenfäden eines Spinnennetzes miteinander verbunden. Egal, wohin ich lief, hatte ich Spinnfäden im Gesicht, die mich nicht vergessen ließen, dass ich mich in einer Kontinuität befand von Versklavung und Kolonialisierung, überseeischer Arbeitsimmigration und Frauenarbeit sowie der Auseinandersetzung mit *weißer* Vorherrschaft und den damit verbundenen Privilegien und Schönheitsidealen. Es war nicht immer einfach für mich, das Kindsein zu genießen.

Ich war Lichtjahre vom bunten, feministischen Blumengarten entfernt, den die Schwarze US-amerikanische Feministin Alice Walker 1974 in ihrem Aufsatz »Auf der Suche nach den Gärten unserer Mütter« beschrieben hatte. Ihre Erinnerungen an ihre Mutter, eine versklavte Frau, die tags auf dem Baumwollfeld arbeitete und nachts nach Hause kam, um ihren eigenen Blumengarten anzulegen, ließen sie ihre Armut vergessen.[1]

Alice Walker gewann 1983 als erste Schwarze US-Amerikanerin für ihren Roman »Die Farbe Lila«, in dem sie Facetten ihrer queeren Sexualität thematisierte, den

Pulitzer-Preis. Im selben Jahr prägte sie das Konzept des »Womanism«. Nach ihren eigenen Angaben verhalte sich Womanism zum Feminismus so wie »Lila zu Lavendel«. Damit zeigt sie auf, dass der Schwarze Feminismus kein einheitliches Feld ist, das nur den Kampf gegen Schwarze Männer vor Augen hat, und legt ihren feministischen Fokus auf Themen, die für Schwarze Frauen und Männer gleichermaßen bedeutsam sind: Familie, Community und Überlebensstrategien, die allen zugutekommen sollten. 1982 prägte sie auch den Begriff »Colorism«, den sie als nachteilige oder bevorzugte Behandlung von Schwarzen Menschen allein aufgrund ihres Hauttons definiert.

Für mich war der Garten meiner Oma im Arbeiter*innenviertel Londons von großer Bedeutung. Meine Schwestern und ich verbrachten dort als Kinder viel Zeit. Wir spielten Fangen und liefen um die Wette. Als jüngstes und kleinstes Mädchen stolperte ich eines Tages beim imaginierten Weltrekordlauf über meine eigenen Füße und fiel beim Versuch, meine älteren Schwestern einzuholen, auf den betonierten Fußpfad. Grandma schaute von den Bohnenranken hoch und beobachtete, wie ich unversehrt aufstand und mich abklopfte, bevor sie in Ruhe ihre Gartenarbeit fortführte. Sie hatte uns immer im Blick, war fürsorglich, aber ließ uns machen.

Mit jedem Lauf wurde der Ehrgeiz in mir stärker, eines Tages schneller zu sein als meine Schwestern – bis ich sie schließlich einholte und mit einer Zehenlänge besiegte. Danach war es vorbei mit den Rennen. An ihre Stelle trat ein scheinbar unüberwindbarer Streit, bei dem mir unterstellt wurde, ich hätte beim Start die Linie übertreten und sei ohnehin zu früh losgelaufen. Das Rennen zählte also nicht, und ich wurde disqualifiziert. Natürlich war meine älteste Schwester Wettkampfgegnerin, Linien- und Schiedsrichterin zugleich. Seit wir hinter dem Zaun in Deutschland wohnten, verbrachten wir nur noch die Sommerferien bei unserer Großmutter. Bei schönem Wetter spielten wir im Garten und stritten noch lange über meinen misslungenen Start beim Lauf. Bei Regen spielten wir im Schlafzimmer, das wir miteinander teilten.

An einem Sommertag waren wir gerade vom Einkaufen zurückgekehrt, als es anfing, in Strömen zu regnen. Der Regen ist mir besonders in Erinnerung geblieben, weil wir Kinder neue Schuhe bekommen hatten. Meine waren schwarz, umhüllt von glänzendem Lack und mit einer großen goldenen Schnalle versehen. Ich war so verliebt in sie, dass ich nicht auf die neuen Schuhe meiner Schwestern achtete. Am liebsten hätte ich meine im Laden anbehalten und auf dem Heimweg getragen. Grandma überzeugte mich, sie auszuziehen, indem sie mir versicherte, der Lack würde vom Regen abgehen. Ich schaute also mit kindlicher Verzücktheit zu, wie die Verkäuferin die Schuhe in Papier wickelte und wieder in den Karton packte. Zu Hause angekommen, konnte ich nicht erwarten, sie anzuziehen. Doch Schuhe waren im Haus verboten, also stellte ich sie weit genug weg vom tropfenden Regenschirm an die Garderobe und starrte sie stundenlang an, in dem Glauben, ich könne mich darin spiegeln.

Um mich davon wegzulocken, nahm meine Schwester die leeren Kartons und sagte, wir könnten ja damit basteln. Viel Spielzeug besaßen wir als Kinder nicht, aber an Kreativität mangelte es uns dennoch nicht. Wir nahmen also Schere, Kleber und Stifte und verwandelten in stundenlanger Feinarbeit die vier Schuhkisten in ein Puppenhaus. Jeder Karton bildete ein anderes Zimmer – Wohnzimmer, Küche, Schlafzimmer und Bad –, das wir jeweils mit Papiermöbeln entsprechend einrichteten. Die Schuhe waren schnell vergessen.

Bei meinen Schwestern fühlte ich mich geborgen. Sie waren meine besten Freundinnen. Andere Freund*innen hatte ich in der Kindheit nicht und brauchte ich auch nicht. Wir teilten unsere Wachstumslehren und -sorgen, lernten von- und miteinander, passten aufeinander auf, wenn – wie so häufig – kein Erwachsener anwesend war. Und so lernte ich sehr früh die Bedeutung der *Sisterhood* kennen, die mich mein Leben lang begleitete:

Sisterhood ist die tiefe und dauerhafte sozialpolitische Bindung zwischen Schwarzen Frauen, die nicht zur Erstfamilie gehören müssen. In guten Zeiten wird das Glück bedingungslos miteinander geteilt; in schweren Zeiten finden wir in Schwesternschaft emotionale Unterstützung und Trost. Sie erlaubt uns, jenseits der diskriminierenden Strukturen handlungsfähig zu bleiben und das Beste in uns durch die Augen unserer Schwestern zu erkennen. In diesem Sinne ist Schwesternschaft ein politischer Raum, in dem Schwarze Frauen mehr Sichtbarkeit erlangen. Dies setzt Ehrlichkeit, Loyalität und Vertrauen voraus.

Als ich meine Großmutter als Jugendliche lange Zeit später wieder besuchte, wurde mir bewusst, wie klein ihr Garten eigentlich war. Nach wenigen Schritten war ich bereits am anderen Ende des Pfads angelangt, den die Mauer zum Nachbargrundstück begrenzte. Sie war noch genauso bröselig wie damals, als wir mit unseren kleinen Fingern und dünnen Stöcken mühselig ein Loch hineingebohrt hatten. Ich bückte mich, um hindurchzusehen. Der Nachbargarten war inzwischen verwachsen und längst nicht mehr so prächtig wie früher. Ich lehnte mich an und schwelgte in Erinnerungen an meine frühe Kindheit, als meine Schwestern und ich noch unsere Schwesternschaft hatten genießen können.

Mit dem Umzug nach Deutschland lebten wir uns bald auseinander. Das fremde Land, die Pubertät und das Erwachsenwerden haben uns in alle vier Himmelsrichtungen verstreut. Am weitesten entfernt von allen habe wohl ich mich. Während meine Schwestern weniger politisch sind, habe ich den Weg des Widerstandes gewählt – beziehungsweise wählte er mich. Denn Aktivistin (wie auch Feministin) ist kein klassischer Berufswunsch, so, wie kleine Mädchen davon träumen, Feuerwehrfrau oder Astronautin zu werden. Vielmehr hatten mich mein Bildungsweg und mein immer tiefer werdendes politisches Bewusstsein automatisch in den Aktivismus geführt. Doch wie ein afrikanisches Sprichwort besagt, ist Wissen wie ein Garten, und wenn er nicht gepflegt wird, kann dort nicht geerntet werden. Ich machte mich also erst einmal auf, einen deutschen Schulabschluss zu machen und damit den großen, prächtig blühenden Garten in meiner Vorstellungswelt zu bestellen. Wenn er nur ansatzweise so schön wachsen würde wie der Garten meiner Grandma, würde er die Welt für mich und andere Menschen bereichern.[2]

6

»Jung, giftig und Schwarz«[1]

Meine Einschulung in die deutsche Schule erfolgte ohne Schultüte. Stattdessen platzte ich nach mehreren Umzügen mitten im Schuljahr in die vierte Klasse der einzigen Grundschule im Dorf. Niemand hatte mit mir gerechnet. Und weil das noch nicht schlimm genug war, kamen meine Schwestern auf die weiterführende Schule, weshalb ich nicht nur allein war, sondern ganz schnell ganz einsam wurde. Am ersten Schultag führte mich die Schuldirektorin an der Hand über den Korridor in meinen neuen Klassenraum. Sie klopfte kurz an die Tür und öffnete diese, ohne auf Antwort zu warten. Demonstrativ stiefelte sie vor die Tafel und zog mich förmlich hinter sich her. Alle Augen richteten sich auf mich. Bevor sie ihre Ansprache begann, ließ ich schnell ihre Hand los, merkte aber, dass dies nicht der Grund der ungeteilten Aufmerksamkeit meiner neuen Mitschüler*innen war.

Es war unschwer zu erkennen, dass keine der anderen Schüler*innen so aussahen wie ich. Sie waren alle *weiß;* es war keine Schwarze Person und auch keine Person of Color dabei. Hinzu kam die bunte Straßenkleidung der Schüler*innen. Keine Schuluniformen, keine gestreiften Krawatten und auch keine weißen Kniestrümpfe in schwarzen Lackschuhen, wie ich es aus der britischen Schule kannte. Der Freizeitlook ließ sie für mich weniger intelligent wirken. Die Worte, die aus dem Mund der Direktorin wichen, waren stumpf und abgehackt. Sie waren von einer faktischen Härte durchzogen, die dem Befehlston eines Generals gleichkam. Verstanden habe ich nichts.

Als es klingelte, sprangen alle Kinder wie auf Knopfdruck auf und rannten an mir vorbei in den Pausenhof. Aus der Ferne ertönte eine Kakofonie aus schreiendem, tosendem Kinderlachen, gemischt mit Straßenlärm und den entfernten Geräuschen vorbeifahrender Züge. Ich blieb mit meiner neuen Lehrerin und der Direktorin zurück in einem fast leeren Raum mit kahlen Wänden und großen Fenstern, durch die die Sonne hereinlachte. Ein kleiner Trost an diesem (wie ich fand) sehr historischen Tag.

Wie ein Paket war ich meiner Lehrerin übergeben worden, die vor der wandlangen Tafel hinter einem Pult saß und mich über ihre Brille anschaute. Es wirkte, als ob sie schon sehr viel Zeit an diesem Platz verbracht hätte. Wir begutachteten uns gegenseitig, bis sie mich mit starkem deutschen Akzent auf Englisch ansprach: *»Hello and welcome to Germany!«* Ich versuchte zu lächeln, war um eine bessere Antwort verlegen.

Mit dem zweiten Klingeln kehrten die Kinder aus der Pause zurück und setzten sich auf ihre festen Plätze. Ich stand noch immer wie erstarrt vor der Tafel. Als würde der Unterricht entlang meines Körpers fortgeführt werden, richteten alle wieder ihre erwartungsvollen Blicke auf mich. Zweifelsohne spürte ich, wie wenig sie ihren Augen trauten: Das kleine Schwarze dürre Kind aus dem Sachkundeunterrichtsbuch stand leibhaftig vor ihnen und sollte gerettet werden. Tatsächlich war ich als Kind ähnlich klein und mager wie die afrikanischen Kinder in deutschen Schulbüchern immer dargestellt werden. Ein Pausenbrot, wie es in Deutschland üblich ist, hatte ich an diesem Tag auch nicht dabei, weshalb der Hunger sehr bald anklopfte und mich wahrscheinlich noch verzweifelter aussehen ließ. Und die Tatsache, dass ich noch kein Deutsch sprach, machte mich zum perfekten Anschauungsobjekt, schließlich konnten meine Mitschüler*innen nur minimal oder gar nicht mit mir reden.

Zur allgemeinen Enttäuschung wurde ich schließlich aus dem imaginierten Laborkäfig entlassen und bekam den letzten freien Platz neben einem dunkelhaarigen Mädchen namens Nicole zugewiesen. Zu meinem Glück sprach sie ein paar einzelne Worte Englisch und hatte Spaß daran, in Zeichensprache mit mir zu kommunizieren. In den frühen 80ern war es gar nicht so selbstverständlich wie heute, dass fast alle junge Menschen Englisch sprechen.

Da war sie also, meine neue beste und erste *weiße* Freundin. Zwar würde sie es schwer haben, den Platz meiner Schwestern zu füllen, aber sie gab sich die größte Mühe, mir tagein, tagaus Deutsch beizubringen. Mit dem Schulunterricht konnte ich sonst nicht viel anfangen, ich verstand weder die Sprache noch die Struktur des Grundschulalltags. Beim unglücklichen Versuch, meiner Lehrerin zuzuhören und zu entziffern, was sie an die Tafel schrieb, schaltete ich ab und ließ meinen Blick aus dem Fenster schweifen.

In der Pause las Nicole mir eifrig aus der Fibel der ersten Klasse vor: »Töff, töff, töff die Eisenbahn, wer will mit in den Urlaub fahren?« Sie erklärte mir mit viel Geduld, dass die Eisenbahn dasselbe sei wie ein Zug und dass die Konsonanten »e« und »i« zusammen »Ei« bildeten und dass das im Englischen *egg* heiße. Trotz unseres freundschaftlichen Verhältnisses wurde ich das Gefühl nicht los, ihr »Projekt« zu sein, ihr Schulhamster im Klassenkäfig, den sie täglich füttern und mit frischem Wasser versorgen durfte. Zur Freude meiner Lehrerin war das Experiment gelungen: In kürzester Zeit wurde mein Deutsch besser, und ich öffnete mich auch meinen anderen Klassenkamerad*innen gegenüber. Langsam, aber sicher näherten wir uns an.

Mit Händen, Füßen und ein paar Worten Deutsch konnte ich mich inzwischen gut mitteilen und einiges verstehen. Nur dann, wenn ich bestimmte Fragen nicht beantworten wollte, stellte ich mich dumm. Zum Beispiel immer dann, wenn nach meinen Eltern gefragt wurde. Dass meine Mutter alleinerziehend war, nachts arbeitete und wir Kinder die meiste Zeit allein zu Hause waren, passte nicht in das Weltbild meiner Klassenkamerad*innen und sollte daher nicht Thema werden. Bezüglich meines Vaters hatte ich mir die Geschichte einer Freundin geliehen, deren Vater auf einer Bohrinsel in der Nordsee arbeitete und dadurch immer nur im Vierwochenrhythmus nach Hause kam. Wenn ihr Vater zu Besuch war, fuhr meiner gerade wieder fort. So erklärte ich meinen Mitschüler*innen und auch mir selbst, dass er nicht zugegen war. Wirklich wohl fühlte ich mich damit nicht.

Nach wenigen Monaten in der neuen Schulklasse folgten endlich die Sommerferien, in denen ich meine Schwestern wieder um mich haben konnte. Als die Schule nach sechs Wochen wieder losging, musste ich zu meinem Entsetzen auf eine neue Schule: zwei Jahre Orientierungsstufe. Das war in Norddeutschland so üblich. Meine Schwestern waren also weiterhin nicht Teil meines Schulalltags, und Nicole war plötzlich auch nicht mehr da. Am ersten Schultag stand ich mit einer Handvoll Deutsch im Gepäck wieder als einziges Schwarzes Mädchen vor einer *weißen* Schulklasse. Dieses Mal wurde die Uniformität allerdings von zwei türkischen Schülerinnen durchbrochen. Sie waren, wie ich, in der Klasse 5D – wie doof – geparkt worden, nahmen selten aktiv am Unterricht Teil und wurden, wie ich, von unserer neuen Lehrerin nur rudimentär wahrgenommen.

Was mich von den beiden Mädchen of Color unterschied und mir einen leichten Vorteil verschaffte, war die Tatsache, dass laut damaligem Lehrplan Fünftklässler*innen ihre erste Fremdsprache lernen sollten: Englisch. Diese Tatsache machte meinen Schulalltag etwas angenehmer, bot sie mir doch zweimal in der Woche die Möglichkeit, mich aus der Peripherie des Klassenverbands ins Zentrum zu bewegen und meine verborgenen Talente zu zeigen. Die Ergebnisse einer Sonderauswertung der PISA-Studie 2015 zeigen, dass die Leistungen von Schüler*innen mit sogenanntem Migrationshintergrund schwächer ausfallen als die von Kindern ohne ausländische Wurzeln. Besonders besorgniserregend waren die Angaben der Schüler*innen of Color auf Fragen zu ihrem Wohlbefinden an der Schule, wenngleich bis heute nur sehr wenig dagegen getan wurde. Laut der Studie ist der Anteil der Schüler*innen mit sehr schwachen Leistungen, die im Ausland geboren wurden, fast doppelt so hoch wie bei der Gruppe der Schüler*innen mit deutschen Wurzeln. Die erste Gruppe habe vermehrt das Gefühl, in der Schule nicht dazuzugehören, klage häufiger über schulbezogene Ängste und sei insgesamt weniger mit ihrem Leben zufrieden als deutsch-deutsche Schüler*innen.[2]

Auch ich empfand die Schule als Qual. Sie fühlte sich an wie ein Gifttrank, der mir verabreicht wurde und der langsam schleichend zum Tod führte. Immer wieder wurde ich auf meinen historischen Platz verwiesen, der noch immer reserviert zu sein schien. In der Theater-AG wurde ich beispielsweise für die Hauptrolle nicht einmal berücksichtigt. Zu mir passe besser die Rolle der Dienerin, meinten alle und zwangen mich so, ihr koloniales Stereotyp zu bedienen. Nach der Weihnachtsaufführung wurde ich dafür gelobt, wie gut ich doch gespielt hätte. Die Rolle sei mir wie auf den Leib geschrieben, hieß es von den zuschauenden Eltern und dem Lehrpersonal. Dabei musste ich keinen Text lernen und auch nicht sprechen, sondern wie eine »Mohrin« (fortan mit M* abgekürzt) einfach freundlich lächeln und mit dem Kopf nicken.

Im Nachschlagewerk »Wie Rassismus aus Wörtern spricht« (2011) wird diese rassistische Fremdbezeichnung wie folgt definiert:

> *»M* ist die älteste deutsche Bezeichnung, mit der Weiße Schwarze Menschen als anders konstruiert haben. Der Begriff wurde aus anderen europäischen Kontexten übersetzt und geht etymologisch sowohl zurück auf das griechische* moros, *das »töricht«, »einfältig«, »dumm« und*

auch »gottlos« bedeutet, als auch auf das lateinische maurus, *welches für »schwarz«, »dunkel« bzw. »afrikanisch« steht.«*[3]

Die diskriminierende Bedeutung des Wortes lässt sich auf die Etablierung des Christentums als Staatsreligion zurückführen. Alle nicht christlichen Glaubensrichtungen wurden als Antithese zum Göttlichen betrachtet und durch die Farbe Schwarz symbolisiert. Diese Vorstellung wurde durch die Markierung von »Hautfarbe« auf Schwarze Menschen und People of Color sowie ihre geografischen Lebensräume übertragen, die bald als Träger*innen beziehungsweise Schauplätze von Tod und Trauer angesehen wurden.[4]

Im Zuge der europäischen Aufklärung wurde diese Idee durch biologistische Argumente ersetzt und mit dem N-Wort fortgeschrieben. Hinzu kamen zahlreiche abwertende Attribute, mit denen der afrikanische Kontinent als geschichts-, kultur- und auch sprachlos beschrieben wurde.[5] Meine reale und gespielte Sprachlosigkeit schien dieses Narrativ zu bestätigen, weshalb meine Mitschüler*innen wahrscheinlich gar kein Ungerechtigkeitsgefühl empfanden, als sie mich so bezeichneten. In der Mittelschule hörte ich sie oft das N-Wort zu mir sagen.

Auch die Erwachsenen schreckten nicht davor zurück, mir immer wieder aufs Neue eine Minderwertigkeit zuzuschreiben: »Zügele dein Temperament«, hieß es von den Lehrenden so oft, womit sie mir als lebhaftem Kind eine »Wildheit« unterstellten. »Sie hat keine Erziehung genossen«, flüsterten die Eltern meiner Mitschüler*innen laut und betonten meine vermeintliche Unzivilisiertheit. In diesen Situationen fühlte ich mich ohnmächtig und zum Schweigen gezwungen. Als einziges Schwarzes Mädchen an der Schule hatte ich in meiner Jugend meine eigene Strategie, mit Rassismus umzugehen – nämlich gar keine. Ich machte ihn einfach nicht zu meiner Gegenwart, obwohl er allgegenwärtig war. Immer wenn Gespräche auf meine Hautfarbe gelenkt wurden, habe ich sie im Keim ersticken lassen. Ich wusste, dass ich nicht gewinnen könnte.

Häufig blieb mir nichts anderes übrig, als mich in Schweigen zu hüllen, ein apathisches Schweigen, das mich in den Schutz gedanklicher Abwesenheit beförderte. Später erfuhr ich aus den Werken von Audre Lorde, dass mein Schweigen mich nicht beschützen würde (und auch nie beschützt hatte).[6] Es funktionierte auch nur so lange, wie ich keinen anderen Menschen begegnete, die so aussahen wie ich. Denn dann wurde ich jedes Mal daran erinnert, dass ich anders war und auch immer anders sein würde. Ich schaute dann schnell weg oder wechselte hastig die Straßenseite. So entfremdete ich mich immer mehr von mir selbst, bis ich mich selbst eines Tages nur noch durch die Augen von *weißen* Menschen wahrnahm.[7]

Was ich als Kind nicht artikulieren, aber in jedem Glied meines Körpers spüren konnte, war, wie die *weißen* Menschen in meinem Umfeld mich zu ihrem Problem machten, das unter Kontrolle gebracht werden musste. Ihre kolonialrassistische Vorstellung der unerzogenen und unzivilisierten Afrikanerin setzte sich meine gesamte Schulzeit über fort und verstärkte die andauernde Kolonialität meines Alltags. Als ich am Ende der Orientierungsstufe wegen meiner mittelguten Deutschkenntnisse eine Realschulempfehlung bekam, schickte mich meine Mutter zum Entsetzen aller (inklusive mir selbst) aufs Gymnasium, wo die andauernde Kolonialität der deutschen Gesellschaft sich von einer anderen perfiden Seite zeigen sollte.

7

»Vom Nutzen der Erotik«[1]

Während ich die 7. Klasse eher schlecht als recht bestand, hatte ich im Folgejahr in Deutsch, Mathe und Erdkunde jeweils eine Fünf kassiert und musste die 8. Klasse wiederholen. Geistige Erschöpfung und das Gefühl der inneren Leere setzten schon zum Halbjahr ein. Nicht einmal der Sport konnte mich retten. Im Sprinten war ich zwar immer das schnellste Mädchen gewesen; bei den Bundesjugendspielen landete ich stets unter den besten drei. Jedes Jahr wurde mir eine Ehrenurkunde überreicht, die ich erhobenen Hauptes entgegennahm. Damit konnte ich aber meinen Notendurchschnitt nicht verbessern, sondern nur die koloniale Vorannahme bestätigen, dass Schwarze Menschen nicht über Intelligenz verfügten, sondern lediglich aus genetischen Gründen schneller liefen als *weiße* Europäer*innen. So wurde ich für meine vermeintlich angeborene sportliche Leistungsfähigkeit bei allen gefeiert.

Auch in Fragen der Ästhetik fiel ich durch und kam in der Pubertät bei den Jungs weniger gut an. Meine phänotypischen Merkmale wichen weit von ihren genormten *weißen* Schönheitsvorstellungen ab. Meine Haare wachsen nach oben statt nach unten und wehen nicht im Wind. Wenn ich versuche, mit den Fingern hindurchzufahren, bleibe ich stecken. Erst an der einen Locke, dann an einer anderen. Über meine Haare könnte ich viele Geschichten erzählen. Sie wurden schon besungen, gefeiert und auch betrauert. Ebenso meine Haut. Sie ist weich und gleichzeitig hart. Von Melanin durchzogen.

Es vergeht kein Tag, an dem die weltweiten Krisen, Kriege und Katastrophen nicht auf ihre Oberfläche eingeschrieben werden.

Als Kind wünschte ich mir oft, nicht aufzufallen. Schon gar nicht wegen meiner Hautfarbe. Ich hegte zwar nie den unmittelbaren Wunsch, *weiß* zu sein, aber ich wollte so aussehen wie die Menschen in meinem Umfeld. So riechen wie sie. Mich so überlegen fühlen wie sie. So schön sein wie sie. Denn gemessen an den überwiegend blonden Mädchen in meiner Klasse war ich hässlich. Bei jedem Blick in den Spiegel stach insbesondere meine Nase hervor. Sie ist relativ breit und nimmt überproportional viel Platz in meinem Gesicht ein. Am Ende ist sie fleischig statt spitz und mündet in zwei fingergroße schwarze Löcher, durch die ich in der Regel nicht ausschließlich Luft einatme, sondern gelegentlich auch die eine oder andere kleine Obstfliege, wenn sie nahe genug heranfliegt.

Liebesbriefe bekam ich demnach keine. Einmal hatte ich heimlich einen Brief an mich selbst geschrieben und am nächsten Tag mit in die Schule genommen. Der fiktive Absender wollte mit mir gehen. Die ganze Pause lang haben meine Freund*innen und ich versucht herauszufinden, wer mir den Brief in den Tornister gesteckt hatte. Bis heute weiß ich nicht, ob ihnen klar war, dass ich ihn selbst geschrieben hatte. In der Mädchenclique hatten alle einen Freund. Mich wollte keiner – bis auf einen, der später in mein Leben trat und die immanente Leere in meinem Herzen füllen würde.

Das Desinteresse an meiner Person veränderte sich rasant, als mein Körper sich plötzlich über Nacht zu verändern begann. Meine Brüste wuchsen zu einer Handvoll, und mein Hintern wurde rund. Er war ein ständiger Blickfang. Mein Körper entwickelte sich zunehmend »weiblicher«, und mit ihm veränderten sich auch die *weißen* Blicke, die Männer wie Frauen gleichermaßen auf mich warfen. Im Vorbeigehen hörte ich häufig *weiße* cis Männer zu mir sagen, dass ich für eine Schwarze eigentlich ganz hübsch sei. Dass dies kein Kompliment ist, sondern eine rassistische Beleidigung, wagte ich damals nicht zu denken, geschweige denn anzusprechen und zu beklagen. Genießen konnte ich diese Anmache jedoch auch damals nicht. Plötzlich fand ich mich in einer Schublade wieder, aus der ich mich erfolglos zu befreien versuchte. Neben »exotisch« und »erotisch« hielt die *weiße* deutsche Mehrheitsgesellschaft keine weiteren Adjektive für mich bereit.

Diesen Exotinnenbonus machte sich meine Mutter zunutze, so wie viele Schwarze Frauen ihrer Generation. Sie arbeitete in verschiedenen Etablissements und betrieb später selbst ein Nachtlokal, in dem die Gäste, besonders *weiße* cis Männer, von Animierdamen zum Trinken von Alkohol angeregt wurden. Ich würde behaupten, dass meine Mutter nicht weniger Geld verdiente als manch einer ihrer Kunden. Mit Sicherheit verdiente sie mehr als die Frauen an der Kasse oder an den Regalen im Supermarkt, beim Bäcker oder in der Putzkolonne meiner Schule. Die monetäre Attraktivität ihres Berufes war unstrittig und führte dazu, dass sie mich und meine Schwestern bald aufs Internat schickte. Da meine Schwestern die Realschule besuchten, kamen wir nicht in dieselbe Einrichtung, sondern wurden wieder voneinander getrennt – diesmal für immer. Mich von nun an im konservativen Umfeld eines katholischen Internats bewegen zu müssen, machte meine Lebenssituation nicht besser. Im Gegenteil.

Als das Schwarze Diskoquartett Boney M. während eines Fernsehabends über die Bildschirme in unser Internats-Wohnzimmer zappelte, war die Ähnlichkeit nicht zu verkennen. Die zusammengewürfelte Truppe hatte weniger durch ihr Gesangstalent und mehr durch ihre Optik überzeugt. Sie landeten einige Nummer-eins-Hits, die aus der Feder des bekannten deutschen Musikproduzenten Frank Farian stammten. Dass die Gruppe in Deutschland produziert wurde, war mir lange gar nicht bewusst, da sie auch mir den beabsichtigten Anschein internationaler Prominenz vermittelte.

Über die Tatsache, dass ihre Besetzung mehrfach wechselte,

konnte leicht hinweggetäuscht werden. Schwarze Menschen sehen für das *weiße* deutsche Publikum schließlich alle gleich aus. So dauerte es auch nicht lange, bis eines der Kinder beim Fernsehabend lachend mit dem Finger auf mich zeigte: »Das ist deine Mutter!«, schrie es. Vor mir tat sich ein Abgrund auf, und ich fiel hinein. Was sie nicht wissen konnten, war, dass auch die Arbeitskleidung meiner Mutter oft mit Glitzerperlen und Pailletten übersät war. Die Tanzenden sahen meiner Mutter also tatsächlich ähnlich. Ihre Exotisierung sagte aber weitaus mehr über das *weiße* Publikum aus, als ihm lieb gewesen wäre.

Seit der Versklavung und Kolonialisierung werden Schwarze Frauenkörper zur Vergnügung anderer (meist Männer) missbraucht. Ihre sexualisierte Darstellung wird entsprechend gewählt, um der eurozentrischen Faszinationen des Exotischen zu entsprechen. Schwarzen Frauen wird so der Zugang zum eigenen Körper und sexuellen Vergnügen verwehrt, weil sie sich selbst lediglich durch vorgefertigte stereotypisierende Darstellungen wahrnehmen. Auf diese Weise bilden unsere Schwarzen Frauenkörper ein »Diskursterrain«[2], auf dem Rassismus und Sexualität aufeinanderprallen. Und so wurde auch ich zunehmend auf die Sexualfantasien meiner Beobachter*innen reduziert. Je mehr Blicke mein Körper auf mich zog, desto weniger konnte ich ihn genießen. Trotz meines extrovertierten Charakters wurde ich prüder und verschlossener. Trost fand ich in den Zeilen meiner Tagebücher und in der Musik. Regelmäßig hörte ich Tracy Chapman und plante die Revolution, von der sie sang. Internet oder Social Media gab es damals noch nicht, und MTV Europe lief nur über Kabelfernsehen, was wir uns damals nicht leisten konnten.

Immer wenn meine Schwestern und ich uns in den Schulferien zu Hause trafen, nahmen wir Musikvideos auf VHS-Kassetten auf. Als 1993 der deutsche Musikkanal VIVA auf Sendung ging, konnten wir diese Tätigkeit einstellen. Doch auch im Musikfernsehen wurde das Schwarzsein in kolonialer

Manier vermarktet. Nirgendwo funktionierte das Motto »*sex sells*« so überzeugend wie in der Musikindustrie. Die meisten Schwarzen Frauen, die in den Videos Schwarzer US-amerikanischer Hip-Hop-Artists zu sehen waren, waren tanzende Nixen in knappen Bikinis, die sich auf Motorhauben rekelten. Eine Vorbildfunktion erfüllten sie nicht.

Stattdessen wurde Erotik mit Exotik gleichgesetzt und in meinem christlich-katholisch-*weißen* Umfeld als Symbol der Schwarzen Weiblichkeit angesehen. Das Resultat war, dass ich mich bald selbst als »exotisch« identifizierte. Zwar glaubte ich, auf diese Weise Macht über meinen Körper zu erlangen, allerdings wurde diese Macht im Kontext *weißer* Männlichkeit definiert und entpuppte sich als Illusion. In Wirklichkeit wurde ich seelisch angezapft und fand keinen Nutzen im Erotischen, sondern misstraute der Kraft, die von ihr ausging, da ich sie nicht rational erklären oder selbst kontrollieren konnte. Aus diesem Grund verzichtete ich lange darauf, Erotik als Quelle von Wissen und Macht zu erkunden.[3]

8

Schwarze Aushängeschilder *weißer* (Fernseh-)Kultur

1994 machte ich am klösterlichen Gymnasium, wohin ich verfrachtet worden war, mein Abitur und konnte nach 14 Jahren endlich die Schule verlassen. Wäre ich emotional nicht so sehr von meinem Dasein abgekämpft gewesen, hätte ich es sicherlich besser machen können. Denn während ich auf der einen Seite bemüht war, meine Sprachkenntnisse zu perfektionieren, war ich auf der anderen Seite gezwungen, den Rassismus abzuwehren, der mit meiner Sprachlosigkeit einherging. Doch entgegen der Vorstellung, er werde verschwinden, wenn ich die deutsche Sprache beherrschte, blieb er ein hartnäckiger Begleiter.

Weil das Internat aus finanziellen Gründen schließen musste, die Schule aber weiterhin bestehen blieb und ich sie unbedingt abschließen wollte, zog ich mit einer ehemaligen Internatskollegin in eine Zweizimmerwohnung – die erste und einzige WG, die ich jemals bewohnen würde. Ich war Schwarz, weiblich und noch nicht volljährig, weshalb ich erst gar nicht den Versuch wagte, mein Glück auf dem kleinen Wohnungsmarkt im Ort selbst zu versuchen. Eine repräsentative Umfrage der Antidiskriminierungsstelle des Bundes aus dem Jahr 2020 zeigte, dass rund 15 Prozent aller Befragten, die in den vergangenen zehn Jahren auf Wohnungssuche waren, Rassismus erlebt hatten.[1] Und damals war die Situation nicht besser. Das Problem konnten wir allerdings mit Leichtigkeit umgehen, indem wir den *weißen* Vater meiner Mitschülerin vorschickten. Und wie zu erwarten, hatten wir Erfolg und bekamen die gewünschte Wohnung.

Für meine Klassenkamerad*innen war es natürlich attraktiv, dass wir allein wohnten. Bald darauf fand auch die ein oder andere Party bei uns statt. Doch irgendwann war ich gezwungen, selbst etwas Geld dazuzuverdienen, um meiner Mutter nicht länger auf der Tasche zu liegen, und so fing ich an zu kellnern; erst tagsüber in einer Baguetterie und später nachts in der Cocktailbar der örtlichen Diskothek. Ohne es aufhalten zu können, wurde mein Exot*innendasein zur Ressource, die mir diesen Job verschafft hatte. So lernte ich schneller, als mir lieb war, die sexualisierenden Blicke der meist männlichen Gäste wegzulächeln – wohlwissend, dass der Sexismus, den sie mir entgegenbrachten, nicht durch ein Lächeln dekonstruiert werden konnte. Gut fühlte ich mich dabei nicht.

Den Rassismus *weißer* Frauen, der stets von einer ungesunden Portion Neid und Missgunst angetrieben war, die sich in ihren Blicken zu spiegeln schienen, ertrug ich allerdings viel weniger. Wirkliche Verbündete hatte ich in meinem Alltag keine. Vielleicht weil ich mich in ihren feministischen Kämpfen nicht wiederfinden konnte und ihre antirassistische Solidarität vermisste. Außerdem konnte ich der Idee, reich zu heiraten, so gar nichts abgewinnen. Viele meiner *weißen* Schulfreundinnen hatten es sich zum Lebensziel gemacht, einen reichen, *weißen* Mann zu ehelichen. Am besten jemanden, der qua Geburt schon viel Geld mitbrachte. Doch genau diese Männer langweilten mich am meisten, weshalb ich, statt auf Männerjagd zu gehen, häufig in die Welten des deutschen Fernsehens abtauchte, um meiner Realität zu entfliehen.

Plötzlich erschien im Nachmittagsprogramm des Privatsenders ProSieben eine Schwarze Frau mit einem sehr merkwürdigen Akzent auf dem Bildschirm: Arabella Kiesbauer.

Wie sich bald herausstellte, kam sie aus Österreich, was ihren Dialekt erklärte. Die Österreicherin entwickelte sich in kürzester Zeit zur Schwarzen Vorzeigeperson des öffentlichen Lebens und wurde entgegen der mir bekannten exotischen Darstellungen Schwarzer Frauen zum Aushängeschild der *weiß* dominierten Fernsehkultur deutschsprachiger Medien.

Arabella Kiesbauer wurde 1969 als Tochter der *weißen* deutschen Schauspielerin Hannelore Kiesbauer und des ghanaischen Maschinenbauingenieurs Sammy Ammissah in Wien geboren. Ihre Eltern trennten sich in ihrer Kindheit, und da ihre Mutter durch Theaterengagements viel umherzog, wuchs Arabella bei ihrer *weißen* Großmutter auf. Nach der Matura (dem österreichischen Abitur) studierte sie Publizistik und Theaterwissenschaft und begann 1988 ihre Fernsehkarriere als Moderatorin beim österreichischen Rundfunk, wechselte dann 1991 zum deutschen Privatsender ProSieben, wo sie von 1994 bis 2004 mit ihrer werktäglichen Talkshow »Arabella« zu sehen war. Für ihre Verdienste um die Integration wurde Arabella Kiesbauer 2013 mit dem Goldenen Verdienstzeichen der Republik Österreich ausgezeichnet. Arabella lebt heute in Wien, ist verheiratet und Mutter von zwei Kindern.

Schwarze Personen waren sehr selten unter ihren Gäst*innen. Zumindest erinnere ich mich an keine Folge, in der Schwarze Inhalte in den Fokus gerückt worden wären. Als Schwarze Zuschauerin erweckte es für mich den Anschein, als ob Rassismus in ihrem Leben überhaupt keine Rolle spielte. Dabei erlebte Arabella, wie viele Schwarze Menschen in Deutschland, Österreich und der Schweiz, alltäglichen Rassismus, wie sie 2020 in verschiedenen Medien berichtete.[2]

Rassistische Anfeindungen hatten die Moderatorin seit Beginn ihrer Karriere begleitet. Davon erfuhr ich allerdings erst, als bekannt wurde, dass sie 1995 Zielscheibe eines rassistischen Terroranschlags wurde, bei der ihre Assistentin und 15 weitere Opfer durch Brief- und Rohrbomben zum Teil schwer verletzt oder getötet worden waren. Der Rechtextremist und Rassist Franz Fuchs hatte es auf Prominente, Politiker*innen und marginalisierte Gruppen abgesehen. Am schlimmsten traf es eine Roma-Siedlung in Oberwart, wo vier Menschen ums Leben kamen.[3, 4]

1997 wurde Fuchs gefasst und zu lebenslanger Haft verurteilt, die er im Jahr 2000 mit Suizid beendete. Doch damit war es für Arabella noch nicht vorbei. Vier Jahre nach dem Bombenattentat erhielten sie und RTL-Moderator Hans Meiser Morddrohungen, weshalb Arabella sich fortan Personenschutz zulegte. Die anonymen Absender*innen forderten, dass ihre Talk-Shows abgesetzt werden sollten. Doch Arabella ließ sich nicht davon einschüchtern. Unmittelbar nach dem Briefbombenattentat begann sie, an deutschen Schulen über Rassismus zu sprechen. Noch heute ist sie als ehrenamtliche Integrationsbotschafterin in Österreich tätig. Ihr politisches Engagement wurde in den deutschen Medien allerdings kaum thematisiert. Vielmehr wirkte ihre mediale Präsenz auf mich wie die symbolische Anstrengung des deutschen Senders, Schwarze Körper im *weißen* Mainstream zu platzieren, um mit aller Kraft zu zeigen, dass sie nicht rassistisch wären. Rassismus direkt anzusprechen oder die rassistischen Vorkommnisse aufzuarbeiten war wohl keine gangbare Strategie.

Kurze Zeit später moderierte Arabella Kiesbauer unter dem Titel »Arabella Night« eine Late-Night-Show, die wöchentlich auf ProSieben ausgestrahlt wurde. Auch dort schaffte das Thema Rassismus es nicht auf den Sendeplan. Die Einschaltquoten hielten zudem nicht, was Arabella versprach, weshalb die Sendung nach wenigen Monaten wieder abgesetzt wurde. Weitere erfolglose Formate wie »Arabella sucht« schlossen sich an.[5]

Als die Daily Talkshows Ende der 90er-Jahre in den Augen der Landesmedienanstalten moralisch zunehmend grenzwertiger und immer häufiger kritisiert als gelobt wurden, entschied der Sender schließlich, die Gespräche der Gäst*innen fortan in Skripten vorzugeben und Laienschauspieler*innen einzusetzen. Arabella verlor daraufhin Job und Sendeplatz und kehrte wider Erwarten nach Österreich zurück.[6]

1995 erreichte ein weiteres Schwarzes Medienphänomen die deutschen Wohnzimmer: Tic Tac Toe. Das Trio machte Musik für Teenies, die sie auch selbst zu sein vorgaben. In Wirklichkeit waren sie wesentlich älter, wie sich später herausstellte. Die drei Ruhrpott-Mädchen wurden als emanzipierte Frauen vermarktet und mit deutschsprachigen Rap-Songs wie »Ich find dich scheiße« und »Fick dich selber« zum Vorbild einer ganzen Generation. Diese Texte waren zwar eher vulgär als feministisch, aber das schien damals ein und dasselbe zu sein. Andere Songs enthielten berechtigte Sozialkritik gegen Tabuthemen wie Kindesmissbrauch und toxische Männlichkeit, noch bevor diese Themen auf die politische Agenda kamen, oder riefen zum Benutzen von Kondomen zum Schutz vor AIDS auf. Sie besangen ihre Menstruationsblutungen und ebenso ihre sexuelle Lust und klärten ihre junge Hörer*innenschaft auf. Mit ihrer Ballade »Warum?«, in der die Rapperinnen den Suizid einer Drogensüchtigen thematisierten, schafften sie es schließlich, auch mich zu Tränen zu rühren. [7]

Der Erfolg von sechs Millionen verkauften Tonträgern weltweit können jedoch nicht darüber hinwegtäuschen, dass die Band von einer *weißen* Frau gemanaged wurde, lange bevor öffentlich bekannt wurde, dass Rassismus strukturell ist und sich auch in der Musikindustrie breitmacht. Unberührt davon, bedienten sich Mangement und Label des altbewährten Stereotyps der wütenden Schwarzen Frau, um massentauglich zu sein.

Das Stereotyp der wütenden Schwarzen Frau stellt Schwarze Frauen als von Natur aus schlecht erzogen, schlecht gelaunt und wütend dar und dient als Vorlage für ihre negative mediale Darstellung und verzerrte Wahrnehmung. Weil die Leidenschaft und die aufrichtige Empörung von Schwarzen Frauen oft als irrationale Wut missverstanden werden, wird dieses Bild dazu verwendet, um Schwarze Frauen zu beschämen und zum Schweigen zu bringen. Damit geht eine doppelte

Stigmatisierung einher: Wenn sie sich zu Wort melden, gelten sie als wütend und aggressiv. Wenn sie keine Gesellschaftskritik ausüben und soziale Ungleichheit nicht infrage stellen, gelten sie als unfähig und unintelligent und in feministischen Kontexten oft auch als unsolidarisch.

Die Sängerinnen wurden von den deutschen Medien als aggressiv, schlecht gelaunt und wütend dargestellt. Trotz der Emanzipation, die sie bei ihren pubertierenden Fans angeregt haben mögen, verstärkte dieses Image die ohnehin schon negative Wahrnehmung von Schwarzen Frauen in Deutschland und hinderte mich daran, ihre Musik und ihre Texte unbefangen wahrzunehmen. Als sie versuchten, mit ihrem Lied »Wer hat Angst vor Schwarzen Frauen« zu punkten, war das Stereotyp nicht zu verkennen. Das rassistische Kinderspiel »Wer hat Angst vor'm Schwarzen Mann« hatte ich auch auf dem Schulhof gespielt, ohne zu wissen, was mir dabei an rassistischem Gedankengut eingeflößt wurde.

Popgeschichte schrieben Tic Tac Toe 1997 in einer legendären Pressekonferenz, die das Ende der Gruppe markierte. Nachdem das Privatleben von Bandmitglied Liane »Lee« Wiegelmann von den deutschen Medien ausgeschlachtet und bekannt wurde, dass ihr Ex-Freund sich erhängt hatte, weil sie sich angeblich für eine Karriere in der Band und gegen ihre Beziehung entschieden hatte, war der öffentliche Druck kaum auszuhalten. Tic Tac Toe geriet ins Wanken. Um Einigkeit zu demonstrieren und Solidarität zu beweisen, traten sie vor die Öffentlichkeit. Aber es ergab sich das genaue Gegenteil: Vor laufender Kamera wurde gestritten, bis die Tränen flossen. Tic Tac Toe trennten sich, Comebacks scheiterten, heute sind die drei Frauen weitgehend aus der Öffentlichkeit verschwunden.[8]

Eine der wenigen Schwarzen lesbischen Frauen, die es schafften, über die Zeit hinweg in den deutschen Medien präsent und auch authentisch zu bleiben, ist Shary Reeves. Frühe musikalische Erfolge hatte sie Anfang der 1990er mit ihren

Geschwistern Andrew, Jim und Terry Reeves als 4 Reeves, die hin und wieder in meiner Fernsehwelt auftauchten. Die Formation gehörte zwar zu den Wegbereiter*innen des deutschen Hip-Hop und Soul, konnte aber nicht an den US-amerikanischen Maßstab anschließen.

1996 begann Shary eine Fernsehkarriere beim Westdeutschen Rundfunk. Nach einigen Beiträgen für »Die Sendung mit der Maus« moderierte sie von 2001 bis 2017 zusammen mit Ralph Caspers die Jugendsendung »Wissen macht Ah!«. Ich war inzwischen für beide Formate zu alt, trotzdem nahm ich Shary immer beim Durchzappen wahr. Von 2001 bis 2003 gehörte sie zur Stammbesetzung der Seifenoper »Marienhof«, was für eine Schwarze Frau Seltenheitswert hatte. Sehr viel später erfuhr ich von Sharys Leidenschaft für Fußball. Frauenfußball war in den 90ern zwar eine Randerscheinung, dennoch spielte sie in der Bundesliga.[9]

Was Arabella Kiesbauer, Tic Tac Toe und Shary Reeves gemeinsam haben, ist, dass sie in den 1990er-Jahren regelmäßig in den Medien vorkamen, zu einer Zeit, als Schwarze deutsche Identität noch nicht den Mainstream erreicht hatte. Schwarze deutsche Geschichte und Geschichten wurden weder erzählt noch als etwas Eigenständiges verhandelt. Schwarze Kultur wurde lediglich von *weißen* Fernsehmacher*innen vereinnahmt, weshalb Schwarze Frauen lediglich als Aushängeschilder *weißer* Fernsehkultur zum Einsatz kamen.

Die deutschen Medien sind bis heute ein Problem. Entgegen der Vorstellung, dass sie die Realität abbilden, sind sie im Gegenteil aktiv daran beteiligt, Realität zu (re-)produzieren. Was die Zuschauer*innen sehen, nehmen sie meist als gegeben hin. Für viele ist der Fernseher ein »Fenster zur Welt«[10], durch das sie Abenteuer erleben, lachen und manchmal auch lieben. Doch im selben Maße trägt das Fernsehen auch dazu bei, dass Menschen leiden. Denn Schwarze tauchen meist nur in bestimmten Klischeerollen auf und werden auf Stereotype reduziert. Die Breite des Schwarzen Lebens in Deutschland wird nicht gezeigt, stattdessen wird Rassismus permanent reproduziert.

Dennoch hatte ich eine Zeit lang den Wunsch, eine Fernsehkarriere zu machen. Denn die Medien präsentierten sich auch mir als eine Welt, wo wir Schwarze Frauen – wenn auch unter falschen Vorzeichen – stattfinden durften. Indes träumte meine Mutter davon, dass ich eines Tages Ärztin oder Anwältin werden würde. Ein anderer Beruf kam für sie nicht infrage. Antirassistische Feministin und Vollzeitaktivistin gehörten definitiv nicht dazu.

9
Das Spiel mit der Angst

Eines Tages, als meine Tante bei uns in Deutschland zu Besuch war, lauschte ich, wie meine Mutter ihr ganz entsetzt in der Küche berichtete, dass die blasse, straßenköterblonde Kassiererin lauthals durch den Supermarkt verkündet hatte, dass sie gerne ein niedliches kleines »Schoko-Baby« hätte, weil sie doch so süß seien. Der verrostete Teelöffel klapperte gegen die Teetasse, und das Pfeifen des Wasserkochers echote nach. Es fiel mir schwer, ihr Gespräch vom Wohnzimmer aus, das direkt an der Küche angrenzte, zu belauschen. Ich schlich auf leisen Sohlen näher heran. Die Schwestern redeten immer durcheinander, wenn sie aufgeregt waren.

»Das war einer dieser Momente, wo ich mir gewünscht hätte, kein Deutsch zu verstehen«, sagte meine Mutter beim Versuch, den peinlichen Moment im Supermarkt zu beschreiben. Die Frau wolle aber unbedingt ein Mädchen und keinen Jungen, habe sie hinzugefügt. Meine Tante verwunderte das nicht, denn wenn Schwarze Jungs zu Schwarzen Männern werden, verschwindet ihr Babybonus, und das Spiel mit der Angst beginnt. Und wer Angst vorm Schwarzen Mann hat, rennt davon, so schnell er kann. Das hatte ich bereits in der deutschen Grundschule gelernt, ohne zu wissen, warum ich eigentlich weglief.

Auch die Erwachsenen laufen vorm Schwarzen Mann weg. Wenn die anfänglichen Schmetterlinge verfliegen, laufen *weiße* Frauen ihren Schwarzen Partnern häufig einfach davon.

Warum diese Tatsache für berichtenswert gehalten wird und öffentliche Aufmerksamkeit auf sich zieht, bleibt mir ein Rätsel. Ein *taz*-Artikel vom Februar 2013 mit dem Titel »Schwarz ist keine Farbe« tat genau das. Die *weiße*, weltoffene und zur Toleranz erzogene Autorin (wie sie sich selbst beschreibt) löste Entsetzen bei mir aus, als sie, sich in ihrer sexuellen Unschuld wälzend, sich öffentlich am Körper ihres ehemaligen Schwarzen Partners ergötzte, den sie am Ende nicht nur verließ, sondern auch mit dem Bedienen von Alltagsrassismen und Stereotypen zu verletzen wusste.[1]

Nichts sei ihr mehr ins Auge gesprungen als seine (Haut-) Farbe, schreibt sie. Doch gleichzeitig habe er ihre Augen überfordert, als er mit seinem Schwarzen Freund vor ihr gestanden habe. Nur an der Stimme habe sie ihn wiedererkennen können, hätten sie doch beide gleich ausgesehen. Schließlich seien ihre Augen nicht an Schwarze Menschen gewöhnt. Nach einem halben Jahr sei seine Farbe »verschwunden«, berichtet sie weiter, sodass sie zum ersten Mal sein Gesicht habe sehen können. Natürlich stuft sie sich selbst als »nicht rassistisch« ein. Schließlich sei sie eine Allianz mit ihm eingegangen, was sie gegen Rassismus immun mache. Um seinen Pimmel sei es ihr nicht gegangen, schreibt sie. Wer das glaube, sei respektlos.

Die rassistischen Äußerungen der Autorin verweisen auf eine kollektive sexualisierte Wahrnehmung von Schwarzen Männern durch *weiße* Frauen, die zu unterschiedlichen Zeiten deutscher Geschichte immer wieder ihren Weg an die Oberfläche fand. Als Schwarze französische Soldaten nach dem Ersten Weltkrieg an den Rhein gesandt wurden, kam ihnen die Rolle als Gegenspieler des *weißen* Mannes zu, weshalb sie eine Gefahr für die angestrebte »rassische Reinerhaltung« Deutschlands darstellten. Die öffentliche Propagandakampagne, die gegen sie gelauncht wurde, fand als »Schwarze Schmach«[2] Eingang in die Geschichtsbücher und erinnert auf gewisse Art an das Spiel »Wer hat Angst vorm Schwarzen Mann?«.

Diese Angst wurde weiter verstärkt, nachdem *weiße* Frauen in Deutschland und Österreich 1918 das Wahlrecht erhalten hatten und dadurch ein neuer Frauentyp aufkam: Die moderne *weiße* Frau trug kurze Haare und kurze Röcke – manchmal sogar Hosen. Sie verdiente ihr eigenes Geld, rauchte Zigaretten und ging auch mal mit ihren Freundinnen ins Kino. Angetrieben vom Kapitalismus, wurde dieses neue Frauenbild durch die Werbeindustrie befeuert, für die die *weiße* Frau eine neue Zielgruppe darstellte. Ihre neue Kaufkraft machte sich vor allem in deutschen Großstädten langsam breit und ging mit einer sexuellen Freizügigkeit der *weißen* Frau einher, die das *weiße* konservative Männerbild ins Wanken brachte.[3]

Die Emanzipation der *weißen* deutschen Frau erhielt durch den Zweiten Weltkrieg indirekt weiteren Aufschwung: Während die Männer eingezogen wurden, blieben die Frauen zu Hause und mussten sich neben Kindern, Küche und Kirche zusätzlich um die Aufgaben der Männer kümmern. Auf diese Weise brachen *weiße* Frauen mehr und mehr aus ihren typischen Rollenbildern aus, um den Lebensunterhalt der Familie sichern zu können. Darüber hinaus arbeiteten ungefähr 500 000 Frauen in der Wehrmacht, wo sie auch zum Teil Machtpositionen innehatten. Dazu zählten Stellen als Funkerin, Telefonistin oder Fernschreiberin im Nachrichten- und Informationsdienst, was ihnen einen hohen Kenntnisstand über Kriegsmanipulation und -propaganda verlieh und ihre Mittäterinnenschaft belegt. Der *weiße* Feminismus trug also in seiner historischen Entwicklung auch Brutalität und Gewalt in sich.[4]

Nach dem Zweiten Weltkrieg wurden Schwarze US-amerikanische Soldat*innen im Süden der neuen Bundesrepublik stationiert. Ihre Anwesenheit verstärkte die fortwährende Rassenideologie der deutschen Nachkriegszeit. In bester rassistischer Manier wurde das Image des Schwarzen, sexuell gierigen, unkontrollierten Vergewaltigers verbreitet (was nicht zuletzt von den tatsächlichen Vergewaltigungen auch durch *weiße* US-Soldaten ablenkte). Ziel war es, durch diese kognitive Verzerrung besagte Ängste zu schüren, sodass *weiße* Frauen den Schwarzen Mann irgendwann ausschließlich negativ wahrnahmen. Im Umkehrschluss sollten *weiße* Frauen, diesem Mythos folgend, *weißen* Männern treu bleiben und ihnen (sexuell) dienen.[5]

Diesen historischen Schlaglichtern diametral gegenüber stehen zeitgenössische Slogans wie »*Once you go Black you never go back*«. Eine ethnologische Untersuchung zur Aushandlung von »Gender, Hautfarbe und Ethnizität« in Kölner Tanzclubs zeigt, dass diese und ähnliche Weisheiten heute von *weißen* Frauen häufig mit fetischisierender Begeisterung ausgesprochen werden. Die vorhin erwähnte *taz*-Autorin bestätigt ihr eigenes Dilemma wie folgt: »Als wir nicht mehr zusammen waren und über meine neue Beziehung – zu einem Weißen – sprachen, machte er sich darüber lustig. Kein ›white guy‹ könne jemals mit mir umgehen«, schreibt sie. Ihr Fazit: Der Schwarze Mann habe sich in sein »Minderheitendenken« wohlig eingerichtet und stärke dabei seine Schwarze Identität, indem er ihre *weiße* abwerte.

Der postkoloniale Psychoanalytiker Frantz Fanon macht in seinem Grundlagenwerk »Schwarze Haut, weiße Masken« von 1952 deutlich, warum viele Schwarze Männer Liebesbeziehungen mit *weißen* Frauen eingehen. Dabei gehe es weniger darum, die eigene Abwertung zu bestätigen, sondern vielmehr um eine Aufwertung der eigenen Person, die ein Schwarzer Mann an der Seite einer *weißen* Frau erfahre. Indem er von ihr geliebt werde, beweise sie ihm, dass er der »*weißen* Liebe« würdig sei, führt Fanon fort. Denn die *weiße* Frau ermöglicht ihrem Schwarzen Partner den Zugang zu *weißer* Kultur, *weißer* Schönheit, *weißer* Zivilisation und Würde, die ihm sonst verwehrt bliebe. Laut Fanon strebt der Schwarze Mann danach, der *weißen* Welt zu beweisen, dass er ein Mann ihresgleichen ist. Sex mit einer *weißen* Frau komme daher einer Initiation in die authentische Männlichkeit gleich.[6]

Diese Fakten in einer öffentlichen Darstellung außer Acht zu lassen ist der lahme Versuch der *weißen taz*-Autorin, die Machtverhältnisse umzukehren, also: umgekehrte Diskriminierung *(reverse racism)*. Keine neue Strategie, sondern ein probates Mittel, um von ihrem eigenen Rassismus abzulenken und sich selbst zum Opfer zu machen. Dabei vergisst sie oder zieht gar nicht erst in Betracht, dass sich Machtverhältnisse nicht umkehren lassen. In einem ungleichen Machtsystem ist aber auch kein Austausch auf Augenhöhe möglich. Die *weiße* Frau steht auf der Hierarchietreppe weit über dem Schwarzen Mann. Aussehen ist dabei nur ein Aspekt des Ganzen. *Weiß* zu sein reicht weit über die bloße Hautfarbe hinaus. Vielmehr ist *weiß* eine soziale Position, die auch Frauen Macht und Privilegien verleiht.

Und das ändert sich auch nicht, wenn *weiße* Frauen Beziehungen mit Schwarzen Männern eingehen oder auf der Suche nach einem Schwarzen Sexualpartner in sogenannte Baggerschuppen ziehen, wo viele Schwarze Männer auf heiratswillige *weiße* Frauen warten. Die eben erwähnte Studie zeigt auch, wie dadurch gesellschaftliche Machtverhältnisse, insbesondere in Bezug auf geschlechtsspezifische und rassisch markierte Differenz, reproduziert werden. Es ist ein Leichtes für die lüsterne *weiße* Frau, dort Schwarze Liebesbeute zu machen und sich als »*weiße* Retterin« zu inszenieren, da die Schwarzen Männer dort oft in prekären sozialen Situationen gefangen sind – meist wegen eines ungeklärten Aufenthaltsstatus und der damit einhergehenden fehlenden finanziellen Mittel. Dabei vergisst sie häufig, wie viel sie aktiv zur Unterdrückung des Schwarzen Mannes beiträgt und beigetragen hat.

Kaum in die Falle getappt, würden Schwarze Männer *weiße* Frauen gegenüber Schwarzen Frauen favorisieren, heißt es in der Studie weiter. Dies lässt sich meiner Meinung nach damit erklären, dass auch Schwarze Männer der stereotypen Darstellung der »wütenden Schwarzen Frau« Glauben schenken und Schwarze Frauen als »zu kompliziert« charakterisieren. Das wird in der Studie ohne Verweis auf die rassistische Stereotypisierung Schwarzer Frauen als gegebene Tatsache angenommen. Durch eine Reihe herabwürdigender Vorwürfe, die von Ehrlosigkeit bis zur Sexarbeit reichen, wird die *weiße* Frau als Gegenkonstrukt zur Schwarzen Frau imaginiert: rein, unschuldig, schwach und hilfsbedürftig. Nicht zuletzt wird die Behauptung aufgestellt, dass der weitverbreitete Wunsch vieler Schwarzer Frauen, so sein zu wollen wie *weiße* Frauen, Schwarze Männer abstoße und in die Arme der *weißen* Frau treibe.[7]

Die Ergebnisse dieser Studie sowie der *taz*-Artikel kommen einem Schlag ins Gesicht gleich. In beiden Analysen wird nicht nur die strukturelle Dimension von Rassismus vernachlässigt, es ist zudem erniedrigend zu lesen, wie eine *weiße* Ethnologin und eine *weiße* Autorin über Schwarze Körper sprechen. Die Tatsache, dass Schwarze Frauen in der Studie selbst nicht zu Wort kommen, obwohl ausgiebig über uns gesprochen wird, bestätigt zudem die Bedeutungslosigkeit unserer Erfahrungen im wissenschaftlichen Kontext sowie im Kontext der Sexualität.

Diese Beispiele zeigen zudem, wie schwer es uns Schwarzen Frauen gemacht wird, eine selbstbestimmte Identität zu entwickeln, die frei ist von rassistischen Vorannahmen und jenseits der Vorstellung von *weißer* Weiblichkeit reicht. *Weiße* Frauen waren nie Vorbild für mich. Ich wollte nie so sein wie sie, auch wenn ich mich oft danach sehnte, dieselben Privilegien zu besitzen. Heute kann ich endlich mit Stolz sagen, dass ich eine Schwarze Frau bin, schön und intelligent noch dazu. Doch das ist manchmal alles andere als einfach. Vor allem, wenn die eben beschriebene rassistische Differenzierung der *weißen* Frau die Macht verleiht, eine sexuelle Ordnung zu halten, an der wir Schwarze Frauen angeblich scheitern. Dass

Schwarze weibliche Sexualität wie auch das Wissen darüber tatsächlich dekolonialisiert werden müssen, bevor wir sie wirklich genießen können, wurde mir im Zuge meiner eigenen sexuellen Entwicklung zunehmend bewusster.

10
Der Preis der Liebe

Das erste Mal Sex hatte ich kurz vor meinem 18. Geburtstag. Ich führte inzwischen seit einem Jahr eine romantische Zweierbeziehung mit meinem *weißen*, blonden, blauäugigen Partner. Gegensätze ziehen sich bekanntermaßen an, dachte ich damals, was durchaus stimmen mag. Doch Liebe ist nicht frei von struktureller Machtungleichheit, und so sehr ich damals versuchte, Rassismus nicht zu meinem Thema zu machen, gelangte er dennoch zwischen uns. Dabei kämpfte ich allerdings mehr gegen mich selbst als gegen ihn.

Ich versuchte konsequent, den Alltagsrassismus zu verschweigen, der mir begegnete – doch er verschwand nicht. Im Gegenteil. Er bohrte sich nur tiefer in meine Seele und wurde zum Brennholz für das Feuer, das bereits in mir brodelte. Meine unterbewussten Konflikte, die durch ein mir stets vermitteltes Minderwertigkeitsgefühl verursacht worden waren, lösten eine tiefe innere Unzufriedenheit aus. Bevor ich mich nicht davon befreien würde, würde ich keine authentische Liebe erleben. Das weiß ich heute.

Wie nicht anders zu erwarten war, währte unsere Liebe nicht. Vielleicht hätten wir eine Chance gehabt, wenn ich meinen internalisierten Rassismus und die damit verbundenen Strukturen erkannt hätte und wir uns vom düsteren Erbe kolonialer Gewalt befreit hätten. Ich denke, unsere Liebe wäre stark genug gewesen, diesen Prozess durchhalten zu können. Aber da ich nicht wusste, wogegen ich eigentlich kämpfte, endete unsere Partner*innenschaft mit einem Knall. Mit verwundeter Seele rannte ich in die nächste Beziehung mit einem *weißen* Mann, die von vornherein zum Scheitern verurteilt war.

Dieses Mal erlebte ich *weiße* Männlichkeit jedoch als eine persönliche, soziale und historisch gewachsene Praxis, die mein Partner bewusst performte, um seine Macht zu etablieren und zu erhalten. Meine Wünsche und Bedürfnisse zählten nicht. Nach wenigen Monaten war es vorbei. Ich blieb schwanger mit meinem ersten und einzigen Kind zurück, das ich bald darauf allein erziehen würde. Seine Vaterrolle übernahm er nicht, sondern verschwand aus unserem Leben, für immer. Zuverlässig und gründlich hatte das Europatriarchat bewiesen, wozu es fähig ist: Wie ein Tornado fräste es sich durch mein Leben und hinterließ eine Schneise der Zerstörung. Heute weiß ich, dass Beziehungen zwischen *weißen* Männern und Schwarzen Frauen einer kolonialen Logik folgen, die nicht ohne Zutun aufgelöst werden kann.

Seit Anfang des 20. Jahrhunderts widmen Schwarze Feministinnen der Sexualität von Schwarzen Frauen mehr Aufmerksamkeit und zeigen, wie ihre sexuelle Ausbeutung ein grundlegender Bestandteil von Rassismus ist. Wie die Schwarze US-amerikanische Soziologin Patricia Hill Collins in ihrer Analyse zu Schwarzen Sexualpolitiken darstellt, können Rassismus und Sexualität nicht voneinander getrennt werden. Sie erhalten nicht nur durch einander ihre spezifische Bedeutung, sondern haben auch eine gemeinsame Geschichte: Vor der Kolonialisierung symbolisierten die Farben Weiß und Schwarz Gegensätze wie Reinheit und Schmutz, Jungfräulichkeit und Sünde, Schönheit und Hässlichkeit oder Gott und der Teufel. Durch biologische Untersuchungen versuchte die eurozentrische Wissenschaft, diese vermeintlichen Unterschiede zu belegen, während sie durch ihre eigenen Praktiken ebendiese Unterschiede schuf.[1]

Das Schicksal von Sarah Baartman veranschaulicht diese

gefährliche Faszination von Schwarzer weiblicher Sexualität. Die Khoikhoi-Frau wurde als die lebendige Verkörperung der kolonialen, sexuellen Differenz markiert:

Sarah »Saartjie« Baartman wurde um 1789 in Südafrika geboren. Mit 20 wurde sie von einem *weißen* Arzt nach Großbritannien gelockt, wo er sie in privaten und öffentlichen Performances nackt vorführte. 1814 wurde sie an einen Wanderzirkus in Paris verkauft. Dort inspirierte ihre Anatomie die Figur der »Schwarzen Venus«, die bis heute weltweit bekannt ist. Es wird vermutet, dass Sarah Baartman bis zu ihrem Tod im Jahr 1816 als Sexarbeiterin in Paris tätig gewesen ist. 24 Stunden nach ihrem Tod wurde sie eingewachst, ihr Gehirn und ihre Genitalien wurden entnommen und ihr Skelett und ein Gipsabdruck ihres Körpers im Museé de l'Homme bis 1974 zur Schau gestellt. Erst nach Jahren der Verhandlungen wurden 2002 ihre Überreste nach Südafrika zurückgeführt.

Weiße europäische Wissenschaftler*innen und Künstler*innen konstruierten Baartmans Körper als inhärent »anders«. Es waren aber vor allem ihre Sexualorgane, welche die *weißen* Blicke auf sich zogen und als Beleg ihrer animalischen Sexualität dienten. Indem sie als wildes Tier mit einer Halskette an der Leine vorgeführt wurde, sollte »Saartjie« diese konstruierte Analogie bestätigen.[2] Wie Patricia Hill Collins wissenschaftlich belegt, wurde denjenigen, die als am wenigsten zivilisiert galten und in der Nähe von Tieren verortet wurden, auch die Sexualität von Tieren zugeschrieben. Auf diese Weise wurde Schwarze weibliche Sexualität als pathologisch angesehen und als promiskuitiv charakterisiert.

Gleichzeitig wurde der Schwarze Frauenkörper stereotypisiert, sodass die *weiße* Frau als weiblicher Prototyp imaginiert werden konnte. Im Zuge der Emanzipation konnte die *weiße* Frau nach und nach ihre Sexualität für sich entdecken, während Schwarze Frauen bis in die Gegenwart meist pornografisch dargestellt werden. Laut Frantz Fanon wirkt Rassismus nicht nur durch den Einfluss des historischen Rassenschemas, sondern auch durch »affektive Störungen«. Demnach sei eine Schwarze Frau in den Augen eines *weißen* Mannes nie ganz respektabel. Auch nicht, wenn er sie liebt.[3]

Viele *weiße* Männer, die ich gedatet habe, fühlten sich von mir sexuell angezogen, mehr aber auch nicht. Sie glaubten, in mir eine Sexexpertin zu finden, mit der sie ihre innigsten Fantasien ausleben konnten. Inwieweit sie von den tradierten Kolonialfantasien beeinflusst worden waren, kann ich nur vermuten. Die historische, wissenschaftliche Tatsache, dass Schwarze Sexualität im westlichen Denken nach dem Konzept »Rasse« modelliert wurde, und nicht nach Gender, bleibt bis heute weitgehend unberücksichtigt. [4]

Fakt ist, dass Schwarze weibliche Sexualität durch die Geschichte hindurch von *weißen* Menschen – Männern wie Frauen – kontrolliert und diktiert wurde. Während *weiße* Frauen über den Schwarzen Manneskörper verfügten, bestimmt der *weiße* Mann seit jeher über Schwarze Frauenkörper. Kolonialisierung bedeutete nämlich auch eine sexuelle Inbesitznahme unserer Körper,[5] die Schritt für Schritt dekolonialisiert werden müssen. Bis dahin leben viele Schwarze Frauen beziehungstechnisch und sexuell unerfüllt, vor allem unter *Weißen*. Sie erfahren Einsamkeit, sowohl innerhalb als auch außerhalb von Liebesbeziehungen, weil eine tiefe Bindung aufgrund der bestehenden ungleichen Machtverhältnisse strukturell verhindert wird. Einige von uns akzeptieren Abwertung statt Liebe, ertragen Brutalität bei der Suche danach, weil die Folgen des Alleinseins unerträglich sind. Andere haben sich für das Alleinsein entschieden oder sind dazu gezwungen, in Einsamkeit zu leben.

Viele Schwarze Frauen fühlen sich in der Konsequenz zu Schwarzen Männern hingezogen, weil sie dem Trugschluss folgen, dass solche Monobeziehungen von den Strukturen des Rassismus unberührt sind. Sie verwechseln *Black Love* mit der Ablehnung von einem *weißen* Mann (oder einer*einem *weißen* Partner*in). Doch Schwarze Liebe ist eine Form des politischen Handelns, des Widerstands und der Ermächtigung. In der Vergangenheit wurden Liebesbeziehungen zwischen Schwarzen durch den strukturellen Rassismus herausgefordert. Versklavung und Kolonialisierung zielten darauf ab, Schwarze Beziehungen und Familien zu zerstören. In diesem Sinne kann die Entscheidung, andere Schwarze zu lieben und Beziehungen zu ihnen aufzubauen, konservative Vorstellungen von Liebe, die oft auf *weißen*, heteronormativen und patriarchalischen Idealen basieren, infrage stellen.[6]

Ich suchte in den Folgejahren oft nach Liebe, auch zu Schwarzen Männern, fand mich aber fortwährend in einer Abwärtsspirale wieder, ohne wirklich zu verstehen, dass die Einsamkeit und Isolation Schwarzer Frauen historisch begründet und systembedingt sind. Doch damit Liebe gelingt und standhaft bleibt gegenüber allen Widrigkeiten des Systems, muss unsere Liebe zuerst uns selbst gelten – als Individuen und als Teil der Community. Diese Erkenntnis würde mir erst später im Laufe meines Lebens offenbart werden. Also machte ich mich auf den Weg und tat das, was auch meine Mutter, meine Tante und meine Großmutter vor mir getan hatten und bildete mich erst einmal weiter.

Doch auch die Entscheidung für eine Ausbildung zur Fremdsprachenkorrespondentin, die ich nach dem ersten Geburtstag meiner Tochter begann, traf ich nicht zufällig. Was mir später bewusst wurde, ist, dass Schwarze Frauen nur dann zu Deutschland gehören, wenn wir in einem internationalen Kontext verortet werden können. Denn Interkulturalität wird stets mit Internationalität gleichgesetzt. Von Transkulturalität und der Tatsache, in verschiedenen Kulturen zeitgleich zu Hause sein zu können, war damals wie heute keine Spur. Um diesem Teufelskreis zu entkommen, entschied ich mich nach der Ausbildung, ein Studium anzuhängen und begann, an der Universität Münster Kommunikationswissenschaft, Soziologie und Englische Philologie zu studieren. Noch wusste ich nicht, dass dieser Weg mich langsam, aber sicher zu mir selbst führen und mir den Weg zur Selbstliebe aufzeigen würde.

11
In Abwesenheit unserer Unterdrücker*innen

Mein erster Tag an der Uni ist mir besonders in Erinnerung geblieben. Nicht, weil ich die Erste in meiner Familie war, die studierte und eine Universität von innen zu sehen bekam. Das wäre sicherlich ein guter Grund zu feiern gewesen. Vielmehr erinnere ich mich daran, wie abgeschlagen ich an diesem Tag war. Permanent wurde ich auf Englisch angesprochen, bekam dann plötzlich die kalte Schulter gezeigt, als ich mit inzwischen akzentfreiem Deutsch antwortete. Nachdem mir jahrelang die deutsche Sprache eingeprügelt worden war, ich in der Schule gezwungen worden war, einige sehr langweilige deutsche Lektüren zu lesen, und bis in die Nacht hinein Liebesbriefe fehlerfrei auf Deutsch verfasst hatte, wollte ich von den deutschen Menschen um mich herum auf Deutsch angesprochen werden. Erst recht in akademischen Kreisen.

Die Frage: »*Woher kommst du?*«, gefolgt von der Frage: »*Woher kommst du wirklich?*«, war mir an diesem Tag wiederholt gestellt worden. Damit wurde mir vermittelt, dass ich nicht von hier sein konnte oder dazugehörte. Zudem hatte sich bei den Administrationskräften Verunsicherung breitgemacht, ob ich denn trotz meines regulären Abiturzeugnisses sowie einer abgeschlossenen Ausbildung ein »richtiges Abitur« gemacht und somit überhaupt die Berechtigung zu studieren hätte. Das Bild der internationalen Austauschstudentin passte besser in das Weltbild der *weißen* deutschen Verwaltungsmitarbeiter*innen als die Geschichte einer Schwarzen deutschen Studentin – eine Selbstbezeichnung, die ich zu Beginn meines Studiums noch nicht für mich gewählt hatte. Stattdessen hielt die *weiße* Mehrheitsgesellschaft eine neue Fremdbezeichnung für mich bereit. Ich wurde fortan als »Bildungsinländerin« klassifiziert und erhielt von meinen Mitstudierenden Beifall dafür, dass ich den Zug am Abstellgleis nicht verpasst hatte und die Chance wahrnahm, mich nach ihrer Vorstellung zu integrieren. Erhobenen Hauptes stolzierte ich also durch den Elfenbeinturm und wurde mit vermeintlich neutraler Objektivität begutachtet.

Bevor ich überhaupt einen Vorlesungssaal betreten hatte, war mir klar, dass mein Studium kein einfaches Unterfangen werden würde. Die langen Korridore des Schlosses, in dem die Universität untergebracht ist, schienen endlos. Wie ein »Ersti« – so werden die Studierenden im ersten Semester genannt – fühlte ich mich nicht. Vielmehr fragte ich mich, ob es unauffälliger gewesen wäre, wie die ehemals Versklavten am Hofe den Hintereingang zu nehmen. Endlich im richtigen Saal angekommen, schaute ich mich um. Sehr wenige Studierende sahen so aus wie ich. Und wenn doch, dann kamen die meisten von ihnen tatsächlich aus einem afrikanischen Land, wie ich später erfahren würde. Ich trat zögerlich hinein. Für mein mehrheitlich *weißes* akademisches Umfeld schien meine Integrationswilligkeit von akademischem Nutzen zu sein, weshalb sie mich wie eine »gute Ausländerin« mit einem Lächeln begrüßten. Mein Inländerinnenstatus reichte aber dennoch nicht dafür, um mir den Nebenplatz anzubieten oder mich in ihrem Kreis aufzunehmen, weshalb ich in meinem Universitätsalltag häufig allein blieb.

Austausch mit den anderen Studierenden fand immer nur dann statt, wenn ich gezwungen war, in einer Referatsgruppe mitzuarbeiten. Auch in diesen Kontexten entpuppte ich mich zum Erstaunen meiner Mitstudierenden als intelligenter als erwartet. Zumindest manchmal. Es gab lediglich eine *weiße* Studentin, an die ich mich gerne zurückerinnere. Wir hatten uns angefreundet und verbrachten viel Zeit zu dritt mit meiner Tochter. Sie brach aber ihr Studium schon nach wenigen Semestern ab, um im Verlag ihres Vaters zu arbeiten, und somit war ich in meinem akademischen Alltag wieder allein. Schwarze Studi-Gruppen oder ein Referat für Antidiskriminierung, wie wir sie heute an vielen Hochschulen finden, gab es Ende der 90er-Jahre noch nicht, und auch keine Frauenbeauftragte. Kinderbetreuung war ebenso Fehlanzeige.

Vor Kurzem fiel mir meine erste Hausarbeit wieder in die Hände. Sie war eine einzige Katastrophe und ließ nicht vermuten, dass ich damals einen erfolgversprechenden Karriereweg begonnen hatte. Ich wusste noch nicht, wie eine wissenschaftliche Arbeit geschrieben wird, und versuchte, mit übergroßem Zeilenabstand die vorgeschriebenen zehn Seiten zu füllen. Ich muss ehrlich gestehen, wenn ich meine Professorin gewesen wäre, hätte ich mir die Arbeit zurückgegeben und mich zur Überarbeitung verdonnert. Das passierte dann auch. Erst so wurde mir das Thema, das ich mir ausgesucht hatte, richtig bewusst: Audre Lorde und die Schwarze Frauenbewegung in Deutschland.

Audre Lorde wurde 1934 als Tochter karibischer Einwander*innen in New York City geboren. Die Wissenschaftlerin, Aktivistin, Autorin und Poetin bezeichnete sich selbst als »Schwarze Feministin, Lesbe, Mutter und Kriegerin«. Sie war in der Frauenbewegung, der Schwarzen US-amerikanischen Bürger*innenrechtsbewegung und in der Lesbenbewegung aktiv. Die Vielschichtigkeit ihrer Persönlichkeit und ihres politischen Aktivismus basierte auf dem Zusammenspiel dieser sozialpolitischen Kategorisierungen. Als stark kurzsichtiges Mädchen schätzte sie schon früh die Poesie und veröffentlichte im Alter von 15 Jahren ihre ersten Texte; ihr erster Gedichtband erschien 1968. Zwischen 1984 und 1992 hielt Audre Lorde sich immer wieder in Berlin auf, wo sie unter anderem eine lebenserhaltende Krebstherapie erhielt. Audre starb schließlich 1992 auf Saint Croix. Sie war Mutter zweier Kinder.

Audre Lorde war einer Einladung als Gastprofessorin gefolgt und lehrte Mitte der 80er-Jahre an der Freien Universität in Berlin. Im Kontext der aufsteigenden US-amerikanischen Frauenbewegung hatte sie das Konzept des »*global feminism*« entwickelt, mit dem Ziel, nicht nur innerhalb der USA, sondern auch in anderen Ländern sozialen, politischen und kulturellen Wandel anzustoßen. Was damals in Berlin passierte, bleibt bis heute legendär: Am Ende ihres Seminars bat sie die *weißen* Student*innen, den Raum zu verlassen. Es war damals unerhört, unvorstellbar und in jeden Fall unvorhersehbar für viele *weiße* Menschen, aus einem akademischen Raum ausgeladen zu werden. Wichtiger als die aufkeimende *weiße* Zerbrechlichkeit und die *weißen* Tränen war es Audre Lorde, einen geschützten Raum zu kreieren, in dem ihre Schwarzen Studentinnen ungestört von *weißen* Blicken zusammen sein konnten.

Bis zu diesem Tag hatte es kaum sichere Räume für Schwarze Frauen gegeben – schon gar nicht im akademischen Kontext. Bis dahin hatten viele Schwarze Frauen ähnliche Erfahrungen gemacht wie ich, stets die einzige Schwarze Person im Raum zu sein. Ich verstand im Zuge meiner erneuten Recherche für die Hausarbeit erstmals, dass ich mir die Abneigung der meisten *weißen* Frauen, die ich so häufig erlebt hatte, nicht eingebildet hatte. Sie hatten sich mir gegenüber – bewusst oder unbewusst – rassistisch verhalten. Im Streben danach, genauso hoch hinaus- und genauso schnell voranzukommen wie der *weiße* Mann, reproduzierten sie mit der Art, wie sie mich ansahen oder sich mir gegenüber verhielten, rassistische Strukturen, statt diese aufzubrechen. Von feministischer Solidarität keine Spur. Vielmehr versuchten sie, mich als antifeministisch zu degradieren, weil ich mich nicht mit ihnen solidarisieren wollte und auch nicht konnte. Ich passte einfach nicht in ihr homogenes, universales Konzept von Weiblichkeit hinein. Denn Gender wurde als rein *weiße* Kategorie konstruiert, und Race war schlichtweg inexistent. Class wurde in akademischen

Kreisen selten mitgedacht. Gleichzeitig blieb Hautfarbe aber ein visuelles Merkmal, womit ich Tag für Tag markiert wurde. Auf diese Weise wurde mir die Last der Differenz zugeschoben, während *weiße* Frauen ihre Gleichheit in Unschuld hüllten und zelebrierten.

Wie eingangs beschrieben, sind die Kategorien »Race«, »Class« und »Gender« aber untrennbar miteinander verbunden. Schwarze Frauen erleben immer eine spezifische Form der Mehrfachdiskriminierung, die in feministischen Debatten weitgehend unberücksichtigt bleibt. So werden wir selten als »normale Frauen« klassifiziert, weshalb unsere soziale Position häufig aus den feministischen Debatten und Genderdiskursen ausgeblendet wird. Stattdessen bestimmt die soziale, kulturelle und ökonomische Position der *weißen* Frau den Rahmen der gegenwärtigen Frauenpolitik und Frauenforschung in Deutschland. Die Mehrfachdiskriminierung von Schwarzen Frauen, die ebenso vielfältig ist, wird so »entwahrgenommen«, das heißt, sie wird aktiv ausgeblendet – eindeutig eine rassistische Verweigerungshandlung.[1]

In Räumen, wo wir unter uns sein können, wird dieser Eindimensionalität etwas entgegengesetzt. Dort kann zum einen auf die Vielschichtigkeit und Verwobenheit unserer Erfahrungen eingegangen werden, die nur durch eine intersektionale Linse sichtbar gemacht werden können. Zum anderen können die Auswirkungen des patriarchalen Wertesystems, welche auch die Sehgewohnheiten von *weißen* Frauen bestimmen, ohne Rücksicht oder Hemmungen analysiert werden. Demnach misst der *weiße* Feminismus den Wert der Frau am *weißen* Mann, vergleicht sich mit diesem und versucht, auf dieselbe Stufe zu gelangen. Schwarze Frauen stehen dabei sogar häufig im Weg und werden verurteilt, wenn wir uns andere Räume suchen.[2]

In meinem Dokumentarfilm mit dem Titel »Millis Erwachen« von 2018 berichtet die Schwarze Deutsche Nadu Hormann von ihrem Bestreben, in den 70er-Jahren in Westdeutschland eine Schwarze Frauengruppe zu gründen.[3] Sie und ihre Mitstreiterinnen starteten im Radio öffentliche Aufrufe, in der Hoffnung, weitere Schwarze Frauen zu finden, die sich ihnen anschließen würden. Im Gespräch unterstrich Nadu die Herausforderungen frauenpolitischer Selbstorganisation dieser Zeit und betonte, dass sie als lesbische Schwarze Frau häufig durch *weiße* Frauen an einer aktiven politischen Teilhabe gehindert worden war. Nadu zufolge verstanden sie nicht, dass der Rassismus in der *weißen* deutschen Frauenbewegung eine lange Kontinuität aufweist, die mit einer Bevormundung einhergeht, die lange zurückreicht.

Bereits im deutschen Kolonialismus hatten *weiße* Frauen Schwarzen Frauen gegenüber eine Vormachtstellung inne. Nachdem zu Beginn des 20. Jahrhunderts das Reiseverbot für *weiße* Frauen aufgehoben worden war, zogen viele von ihnen, den vermeintlichen Frauenberufen folgend, in die deutschen Kolonien und beteiligten sich als Lehrerinnen und Krankenschwestern aktiv an der Unterdrückung afrikanischer Völker. Mit dem Versprechen, einen ebenbürtigen »Platz an der Sonne« zu erhalten, wurde ihnen ein emanzipiertes Leben an der Seite ihres zukünftigen Ehemannes versprochen.[4]

Das Angebot richtete sich insbesondere an bürgerliche Frauen, für die ein emanzipiertes Leben im deutschen Kaiserreich nicht möglich war. Es setzte aber voraus, dass die *weiße* Frau sich nicht mit einem afrikanischen Mann einließ. In diesem Fall verlor sie nicht nur ihr Ansehen, sondern auch das Privileg der deutschen Reichs- und Staatsangehörigkeit. Viele folgten diesem Ruf und ihrem Verlangen nach Freiheit und führten gemäß des europatriarchalen Kolonialgeists einen vermeintlichen »Erziehungsauftrag« durch. Damit erhielten *weiße* Frauen politische Macht, die sie bis heute innehaben und bisweilen – bewusst oder unbewusst – auch gegenüber Schwarzen Frauen ausüben.[5]

Noch immer verstehen viele *weiße* Personen nicht, dass wir Schwarze Menschen auch gerne mal unter uns sein wollen, um in Abwesenheit unserer Unterdrücker*innen den Schutzpanzer abzulegen und den Schmerz unserer Diskriminierungserfahrungen miteinander teilen zu können. Die häufig ausgeübte Kritik gegen entsprechende Räume erinnert an die zweite Welle der Frauenbewegung, als Männer ihren Frauen verbieten wollten, sich gegen Sexismus und Androzentrismus zu organisieren und Strategien gegen ihre eigene Unterdrückung und Ungleichbehandlung zu entwickeln. Inzwischen wissen wir, wie notwendig diese Treffen unter Ausschluss von Männern waren.[6]

Schon damals wurden Schwarze Frauen und Frauen of Color von *weißen* Frauen vereinnahmt und kontrolliert, berichtet Nadu Hormann im Interview weiter. Sie konnten nicht für sich selbst sprechen, weil sie als unmündig galten, häufig auch zum Schweigen gezwungen waren. Auch habe ihnen prominente Unterstützung gefehlt, wie sie die Schwestern der Folgegeneration durch Audre Lorde erhalten hatten. Ein Gleichgewicht oder gar Solidarität zwischen Schwarzen und *weißen* Frauen war aufgrund der ungleichen Machtverhältnisse nicht möglich. Vielmehr schien sich der damalige *weiße* Feminismus entgegen seines eigentlichen Selbstverständnisses auf paradoxe Weise gegen das Ziel weiblicher Selbstbestimmung zu richten.

Meine erste Hausarbeit markierte somit einen wichtigen Meilenstein auf meinem Weg in den Schwarzen Feminismus, der in Deutschland eben nicht erst mit Audre Lorde Mitte der 80er-Jahre einsetzte, wie viele annehmen. Erst im Gespräch mit Nadu Hormann lernte auch ich viele Jahre später, dass zahllose Geschichten von und über Schwarze Frauen in Deutschland weder dokumentiert noch archiviert worden waren – egal, ob diese sich als Feministinnen bezeichneten oder nicht. Dennoch hat Audre Lorde damals zu Beginn meines Studiums einen Fokus bewirkt, mit dem ich meine Kraft bündeln und mir ein Ziel setzen konnte, das mir bis heute die Richtung weist.

12
»Farbe bekennen«

Während der Literatursuche für die Überarbeitung meiner Hausarbeit fand ich zuerst Audre Lordes Gedicht *Berlin is Hard on Colored Girls*, welches sie 1986 nach einem ihrer ersten Aufenthalte in Berlin geschrieben hatte. Darin spiegelt sie eine bittere Realität wider, die ich schon aus meiner Kindheit und Jugend kannte und später in der Hauptstadt selbst erleben würde. Bei der Recherche fand ich in der Universitätsbibliothek unter dem Stichwort »Afrika« (und nicht unter »Deutschland«) dann auch das Buch »Farbe bekennen. Afrodeutsche Frauen auf den Spuren ihrer Geschichte« (1986), das mir irgendwie bekannt vorkam.

Ich hatte das erste Mal davon gehört, als ich in der Mittelstufe war. Eines Tages drückte mir mein Deutschlehrer das Buch in die Hand und sagte, ich solle es lesen. Mein Deutsch war zu diesem Zeitpunkt noch nicht perfekt, aber es reichte für den Schulgebrauch. Doch ich verstand nicht, warum ich als Einzige eine Extraarbeit bekam. Hausaufgaben waren damals schon nicht mein Ding, und auf keinen Fall wollte ich mehr machen als notwendig. Ich weigerte mich, sein Angebot anzunehmen. Die Publikation war nicht Teil des Regelunterrichts, warum sollte ich sie also lesen. Was sich damals schon zeigte, war, dass ich mich nur jenseits der bestehenden Curricula mit Schwarzer Geschichte in und aus Deutschland beschäftigen könnte und auch würde.

Als der Berliner Orlanda Verlag Audre Lorde 1984 einlud,

ein Buch über ihre Erfahrungen in Deutschland zu schreiben, lehnte sie mit der Begründung ab, nicht sie solle über Deutschland schreiben, sondern ihre Schwarzen Studentinnen, die bis dato nicht wussten, dass ihre Geschichte und Geschichten miteinander verwoben waren und dass sie dieselben strukturellen Erfahrungen teilten. In zweijähriger Arbeit entstand nicht nur das heutige Grundlagenwerk »Farbe bekennen«, sondern damit auch eine Community, die sich neu finden und neu definieren musste.

Federführend dabei war die Schwarze Historikerin Katharina Oguntoye. Sie machte bereits zu Beginn der Arbeit an der Publikation darauf aufmerksam, dass es keine einfache Aufgabe sein würde, Schwarze Frauen, die es gewohnt waren, in der Vereinzelung zu leben, zusammenzubringen.[1]

Katharina Oguntoye wurde 1959 in Zwickau geboren, verbrachte aber ihre Kindheit in Leipzig, Nigeria und Heidelberg. 1986 wurde die Historikerin als Mitherausgeberin von »Farbe bekennen« und Mitgründerin der Initiative Schwarze Menschen in Deutschland Bund e. V. (ISD) und deren Schwesterorganisation »Adefra« weit über die Schwarzen Communitys hinaus bekannt. Ihre Diplomarbeit veröffentlichte sie 1997 zur Lebenssituation von Afrikaner*innen und Afrodeutschen in Deutschland. Im selben Jahr gründete sie Joliba e. V., einen Verein für afrikanische, afrodeutsche und afrodiasporische Familien, der noch heute aktiv ist. Für ihren jahrzehntelangen Kampf gegen Rassismus, Sexismus und Queerfeindlichkeit wurde Katharina Oguntoye 2022 mit dem Bundesverdienstkreuz ausgezeichnet. Sie ist Mutter eines Kindes und lebt heute mit ihrer Partnerin in Berlin.

»Farbe bekennen« war die erste Anthologie, die aus Schwarzer feministischer Perspektive die kolonialen Kontinuitäten Deutschlands und die daraus resultierende Diskontinuität Schwarzer deutscher Geschichte nachzeichnete. Das Werk ist ein Beleg dafür, dass der Aktivismus von Schwarzen Feministinnen in Deutschland zentral für die Existenz und die Formierung der gegenwärtigen Schwarzen Communitys in Deutschland war.[2]

Durch seine Veröffentlichung begannen sich Schwarze Frauen deutschlandweit zu organisieren. Ihre Auseinandersetzung mit ihrer spezifischen Lebenssituation in der *weißen* männlich dominierten Mehrheitsgesellschaft führte nicht nur zur Gründung der ältesten Schwarzen deutschen Organisation, die Initiative Schwarze Menschen in Deutschland (ISD e. V.), sondern auch zum Zusammenschluss und später zur Vereinsgründung von »Adefra«. Anfangs die Abkürzung für »Afrodeutsche Frauen«, lernten die Mitglieder im Laufe der Zeit, dass das Wort in der amharischen Sprache Ostafrikas »die Frau, die Mut zeigt« bedeutet, was für ihre politische Absicht nicht treffender hätte sein können. Dadurch, dass viele der beteiligten Schwarzen Frauen in *weißen* lesbischen Frauenräumen politisiert wurden, war neben Race, Class und Gender immer auch Sexualität Teil der intersektionalen Aushandlungen.

Kurz bevor der Begriff »Intersektionalität« von Kimberlé W. Crenshaw geprägt wurde, hatte sich die Schwarze Frauengruppe mit der Verwobenheit unterschiedlicher Machtverhältnisse auseinandergesetzt. In einem Interview mit der Schwarzen Journalistin Kemi Fatoba für Vogue Online[3] erinnert sich Gründungsmitgleid Katja Kinder an die Anfänge zurück: »Es gab damals den Lesbenfrühling in Berlin. Dort haben Schwarze Frauen aus dem Buch ›Farbe bekennen‹ gelesen. Da ich in Deutschland sehr oft als *weiß ›passe‹*, dachte ich mir, das ist jetzt meine Chance, Schwarze Lesben kennenzulernen«. Kurz darauf wurde die Initiative gegründet.

Auch die Adefra-Frauen Peggy Piesche und Prof. Dr. Maisha Auma hätten »Farbe bekennen« als wegweisend empfunden. Über die Jahre habe sich »Adefra« allerdings ein wenig davon distanziert, erklärt Kinder weiter. Denn es gehe ihnen heute nicht mehr um das Deutschsein, sondern um das Schwarzsein. Ein Widerspruch, wie ich finde, denn »Schwarz« und »deutsch« sind keine Entitäten, die im deutschen Kontext getrennt voneinander betrachtet werden können, sondern bilden eine sich überkreuzende Intersektion, an der wir als Schwarze Menschen in Deutschland mit allen Gemeinsamkeiten und Unterschieden stehen.

25 Jahre nach dem ersten Treffen und einem Generationswechsel existiert der Verein noch immer an seinem heutigen Sitz in Berlin. Dort schaffe die Initiative durch politisches Lobbying und regelmäßige Community-Treffen »symbolische Räume« für Schwarze Frauen und Frauen of Color, berichtet Kinder. Ihr Ziel sei es, weiterhin »die gesellschaftsverändernde Arbeit feministisch inspirierter Schwarzer Akteurinnen sichtbar zu machen, anzuerkennen und zu stärken«.

Bis zur Veröffentlichung von »Farbe bekennen« hatte Schwarzsein in Deutschland keinen positiven, selbstbestimmten Ausdruck gefunden. Wenn Schwarze Identität Akzeptanz fand, dann nur, wenn sie durch Musik oder Filme aus den USA importiert wurde. Doch mit »Farbe bekennen« wurden nicht nur Artikulations- und Handlungsräume für die vielfältigen Stimmen in der Community eröffnet, sondern auch eine öffentliche Debatte über Schwarzsein in Deutschland ausgelöst und Schwarzsein aus deutscher Perspektive definiert, erforscht und auf dieser Basis zahlreiche feministische Bündnisse geschaffen.[4]

All dies geschah allderdings in der Anonymität deutscher Großstädte. Entgegen von Titel und Leitgedanken der Publikation fühlte ich mich in meiner Jugend in der norddeutschen Provinz stets dazu gezwungen, meinen Alltag in Farbignoranz zu gestalten und an meiner Hautfarbe »vorbeizusehen«. »Ich sehe keine Farbe«, erklärten viele Menschen in meiner Umgebung – ein Argument, mit dem ich damals glaubte, gut leben zu können. Mit der Veröffentlichung von »Farbe bekennen« entstanden erstmals in Anlehnung an den Begriff *Afro-American* die Identitätsangebote »Afrodeutsche« und »Schwarze Deutsche«, mit denen auch ich mich zunehmend identifizieren konnte.

Heute weiß ich, dass mein Deutschlehrer mich nicht bestrafen wollte, sondern den misslungenen Versuch gewagt hat, mich zu empowern. Denn meine Hautfarbe und die persönlichen und historischen Geschichten, die auf ihrer Oberfläche eingeschrieben sind, bilden heute einen wichtigen Teil meiner Identität, der gar nicht verschwiegen werden kann. Hätte ich das Angebot meines Lehrers damals angenommen, dann hätte sich mir durch »Farbe bekennen« wahrscheinlich schon früh in meinem Leben eine ganz neue Welt eröffnet und ich hätte eine aktive Strategie gefunden, um mich gegen Rassismus und Sexismus zur Wehr zu setzen.

13

»Weißer Streß und Schwarze Nerven – Streßfaktor Rassismus«[1]

Je mehr ich in die Geschichte und Geschichten von Schwarzen Menschen in Deutschland eintauchte, desto weniger fremd fühlte ich mich. Schritt für Schritt näherte ich mich der deutschen Kultur an und nahm sie für mich an. Streng genommen konnte ich mich gar nicht dagegen wehren, da mich das Deutschsein zunehmend geprägt hatte. Ich lernte schon von Kindesbeinen an die deutsche Sprache. In meinem Studium kam das strukturierte und analytische deutsche Denken hinzu und erschuf eine geordnete Unordnung, die meine emotionale Misswirtschaft nach und nach ablöste.

Als alleinerziehende Studentin mit wenigen Betreuungsmöglichkeiten für mein Kind musste ich nicht nur perfektioniertes Zeitmanagement beherrschen, sondern die Wissenschaft führte mich auch insgesamt an eine andere Form heran, den eigenen Verstand zu gebrauchen. Dadurch gelang es mir, eine größere emotionale Distanz zu den Aspekten meines Lebens einzunehmen, die aus der Verwobenheit der rassistischen und sexistischen Strukturen innerhalb des kapitalistischen Systems hervorgegangen waren – sei es die Art, wie ich mich selbst wahrnahm oder mit der Fremdwahrnehmung anderer umging. Indes wuchs meine Neugierde für Menschen, die so aussehen wie ich.

Unter Audre Lordes Studentinnen war es vor allem die

afrodeutsche Dichterin und Mitherausgeberin von »Farbe bekennen« May Ayim, die mich faszinierte. Nachdem ich das Buch im zweiten Anlauf mit Begeisterung gelesen hatte, war ich auch auf ihre Poesiebücher gestoßen. Darin sprach sie mir mit einfachen Worten aus der Seele.

May Ayim war international anerkannte Poetin, Wissenschaftlerin und Aktivistin. 1960 wurde sie als uneheliches Kind einer *weißen* deutschen Mutter und eines ghanaischen Vaters in Hamburg geboren. Sie wuchs zunächst im Kinderheim auf, bis sie mit 18 Monaten von einer *weißen* Pflegefamilie aufgenommen wurde, in der sie als einziges Schwarzes Kind mit vier *weißen* Geschwistern aufwuchs. Ihre frühen Erfahrungen mit Rassismus begleiteten sie ein Leben lang und machten sie verletzlich. Dennoch zeugten ihre zahlreichen Essays, Gedichte und Vorträge von einer starken Verbindung zwischen ihrem Lebensmittelpunkt in Deutschland und ihren familiären Wurzeln in Ghana. Doch diese Bindung konnte ihren Suizid nicht verhindern; 1996 nahm sie sich das Leben.

May Ayims Kindheit war geprägt von einer inneren Auseinandersetzung mit Rassismus und dem äußeren Verlangen ihrer *weißen* Pflegeeltern, Mays Erziehung an die rassistischen Strukturen der *weißen* deutschen Mehrheitsgesellschaft anzupassen. In ihren autobiografischen Erzählungen berichtet sie davon, dass sie aus Liebe, Verantwortungsgefühl und Unwissenheit besonders streng erzogen wurde. Diese scheinbar pädagogisch wertvolle Erziehungsmethode kannte auch ich von meiner Mutter. Sie hatte uns, wie die *weißen* Eltern von May Ayim, wiederholt damit unter Druck gesetzt, die Erwartungen der *weißen* deutschen Mehrheitsgesellschaft erfüllen zu müssen, indem wir beispielhafte Schwarze Kinder würden. Wir sollten stets pünktlich sein, den Anweisungen der Erwachsenen ohne Widerrede folgen und immer freundlich lächeln, egal, ob uns danach war oder nicht. Unter keinen Umständen sollte unser (Fehl-)Verhalten die negativen Vorurteile gegenüber Schwarzen bestätigen.

Wie May Ayim berichtet, passten ihre *weißen* Pflegeeltern

ihre Erziehung den kolonialisierten Gewohnheiten ihrer Umgebung an. Dies führte dazu, dass sie sich mehr und mehr wünschte, *weiß* zu sein, um bedingungslos zu ihrer *weißen* Pflegefamilie und zur *weißen* deutschen Mehrheitsgesellschaft zu gehören. Um *weiß* zu werden, aß sie sogar Seife und versuchte, ihre dunkle Haut im wahrsten Sinne des Wortes »weiß zu waschen«. Auf diese Weise hoffte sie, ihr Schwarzsein, das von der *weißen* deutschen Mehrheitsgesellschaft in kolonialistischer Tradition als Skandal und Verbrechen angesehen wurde, überdecken zu können.[2]

Erst im Austausch mit anderen Schwarzen deutschen Frauen fand May Ayim eine kollektive Schwarze Identität, die sie in einem vermeintlichen Zwischenraum lokalisierte – einem »raum zwischen gestern und morgen«[3]. Auf Anregung von Audre Lorde nutzte sie das Schreiben als Schwarze feministische Praxis, um diesen Ort zu bespielen und für sich zu erkunden. In ihrer Diplomarbeit mit dem Titel »Afro-Deutsche. Ihre Kultur- und Sozialisationsgeschichte auf dem Hintergrund gesellschaftlicher Veränderung« (1986), die sie in »Farbe bekennen« veröffentlichte, hatte May Ayim bereits begonnen, die deutsche Gesellschaft zu untersuchen und ihre Position darin zu benennen. Aus ihren zahlreichen Essays, Gedichten und Vorträgen, die folgten, zog sie die kreative, gestalterische Kraft, ihre Schwarze deutsche Identität weiter auszugestalten.

Zwar kann Rassismus als zentrales Thema ihrer autobiografischen Texte betrachtet werden, damit verbunden ist jedoch auch die Suche nach ihrem biologischen Vater, dessen Abwesenheit ihre Schwarze Identität in der Kindheit ebenso destabilisierte. Sein Fehlen verband sie mit der metaphorischen Suche nach ihrem »Vaterland« – eine Suche, die auch mir nicht fremd war.

Doch anders als ich stellte May Ayim irgendwann mit Bedauern fest, dass die (Haut-)Farbe ihres leiblichen Vaters dunkler war als die ihre, was nicht nur ihren eigenen internalisierten Rassismus reflektierte. Sie ging auch davon aus, dass sie aufgrund dieser Farbnuancen in der afrikanischen Heimat ihres Vaters ebenfalls eine Außenseiterin sein würde. Ich hingegen bin meinem leiblichen Vater wie aus dem Gesicht geschnitten. Unsere Haut hat denselben ockerunterlaufenen Braunton, und unsere Nasen sind zweifelsohne aus einem Guss. Ich habe die Suche nach ihm im Alter von 21 Jahren beendet, als er am Flughafen in New York City vor mir stand. Ich hatte mich so weit von mir selbst entfremdet, dass die »Angst vorm Schwarzen Mann« zum ersten Mal auch in mir aufstieg, als ich ihn anschaute. Er blickte zurück und schwieg.

Mein Vater ist ein großer, stolzer Schwarzer Mann und war entsetzt von der Tatsache, dass der Vater meines Kindes, das ich um den Bauch gebunden mit mir trug, ein *weißer* Mann war, und deutsch noch dazu. Schließlich hätten sie (also die US-Amerikaner*innen) die Deutschen im Zweiten Weltkrieg besiegt, sagte er. Das war nicht das Erste, was ich mir gewünscht hatte von ihm zu hören. Ich schaute ihn vorwurfsvoll an. Plötzlich fand ich mich gemeinsam mit meiner Tochter in dem historisch-konstruierten Raum zwischen beiden Welten wieder, von dem May Ayim sprach und schrieb. Dort fand ich aber mehr vor als nur Schwarz und *weiß*. May Ayim hatte uns einen Garten hinterlassen, in dem ein »walnussmangobaum«[4] wuchs, der Früchte aus beiden Welten trug. Damit hatte sie ihre Identität als Schwarze Deutsche mit einem *weißen* Elternteil metaphorisch zum Ausdruck gebracht und ihr Leben »zwischen den Stühlen«[5] beschrieben.

Mehr noch: Mit ihrem Gedichtband »blues in schwarz weiss« (1995) hat sie uns einen Rhythmus vermacht, der eurozentrische und afrozentrische Stimmen, Geschichten und Diskurse miteinander verbindet und im Einklang mit unseren Vorfahr*innen schwingt. Sie wählte die Ausdrucksform des Blues, um ihren Erfahrungen mit Rassismus und Sexismus Ausdruck zu verleihen. May Ayim setzte außerdem verschiedene Adinkra-Zeichen der Aschanti wie das Sankofa-Symbol ein, womit sie uns einlädt, unser afrikanisches Erbe zu erkennen, es in die Gegenwart zu holen und als Quelle für die Deutung der Zukunft zu verstehen.[6]

Das Wort »Sankofa« in der westafrikanischen Twi-Sprache heißt übersetzt »zurückgehen und etwas holen«. In der Bildsprache der Adinkra wird der Begriff weitergefasst und bedeutet so viel wie, »wenn Du in die Vergangenheit siehst, erkennst Du die Zukunft«. Häufig als Vogel dargestellt, der seinen Kopf auf den Rücken dreht, um sein Ei aufzufangen, wird damit das Lernen aus der Geschichte für die Gestaltung einer besseren Zukunft symbolisiert. Dadurch wird der Grundsatz abgeleitet, sich an die Vergangenheit zu erinnern, um neue Wege für die Gegenwart wie für die Zukunft zu ebnen. Die Erinnerung und die Möglichkeit, auf vorkoloniale Traditionen zurückzugreifen, soll dem Vergessen entgegenwirken. Das Konzept hat sowohl Kunst als auch Wissenschaft und Politik weltweit geprägt.

Wo meine Zukunft sein würde, wusste ich lange Zeit nicht. Immer auf der Suche nach einem Land, in dem ich mich frei von diskriminierenden Strukturen bewegen könnte, dachte ich für einen kurzen Augenblick, dass ich im Land der unbegrenzten Möglichkeiten, also in den USA, zur inneren Ruhe finden würde. Doch meine Zukunft lag nicht in New York, so viel wurde mir in den folgenden Wochen klar. Heimisch fühlte ich mich dort nicht. Ich dachte, ich hätte *weiße* Vorherrschaft bereits in Deutschland von ihrer schlimmsten Seite erlebt, doch in den USA kam sie mir mit einer Härte entgegen, durch die »Hass« schlagartig eine andere Bedeutung für mich bekam.

Dort nahmen *weiße* Rassist*innen kein Blatt vor den Mund, weshalb der Schwarze Widerstand mit derselben Wucht daherkam wie der Rassenhass. *Weiß*sein wurde von meiner Schwarzen US-amerikanischen Familie mit allem erdenklich Negativen assoziiert, sodass ich nicht einmal ansatzweise zu erahnen vermochte, gegen welche Traumata die direkten Nachfahren von Versklavten sowie Schwarze US-amerikanische Immigrant*innen in der Gegenwart zu kämpfen hatten.

In Deutschland wurde *weiße* Vorherrschaft als Kehrseite rassistischer Unterdrückung durch die mangelhafte Aufarbeitung deutscher Kolonialgeschichte unsichtbar gemacht, obwohl sie allgegenwärtig war und immer wirkte. Das machte es nicht besser, aber inzwischen hatte ich einen Umgang damit gefunden, weshalb ich mich hier zweifelsohne viel besser aufgehoben fühlte.

May Ayims Worte hießen mich willkommen. Wie kaum eine andere Dichterin hatte sie es geschafft, mir Vokabular zu schenken, mit denen ich meine Schwarzen deutschen Erfahrungen artikulieren konnte. Durch ihre Werke lernte ich, meine Fäuste nicht mehr zu schwingen, sondern Dinge zu benennen, um mich aus meiner Wortlosigkeit zu befreien. Das Schreiben wurde alsbald auch für mich zur feministischen Praxis: ein Kompass, mit dem ich durch die Welt navigierte. Ich schrieb mir meinen Schmerz von der Seele, zuerst in Tagebüchern, später in meinen Hausarbeiten, in Gedichten und heute in meinen Büchern. In jedem Text, den ich schrieb (und schreibe), steckte ein Teil meines Selbst; mit jedem Wort kam ich mir selbst einen Schritt näher.

Ich war von den Worten und Werken von May Ayim inspiriert. Anfang der 1990er-Jahre trug sie maßgeblich dazu bei, deutschsprachige Spoken Word Performances populär zu machen. Als Widerstandsstrategie schrieb sie in ihren Gedichten alle Wörter, auch Substantive, klein. Lange hatte ich gebraucht zu lernen, dass sie großgeschrieben werden – auch mitten im Satz. Ihre spielerische Art mit Worten umzugehen, stellte alle deutschen Sprachregeln auf den Kopf, die mir in jungen Jahren aufgezwungen worden waren. Beim Lesen malten ihre Worte buchstäblich Bilder in meinem Kopf. Hätten wir damals schon Internet und Social Media gehabt, hätte ich wahrscheinlich ihre Performances täglich verschlungen.

Doch ihre Worte waren nicht nur wohltuend, sie waren auch anklagend. In ihren essayistischen Texten übte sie Kritik, machte auf gesellschaftliche Missstände aufmerksam und leistete Widerstand dagegen. Auf diese Weise gelang es ihr, den Finger in die Wunde zu legen und schwere Themen wie Rassismus anzusprechen. Keine einfache Aufgabe, wie ich aus eigener Erfahrung weiß. Als Studentin war es stets eine große Herausforderung für mich, die emotionale Distanz zu Rassismus und Sexismus zu bewahren. Später als Antirassismus-Trainerin hatte ich zwar die richtigen Worte, aber oft keinen Schutz vor der Ignoranz einiger Workshop-Teilnehmer*innen. Inwieweit May Ayim diesen Spagat hinbekommen hat, kann ich nur vermuten. Leider durfte ich sie nicht mehr persönlich kennenlernen. Menschen, die sie gut kannten, wie ihre ehemalige Verlegerin Dagmar Schultz, beschreiben sie als Freundin, die zu Abenteuern bereit gewesen sei.[7]

May strahlte aber nicht nur Wärme und Stärke aus, sondern wirkte durch die oft ungefilterten Schilderungen ihrer Rassismuserfahrungen auch zerbrechlich. Bereits als Kind hegte sie intensive Suizidgedanken. Sie versteckte Rasierklingen unter ihrem Kopfkissen und wünschte sich, nie wieder aufzuwachen.[8] Anfang Januar 1996 flog sie nach Köln, um eine Folge der Fernsehsendung »b.trifft« mit Bettina Böttinger aufzunehmen. Die Sendung wurde am 19. Januar ausgestrahlt und sei auf positive Resonanz gestoßen, berichtet Dagmar.

Aber May Ayims beruflicher Erfolg konnte ihren Zusammenbruch ein paar Tage später nicht verhindern. Hinzu kamen eine zunehmende Arbeitsbelastung, wenig Schlaf und Essen. Schließlich wurde sie zwangsweise in die Psychiatrie eingewiesen; ein weiterer Klinikaufenthalt folgte. Dort habe May Ayim Psychopharmaka und schließlich die Diagnose Multiple Sklerose erhalten, berichtet Dagmar weiter. Aber in keinem der Arztberichte wurde auf ihre gesellschaftliche Position als Schwarze Frau oder die damit einhergehenden Rassismuserfahrungen unmittelbar Bezug genommen. Weder damals noch heute werden die psychischen Folgen von Mehrfachdiskriminierungen in den medizinischen Fokus gerückt.

Dabei ist Suizid kein neues Phänomen in Schwarzen Communities. Häufig war er der letzte Ausweg, um den unerträglichen Systemen von Versklavung und Kolonialisierung zu entkommen. Oder er war Ausdruck des maximalen Widerstandes.[9] Wer überlebte, war in einer psychischen Ausnahmesituation gefangen. Heute wird dieses Erbe als Trauma gesehen, das durch Alltagsrassismus belebt und wiederbelebt wird.[10] Auch May Ayims Wunden könnten historischen Ursprungs gewesen sein. Fakt ist, dass sie ohne professionelle Hilfe nur ungenügend aufgearbeitet werden konnten. Doch anstatt diese Hilfe zu bekommen, verschlechterte sich May Ayims Zustand weiter durch den Rassismus, den sie im Gesundheitssystem erleben musste. Dennoch schaffte sie es (zumindest vorerst) wieder zurück in den Alltag.

Im April 1996 fing sie an, im Orlanda Frauenverlag zu arbeiten. Zwei Monate später nahm sie ihre Arbeit an der Berliner Alice Salomon Fachhochschule (heute Hochschule) wieder auf. Doch Mays Gesundheitszustand schwankte zwischen Verzweiflung und Zuversicht. In ihrem Aufsatz »Weißer Streß und Schwarze Nerven«[11] bezeichnet sie Rassismus als »Streßfaktor«, ohne zu wissen, dass sie ein Jahr später selbst davon heimgesucht werden würde. Kurz darauf folgte ein erster Suizidversuch. Menschen, die ihr nahestanden, hofften, dass sie sich selbst noch eine Chance geben würde. Doch vergebens. Am 9. August 1996 sprang sie von einem Kreuzberger Hochhaus in den Tod und verließ die Welt für immer. Kinder hatte May Ayim nicht. Meine Tochter war kurz zuvor ein Jahr alt geworden.

Seit damals sind fast 28 Jahre vergangen, und noch immer werden die psychischen Folgen von Rassismus in Deutschland nicht in den Blick genommen. Sie reichen von Alkoholismus und anderen Suchterkrankungen bis hin zu Suizid. Und die Tatsache, dass sich sexuelle Diskriminierung ebenfalls negativ auf die Psyche auswirkt, wird ebenso konsequent ignoriert. Doch das Problem bleibt: Rassismus wird verharmlost und von *weißer* Normalität verschleiert. Wer die Energie nicht aufbringen kann, ihn aus eigener Kraft seelisch abzuwehren, verfällt in eine Handlungsunfähigkeit, eine Ohnmacht, aus der es kein einfaches Entkommen gibt. Wie Audre Lorde stets zu sagen pflegte, ist Selbstfürsorge im rassistischen System eine Form der Selbsterhaltung. In ihrem Krebstagebuch »Lichtflut« setzte sie sich mit ihrem Leiden auseinander, verstand aber, dass es möglich ist, Kraft und Wissen daraus zu schöpfen und weiterzugeben.[12] Es ist daher so wichtig, sich selbst um die eigenen psychischen und körperlichen Bedürfnisse zu kümmern und Strategien zur Heilung weiterzureichen.

May Ayim hatte durch ihr Schreiben nicht nur eine eigene Schwarze Stimme kreiert, die stellvertretend für viele sprach, sondern auch einen Ort der Solidarität geschaffen, von wo kontinuierlich gesellschaftliche Veränderungen angestoßen werden konnten. In ihren Worten echoen Klänge der Selbstermächtigung, Selbstbestimmung und Selbstverwirklichung, die Generationen von Schwarzen Menschen in Deutschland dazu inspirieren, die eigene Stimme zu finden, sie zu erheben und positiv in die Zukunft zu blicken.

Als der Orlanda Verlag mich zu Mays 20. Todestag einlud, ihr zu Ehren ein Buch herauszugeben, entstand die Idee zur Reihe »Sisters und Souls. Inspirationen durch May Ayim«[13] und die darauf basierende Empowerment-Theater-Reihe »M(a)y Sisters«[14], die von 2015 bis 2018 am Theater Hebbel am Ufer (HAU) in Berlin-Kreuzberg von mir kuratiert wurde. In der Performance-Reihe verwandelten die Schwarzen Autorinnen und Künstlerinnen die Bühne in ein »Erzählwerk« und verpackten darin Schwarze deutsche Geschichten der Vergangenheit, Gegenwart und Zukunft.

14
Schatten der Vergangenheit

Deutsche Geschichte, schwere Geschichte. Für viele Menschen in meinem Umfeld begann und endete sie mit dem Nationalsozialismus. Zwölf lange Jahre rechtlich legitimierter faschistischer und rassistischer Terror haben einen Schatten über das ganze Land geworfen und die Sicht auf historische Ereignisse, die weiter zurückliegen, verdunkelt. Kein Wunder, dass der deutsche Kolonialismus des späten 18. und frühen 19. Jahrhunderts lange Zeit unangetastet blieb. Seine Aufarbeitung wurde hinter den Schandtaten der Nazis (unter denen es nicht wenige Frauen gab) zurückgedrängt. Doch um bei der Erzählung deutscher Kolonialgeschichte anzukommen, müssen wir uns vorher mit dem NS-Staat beschäftigen und die »exemplarische Rolle«[1], die Schwarze Menschen, und (im Interesse des vorliegenden Buches) insbesondere Schwarze Frauen, darin gespielt haben.

Als ich in Deutschland ankam, wusste ich über die NS-Zeit vor allem, dass die Nazis einen Massenmord an sechs Millionen Jüdinnen*Juden begangen hatten. Die historische Schuld ließ sich nicht abwaschen, egal wie sehr die Deutschen sich in christlichem Anstand zu baden versuchten und sich nach außen als die moralisch Erhabenen präsentierten. Zu Recht gab es in meiner Schullaufbahn keine Jahrgangsstufe, in der wir nicht über Hitlers Greultaten gesprochen hätten. Lange Zeit wusste ich aber nichts von den vielen Sinti*zze und Rom*nja, den queeren Menschen oder Menschen mit Behinderung, die gefoltert und von den Nazis ermordet worden waren. Über die Schwarzen Opfer des NS-Regimes oder über die Schwarzen NS-Sympatisant*innen sprachen wir allerdings nie.

Zweifelsohne hatten die Nazis in ihrem »Rassenwahn« eine klare Opferhierarchie geschaffen, an deren Spitze Jüdinnen*-Juden standen, deren systematische Verfolgung und Ermordung institutionalisiert worden war. Getrieben vom Hass hatte Hitler es in erster Linie auf jüdische Menschen abgesehen, die, wie er glaubte, Schwarze an den Rhein gebracht hätten, um die »*weiße* Rasse zu zerstören«.[2] Mit der Wahrheit hatte dies wenig zu tun.

Nach dem Ersten Weltkrieg wurden Schwarze französische Soldaten am Rhein stationiert, was starke Proteste und eine breit angelegte Hetzkampagne auslöste. Sie wurden als »rassische Gefahr« für *weiße* Frauen und die westliche Zivilisation gesehen und als »Schwarze Schmach« herabgewürdigt.[3] Für die sehr kleine Gruppe von Schwarzen Menschen, die nach dem Ersten Weltkrieg und dem damit einhergehenden Verlust der deutschen Kolonien in der Weimarer Republik verblieben waren, hatte die Anwesenheit der Soldaten weitreichende Konsequenzen. Ihr Leben war fortan von Schikane, täglichen Angriffen und Überfällen geprägt. Schwarze Familien wurden aus ihren Wohnungen vertrieben, Schwarze Arbeiter*innen verloren ihre Jobs und Schwarze Kinder durften Schulen und Sportvereine nicht mehr besuchen, wie nachfolgend am Beispiel der Geschwister Diek exemplarisch dargestellt wird.[4]

Erst im Studium beschäftigte ich mich intensiver mit den Einzelschicksalen von Schwarzen Menschen im Nationalsozialismus. Dabei fielen mir in erster Linie Biografien von Schwarzen Männern in die Hände: Der Schwarze Deutsche Hans-Jürgen Massaquoi beispielsweise war den Nazis entkommen und nach Kriegsende in die USA ausgewandert. Dort schaute er auf seine Kindheit mit seiner alleinerziehenden *weißen* Mutter zurück und hielt seine Erfahrungen aus der NS-Zeit in seinen autobiografischen Schriften fest.[5] Auch

Theodor Wonja Michael schrieb seine Überlebensgeschichte nieder. Er fasst die damalige Situation von Schwarzen wie folgt zusammen: »Man tötete uns nicht, man ließ uns aber auch nicht leben.«[6] Der Sohn eines Kameruners fand als Komparse in den Filmen des nationalsozialistischen Kinos Schutz vor Verfolgung, wohlwissend, dass die Nazis Schwarze Darsteller*innen lediglich zu ihren Propagandazwecken missbrauchten. [7]

Kinofilme, in denen die Kolonien verherrlicht wurden, wurden vom Staat finanziert und gefördert, um die Idee ihrer Rückgewinnung in die breite Öffentlichkeit zu tragen.[8] Neben dem bekannten Schwarzen Schauspieler und Boxer Louis Brody, der ebenfalls der Familie Diek angehörte, spielte die Schwarze Schauspielerin Emine Zehra Zinser 1934 in dem propagandistischen Kolonialfilm »Die Reiter von Deutsch-Ostafrika« von Herbert Selpin. Der Film entstand nach dem Roman »Kwa heri« (1934) von Marie Luise Droop und wurde vom NS-Staat beauftragt. Im gleichen Jahr begann der Dreh. Die Premiere lief wenige Monate später im UFA-Palast am Zoo in Berlin. Im Dezember 1939 wurden jedoch alle weiteren Vorstellungen untersagt, weil Großbritannien der NS-Zeit ungemäß zu freundlich dargestellt wurde. In der Nachkriegszeit wurde der Film wegen seiner Förderung des Militarismus von den Alliierten verboten. Heute ist er auf YouTube zu sehen.[9]

Emine Zehra Zinser spielt die Bedienstete »Milini«. Sie wird in den kolonialen Film-Haushalt geholt, als die *weiße* Braut des Hausherren einzieht. »Milinis« Aufgabe ist es, seine Zukünftige nach allen Regeln des Kolonialismus zu bedienen. Im ganzen Film spricht sie zwei Sätze und unterstreicht durch ihr kindliches Auftreten die rassische Unmündigkeit, die Afrikaner*innen bereits im Kolonialismus und später auch im Nationalsozialismus zugeschrieben bekamen. Über die Schauspielerin selbst ist wenig bis gar nichts bekannt. Die Schwarze feministische Künstlerin Nathalie Anguezomo Mba

Bikoro widmete ihr und anderen Frauen der deutschen Kino- und Unterhaltungskultur der ersten Hälfte des 20. Jahrhunderts im Rahmen der Ausstellung »Reframing Worlds. Mobilität und Gender aus postkolonial, feministischer Perspektive« (2017/18) die Installation »Aus den Trümmern des Paradieses«. Das visuelle Forschungsprojekt thematisiert Erfahrungen der andauernden Kolonialität, Systeme des Rassismus und Nationalismus, sowie die Komplexität des Feminismus.[10]

Während Hans-Jürgen Massaqoui und Theodor Wonja Michael der Zwangseinweisung ins Konzentrationslager entkamen, wurde der Schwarze Deutsche Gert Schramm im Alter von 15 Jahren im KZ Buchenwald inhaftiert. Er überlebte, um später in seinen eigenen Worten von seiner vermeintlichen »Schutzhaft« (Schutz der Deutschen vor der »Rassenbeschmutzung« durch die Schwarzen) zu berichten. [11] Andere Schwarze KZ-Insassen wie Bayume Mohamed Husen (geb. Mahjub bin Adam Mohamed) überlebten nicht. Der ehemalige »Askari«[12] und Schauspieler starb in Sachsenhausen.[13] Vor seinem früheren Wohnhaus in der Brunnenstraße 193 in Berlin erhielt Husen 2007 einen Stolperstein und ist damit einer der wenigen Schwarzen Opfer des Nationalsozialismus, derer öffentlich gedacht wird.[14]

Aus den bislang von Historiker*innen gesichteten Häftlingslisten der deutschen Konzentrations- und Arbeitslager ist bekannt, dass der Einweisungsgrund der Inhaftierten nicht immer angegeben wurde. Insbesondere bei Personen mit deutschem Namen ist es im Nachhinein fast unmöglich, eine Schwarze Identität nachzuweisen. Fest steht, dass unterschiedliche Individuen afrikanischer Herkunft in Konzentrationslager verschleppt wurden: Kolonialmigrant*innen sowie ihre Kinder, afrodeutsche Einzelpersonen, Schwarze Menschen aus den Amerikas, der Karibik, Europa und Afrika, die auf unterschiedlichen Wegen in die Weimarer Republik gekommen waren. Hinzu kamen zahlreiche in Kriegsgefangenenlagern inhaftierte Schwarze US-Amerikaner*innen sowie die afrikanischen Soldaten der französischen, belgischen und britischen Truppen.[15]

Vom Schicksal Schwarzer Frauen ist noch weniger überliefert. Im Frauenkonzentrationslager Ravensbrück sind die Quellen unvollständig, da viele Unterlagen kurz vor Kriegsende vernichtet wurden. Ein Vermerk verrät allerdings, dass die Schwarze Deutsche Martha Ndumbe 1944 als »asoziale Berufsverbrecherin« eingewiesen wurde:

Martha Ndumbe wurde 1902 als Tochter eines Kameruners und einer *weißen* Hamburgerin in Berlin geboren. Nach der Scheidung ihrer Eltern kam sie mit acht Jahren zu einer *weißen* Pflegefamilie, die nach dem Tod ihres Pflegevaters zerbrach. Mit 16 wurde Martha selbst Mutter. Der Vater ihrer Tochter Anita, die im ersten Lebensjahr verstarb, ist bis heute unbekannt. Wie ihr eigener Vater hatte auch Martha Schwierigkeiten, eine feste Anstellung zu finden. Sie hielt sich mit Sexarbeit und sogenannter Kleinkriminalität über Wasser. 1944 wurde sie zu einer 18-monatigen Gefängnisstrafe verurteilt und kurz darauf ins KZ Ravensbrück überführt. Dort starb Martha am 5. Februar 1945 im Alter von 42 Jahren. Als Todesursache wurde Tuberkulose angegeben.

Marthas Lebensgeschichte konnte von Historiker*innen weitgehend rekonstruiert werden. Die wenigen bekannten Informationen stammen jedoch nicht aus ihren eigenen Schilderungen, sondern aus zahlreichen Polizeiakten: Martha war bereits vor 1933 mehrmals wegen Diebstahl und Sexarbeit verhaftet und verurteilt worden und daher aktenkundig. 1932 heiratete sie den *weißen* Deutschen Kurt Borck, der ihr Zuhälter wurde. Die Ehe war zunehmend von Gewalt geprägt. 1937 zeigte Martha ihn an. Daraufhin bekam er eine Haftstrafe und taucht daher auch in den Akten auf. Ein Jahr später wurde ihre Ehe offiziell geschieden und Martha war wieder auf sich allein gestellt.[16]

Auf den ersten Blick scheint es sehr verwunderlich, dass Martha als Schwarze Frau erfolgreich gegen ihren gewalttätigen Ehemann klagen konnte, wenn wir in Betracht ziehen, dass die primäre Rolle der Frau im Nationalsozialismus in der Ehe gesehen und auf Mutterschaft und Kindererziehung reduziert wurde. Im Sinne der NS-Ideologie sollten *weiße* deutsche Frauen zukünftige Generationen einer vermeintlich »arischen Rasse« gebären und nach nationalsozialistischer Gesinnung aufziehen. Ziel war es, die Nachkommen für das erwünschte »Tausendjährige Reich« zu zeugen. Der *weißen* Frau wurde also die Verantwortung zuteil, die Zukunft des Deutschen Reiches zu sichern. Um dies zu gewährleisten, wurden Gesetzesänderungen vorgenommen: Das passive Frauenwahlrecht wurde wieder abgeschafft, wonach Frauen nicht mehr gewählt werden durften. Sie wurden nicht mehr zu Justizberufen zugelassen, Ärztinnen durften keine Praxen eröffnen. Auch wurde der Frauenanteil an deutschen Hochschulen stark reduziert. Hinzu kam, dass der Ehemann per Gesetz alle Entscheidungen alleine treffen durfte.[17]

Für Martha galten diese gesetzliche Regelungen allerdings nicht. Als »nicht arische« Frau erfüllte sie nicht die »rassenhygienischen Bestimmungen« des NS-Regimes. Ein Jahr vor Verabschiedung des Sterilisationsgesetz von 1933 und drei Jahre vor der Erlassung der Nürnberger Gesetze von 1935 wurde ihre Ehe geschlossen. Die Sterilisationsgesetze sahen zwar keine Sterilisation aus »rassischen Gründen« vor. 1937 wurde allerdings auf Anweisung Hitlers die »Sonderkommission 3« gebildet, bei der ca. 400 Schwarze Deutsche, die Nachkommen von Schwarzen französischen Soldaten des Ersten Weltkriegs und *weißer* deutscher Frauen zwangssterilisiert wurden.[18] Damit wurde nicht nur ihre Fortpflanzung, sondern auch die Fortentwicklung Schwarzer Identität in Deutschland verhindert.

Die Nürnberger Gesetze, die den Rassenantisemitismus zum zentralen Verfolgungsgrund institutionalisierten, schlossen Jüdinnen*Juden von der Staatsbürger*innenschaft aus und verboten Ehen und sexuelle Beziehungen zwischen Jüdinnen*Juden und Nicht-Jüdinnen*Juden. Das »Ehegesundheitsgesetz« forderte eine voreheliche medizinische Untersuchung von Heiratswilligen, um eine mögliche »Rassenschande« auszuschließen. In ergänzenden Verordnungen und Kommentaren wurde geregelt, dass Schwarze ebenso von der Reichsbürger*innenschaft ausgeschlossen und Eheschließungen verboten wurden. Diese neuen gesetzlichen Regelungen gingen sicherlich nicht spurlos an Martha und Kurt vorbei. Ich vermute, dass sie sich negativ auf ihre Ehe ausgewirkt und Kurts Gewaltbereitschaft heraufbeschwört haben könnten. Daraufhin zeigte sie ihn an, er wurde verurteilt. Doch da ist die Geschichte nicht zu Ende.

Im Sinne der nationalsozialistischen Ideologie hatte Marthas Ehemann »Rassenverrat« begangen, als er sie zur Ehefrau nahm. Es ist wahrscheinlich, dass sein Verrat am NS-Regime eher zu seiner Verurteilung geführt hat, als die Misshandlungen seiner Ehefrau, die ohnehin als »rassisch minderwertig« galt. Mehr noch: Da Sexarbeit und Zuhälterei von den Nazis zwar nicht verboten, aber als gesundheitsschädlich angesehen wurde, sahen sie Kurt Borck zusätzlich als »ehrenlosen Bürger«. Seine berufliche Tätigkeit als Zuhälter machte ihn moralisch untragbar. Er versagte als Arier und als Deutscher. Bewusst oder unbewusst hatte Martha ihn durch ihre Anzeige dem Regime ausgeliefert.

Nach dem Eheaus galt Martha in der Vorstellungswelt der Nazis als »Untermensch«. Sie hatte nicht nur als Schwarze Frau, sondern auch durch ihre »wilde Sexarbeit« und »Kleinkriminalität« die postulierte »Reinheit des Volkes« in Gefahr gebracht. Als »rassisch minderwertig« betrachtet, wurde sie zu einer zusätzlichen Gefahr für die genetische Zukunft des Deutschen Reichs. Einen wirklichen Grund für ihre spätere Verhaftung brauchten die Nazi-Behörden nicht. Nach ihrer Verlegung vom Frauengefängnis Berlin nach Leipzig und schließlich nach Ravensbrück wurde sie innerhalb weniger Monate ins Lagerkrankenhaus eingeliefert, wo sie kurz darauf verstarb.

In den 1950er-Jahren stellte ihre Mutter einen Wiedergutmachungsantrag auf Entschädigung für den Verlust ihrer Tochter, doch dieser wurde abgelehnt. Als Schwarze Deutsche verurteilte Sexarbeiterin und Kleinkriminelle waren ihre Erfahrungen mit der systematischen Rassendiskriminierung des NS-Staats kein ausreichender Grund, um ihr Leben zu entschädigen. Im August 2021 wurde ein Stolperstein in der Max-Beer-Straße 24 (ehemals Dragoner Straße) in Berlin-Mitte verlegt, wo Martha bis 1943 lebte. Er war der erste Stolperstein, der für eine Schwarze deutsche Frau verlegt wurde.[19]

Das Schicksal der Schwarzen Frauen im Nationalsozialismus war allerdings eher zufällig als systematisch, dennoch fühlten sie sich bedroht, wie der Fall von Marie Hegner zeigt.

Marie Hegner wurde 1884 in ehemals Deutsch-Südwestafrika (heute Namibia) in einer berühmten Missionarsfamilie geboren. Sie wurde mit ihren vier Geschwistern schon in der frühen Kindheit nach Deutschland geschickt, da ihre Eltern nicht wollten, dass ihre Kinder unter Afrikaner*innen aufwuchsen. Hier genoss sie eine Schulbildung und lebte einsam, getrennt von ihrer Großfamilie, in der rassistischen Gesellschaft des »Dritten Reichs«. 1934 wurde Marie in eine Nervenheilanstalt eingeliefert und von den damaligen NS-Ärzten mit Schizophrenie diagnostiziert. Zwei Jahre später starb sie im Alter von 52 Jahren an einer »infektiösen Lungenentzündung«. Sie war unverheiratet und kinderlos.

Wie in vielen Fallbeispielen ist Maries eigene Stimme nicht überliefert. Ihre Gefühle und Erfahrungen können aber zwischen den Zeilen der Briefe gelesen werden, die von ihrer Schwester Dora und ihrem Neffen Diether an sie geschrieben wurden. Dora war im Alter von 20 Jahren zu den Eltern nach Afrika zurückgekehrt; Marie blieb allein in Deutschland zurück. Ihre Briefe wurden ausführlich von der *weißen* Literaturwissenschaftlerin Ursula Trüper untersucht. Trüper beschreibt, wie aus einem Brief hevorgeht, dass Marie angefangen haben soll, sich »seltsam« zu verhalten: Sie soll versucht haben, ihr Haar mit Zuckerwasser und sogar mit dem Bügeleisen zu glätten,[20] vermutlich um auszusehen wie eine *weiße* Europäerin.

Dieses Verhalten kenne ich nur zu gut. Zu oft habe ich mir selbst die Haare geglättet – mit chemischen Mitteln, mit dem Bügeleisen oder einem »*hot comb*«, ein damals aus Eisen geschmiedeter Kamm, der vor dem Einsatz über einer offenen Flamme erhitzt wurde. Heute bestehen sie aus Messing und sind elektrisch. Oft genug habe ich mir dabei nicht nur die Haare verbrannt, sondern auch die Kopfhaut. Dennoch war mir in meiner Pubertät jedes probate Mittel recht, um meine Haarstruktur zu verändern und dem europäischen Schönheitsideal zu entsprechen.

Dass dieses Verhalten im Nationalsozialismus als »seltsam« eingestuft wurde, ist nicht verwunderlich – manche würden es auch heute so einschätzen. Der wesentliche Unterschied ist, dass mein Leben nicht davon abhing, wie ich aussah, auch wenn ich das in der Pubertät mit tiefer Überzeugung glaubte. Marie hingegen war eine Bedrohte des Regimes: Sie hatte eine afrikanische Urgroßmutter, was sich durchaus in ihrer Haarstruktur widerspiegeln und ihr und ihren Geschwistern unter der nationalsozialistischen Rassenpolitik gefährlich werden konnte.

Durch »Hautfarbe« und andere phänotypischen Merkmale, wie das krause Haar, gerieten Schwarze schnell ins Visier der Nationalsozialist*innen, weil sie in der Regel schnell auszumachen waren. Ich vermute, dass Martha trotz ihrer afrikansichen Wurzeln sehr hellhäutig gewesen sein könnte, weshalb sie vielleicht versucht hatte, durch das Glätten ihrer Haare als *weiße* Frau zu wirken. Nicht ungewöhnlich: Bis in die Gegenwart werden *Bleaching Cremes* eingesetzt, um dunkle Haut aufzuhellen.[21]

Nachdem Dora Ende der 1920er-Jahre mit ihrer Familie nach Deutschland zurückgekehrt war, zog Marie zu ihr nach Karlsruhe. Dort half sie im Haushalt und bei der Erziehung ihrer Neffen und Nichten. Marie soll in der Familie ihrer Schwester endlich eine »liebe Heimat« gefunden haben, nach der sie sich so lange gesehnt habe. Eigene Kinder hatte sie nicht. Doch ihr neues Glück währte nicht lange.[22]

1934 brach Marie zu einer Ferienreise an die Nordsee auf. Dort kam sie aber nie an. Im Glauben, verfolgt zu werden, brach sie ihre Reise kurz vor Gütersloh ab und fuhr zu einem Freund der Familie. Aufgrund ihres irrationalen Verhaltens habe er sich aber verpflichtet gefühlt, Marie in die Nervenheilanstalt Tannenhof einzuweisen. Dort wurde ihr eine unheilbare Schizophrenie diagnostiziert. Marie selbst glaubte nicht, krank zu sein, sondern war überzeugt, dass es sich um eine reale Nachstellung gehandelt habe. Sie soll kurz vor ihrem Tod dem Pflegepersonal gesagt haben: »Ich bin Ausländer und werde ausgewiesen«[23] und äußerte wiederholt, dass sie abgeholt und getötet werden solle. Im Glauben daran, dass sie vergiftet werden würde, verweigerte sie schließlich das Essen, wurde dadurch zunehmend schwächer und starb am 21. Juli 1936 im Alter von nur 52 Jahren.[24]

Noch heute gilt »Hautfarbe« als rassische Markierung, als visuelles Kennzeichen einer vermeintlichen Minderwertigkeit, mit der Schwarze über Generationen hinweg konfrontiert wurden: durch ihre Rassifizierung im Kolonialismus und spezifische Viktimisierung im Nationalsozialismus. Hinzu kommt die historische Schuld, die sie als Deutsche mittragen. Doch Themen rund um Rasse und Rassismus wurden im deutschen Kontext lange tabuisiert. Die Folge: Die traumatischen Erfahrungen des Nationalsozialismus werden oft ungewollt auch an Schwarze Kinder und Enkelkinder weitergegeben. Jennifer Teege beispielsweise, Tochter einer *weißen* Deutschen und eines Nigerianers, Schwarze Deutsche der dritten Generation, erfuhr erst mit 38 Jahren per Zufallsfund in der Bücherei, dass ihr Großvater der KZ-Kommandant Amon Göth war. Seine Verbechen wurden durch den Film »Schindlers Liste« einem Millionenpublikum vor Augen geführt. Jennifer geriet dadurch in eine schwere Lebenskrise. Die Arbeit an ihrer Autobiografie half ihr, die Krise zu überwinden.[25]

Inspiriert durch Jennifers tragische Geschichte entwickelte die Schwarze feministische Künstlerin Magda Korsinsky das Projekt »Stricken«. In Interviews erzählen sechs Schwarze deutsche Frauen von ihren *weißen* Großmüttern und ihrem komplexen Verhältnis zum Nationalsozialismus. Die Interviewten sind zwischen 20 und 40 Jahre alt, arbeiten in unterschiedlichen Berufen und sprechen daher aus unterschiedlichen Perspektiven. Die Videos werden auf Stoffbahnen aus Textilien projiziert, die die Frauen in den Schränken ihrer Großmütter gefunden haben: Bettlaken, Tischdecken, Handtücher etc. Wenn die Großmutter in einer Zeit aufgewachsen ist, in der die »reine Rasse« propagiert wurde, dann wirke sich dieses Gedankengut auch auf das Schwarze Enkelkind aus, betont Magda Korsinsky.[26]

Die genaue Anzahl der Schwarzen Opfer des Nationalsozialismus ist nicht bekannt und ebenso wenig können wir eine genaue Aussage über die Anzahl der Überlebenden treffen. Denn in seltenen Fällen gibt oder gab es den diskursiven Raum, in dem Schwarze Frauen ihre Geschichten überliefern konnten. Wir müssen daher konsequent die Spuren in den Archiven einzelner Länder, in den wissenschaftlichen Einrichtungen oder auch in unseren Familien weiterverfolgen.

Eine Überlebende, deren Biografie vorliegt, ist Marie Nejar, die in der Nachkriegszeit unter dem Künstlerinnennamen Leila Negra Berühmtheit erlangte:

Marie Nejar wurde 1930 als Tochter einer Schwarzen deutschen Mutter und eines ghanaischen Vaters im Mülheim an der Ruhr geboren. Unter dem NS-Regime war sie gezwungen, die Schule abzubrechen, und wurde zur Zwangsarbeit in einer Fabrik verpflichtet. Später spielte sie in rassistischen Filmen der UFA mit. Nach Kriegsende avancierte sie aufgrund ihrer glockenklaren Stimme ungeachtet ihres wahren Alters zum Kinderstar. Gemeinsam mit Peter Alexander und anderen deutschen Musiker*innen tourte sie mit einem großen Teddybären im Arm

als »Leila Negra« durch Deutschland. Sie beendete ihre Karriere nach fünf Filmen und 30 Schlagern Ende der 1950er-Jahre und begann eine Ausbildung zur Krankenschwester. Heute lebt Marie in Hamburg.

Ihre Autobiografie »Mach nicht so traurige Augen, weil du ein N*lein bist: meine Jugend im Dritten Reich« (aufgeschrieben von Regina Carstensen) erschien 2007. Viele Jahre reiste sie durch Deutschland und hielt Lesungen und Vorträge über ihr Leben im Nationalsozialismus. In einem Fernsehinterview der Reihe »Schwarz. Rot. Gold« sagte sie: »Wenn ich ein *weißes* Mädchen gewesen wäre, dann wäre ich ein richtiges kleines Nazikind gewesen.«[27]

Obwohl ihre Mutter auch Schwarz war und Marie zur zweiten Generation von Schwarzen Deutschen gehörte, verbrachte sie die meiste Zeit mit ihrer *weißen* Großmutter und hatte insgesamt mehrheitlich *weiße* Menschen in ihrem Umfeld. Sie erfuhr zum ersten Mal den offenen Rassismus der Nazis, als sie beim Bund Deutscher Mädchen (BDM) abgewiesen wurde: »Da habe ich zum ersten Mal gewusst, Oma hat recht«, bestätigte sie, »Adolf Hitler mag mich gar nicht!« Anfangs war diese Erkenntnis eine große Enttäuschung, aber Marie bewies die notwendige Stärke, den rassistischen Anfeindungen der Zeit zu begegnen. Heute könne sie sich als »Ausländerin« tarnen, wenn sie wolle, fügt sie hinzu, aber leider sei sie durch und durch eine Deutsche.

Marie Nejar lässt anklingen, dass sie vielleicht zu den Nazis gegangen wäre, wenn sie nicht Schwarz gewesen wäre, was darauf hindeutet, dass sie in ihrer Kindheit und Jugend von der nationalsozialistischen Gesinnung stark geprägt war. Es wird sichtbar, wie weitreichend die NS-Ideologie gewesen ist und dass sie nicht vor potenziellen Opfern haltmachte. Tatsächlich gab es eine Schwarze Frau, die sich den Nazis anbiederte, die Gründe dafür sind bislang nicht bestätigt.

Dorothea »Thea« Katharina Leyseck (geboren Jackson) wurde als Tochter des Schwarzen US-amerikanischen Einwanderers Henry Sylvester Jackson und seiner *weißen* deutschen Ehefrau Clara (geboren Neuner) 1885 in Honau geboren. Sie arbeitete im Zirkusunternehmen ihrer Eltern, bevor sie mit ihrem *weißen* Ehemann Franz Leyseck einen eigenen Zirkus gründete. Nachdem ihr Mann 1923 starb, arbeitete sie bis 1933 im Zirkus ihres Bruders. Ihr Aufenthalt war danach ungewiss, bis sie 1939 beim Versuch, der Reichsmusikkammer beizutreten, wieder auftauchte, allerdings scheiterte, da sie »nicht arisch« war. Stattdessen wurde sie gezwungen, während des Zweiten Weltkrieges in einer Rüstungsfabrik in Magdeburg zu arbeiten. Nach Kriegsende reiste sie mit einem Wandervarieté durch Ostdeutschland, das kurz darauf von den DDR-Behörden verboten wurde. Dokumentiert ist, dass Thea 1965 ins Altersheim kam, wo sie vermutlich starb.

Durch die Heirat mit ihrem *weißen* deutschen Ehemann wurde Thea deutsche Staatsbürgerin. Obwohl sie als Tochter eines Schwarzen US-Amerikaners und einer *weißen* Deutschen keine biografische Verbindung zu den deutschen Kolonien hatte, versuchte sie nach dem Tod ihres Mannes, kolonialrevisionistische Argumente zu nutzen, um sich zu schützen und ihre Lebens- und Arbeitssituation in Deutschland zu sichern. In einem Brief an das Propagandaministerium gab sie 1937 an, Tochter eines Afrikaners aus der ehemaligen Kolonie »Deutsch-Südwestafrika« zu sein und bat um die behördliche Genehmigung, das beigelegte Gedicht mit dem Titel »Geständnis und Hoffnung aus Deutsch-Südwest-Afrika« bei ihren Auftritten referieren zu dürfen.[28]

Das Gedicht beklagte den Verlust der ehemaligen Kolonie Deutsch-Südwestafrika und äußerte die Hoffnung, dass Deutschland nun, nachdem es wieder erstarkt sei, seine ehemaligen Kolonialgebiete von Großbritannien zurückerobern würde. Außerdem äußerte Thea sich hoffnungsvoll, dass die deutschen Siedlerinnen und Siedler in Deutsch-Südwestafrika sich erheben und sie aus den Ketten der britischen Versklavung befreien würden. Warum sie sich prokolonial und prodeutsch äußerte, ist nicht überliefert. Möglich ist, dass Thea, wie auch Marie Hegner, Angst vor einer Ausweisung hatte. Nach dem Tod ihres Mannes drohte sie nämlich in die USA geschickt zu werden, die Heimat ihres Vaters. Doch zu dieser Zeit war die Rassenpolitik in den USA für Schwarze Menschen viel gefährlicher als in Nazideutschland, wo Schwarze nicht im Fokus der Rassengesetze standen.

Thea log über ihre Biografie und versuchte damit die prokoloniale Stimmung im Nationalsozialismus für sich zu nutzen. Da sie US-amerikanischer Herkunft war, versuchte sie sich auf diese Weise als deutsche Frau zu porträtieren, die dazu beitragen könnte, deutsche Kultur in die deutschen Kolonien zu bringen – sofern diese zurückerobert werden würden. Thea ging sogar so weit, Hitler als Mann mit »treuem Herzen, starker Hand, Kraft und Geist«[29] positiv darzustellen. Doch Theas Intervention blieb ohne Erfolg. Als Schwarze Frau entsprach sie nicht dem rassischen Prototyp der »arischen Rasse«. Das Gegenteil war der Fall, was womöglich zu dem Aktenvermerk »Belanglos (fehlerhaftes Gedicht)« geführt haben könnte.[30]

Das gelebte und vererbte nationalsozialistische Trauma hat viele Gesichter. Die langen dunklen Schatten der nationalsozialistischen Vergangenheit wirken bis ins Hier und Jetzt und lasten schwer auf Schwarzen Frauen der Gegenwart, wie auch auf der Gesamtgesellschaft. Die Tatsache, dass wir nie als Deutsche gelesen und immerzu gefragt werden, woher wir denn eigentlich (wirklich) kommen, entlässt weder uns noch die *weiße* deutsche Mehrheitsgesellschaft aus der Pflicht, den Nationalsozialismus, auch aus Schwarzer deutscher Perspektive, aufzuarbeiten. Zur seelischen Entlastung können autobiografische Schriften (wie die vorliegende) beitragen. Sie dienen der Selbstanalyse und Selbstbeobachtung und erlauben eine kontextuelle Einordung bestimmter Ereignisse.

15
»Kinder der Befreiung«[1]

Nach dem Zweiten Weltkrieg lag Deutschland in Trümmern. Die meisten Großstädte, Häfen, Verkehrs- und Transportwege waren zerstört. Die deutsche Bevölkerung hauste in Baracken ohne Strom und Wasser. Unter den Soldaten der US-amerikanischen Streitkräfte, die im Süden Deutschlands stationiert wurden, befanden sich auch zahlreiche Schwarze, was zu erneuten Unruhen in der *weißen* deutschen Bevölkerung führte. Die Deutschen hatten es versäumt, sich selbstkritisch zu reflektieren oder sich mit ihren eigenen Ängsten auseinanderzusetzen. Stattdessen trat ein neues Stereotyp an die Stelle des »barbarischen Wilden«: Der kaugummikauende, breitlächelnde Amerikaner, der sich stets freundlich und hilfsbereit zeigte. Erzählungen und Berichte von den ersten Begegnungen der US-Amerikaner mit der *weißen* deutschen Bevölkerung finden sich überall in der einschlägigen Literatur und in Zeitdokumenten.[2]

Doch die alten, tiefsitzenden Rassenvorurteile waren nicht verschwunden, sondern schlummerten unter der Oberfläche weiter. *Weiße* deutsche Frauen, die sich mit den Schwarzen Soldaten einließen, wurden nach wie vor der »Rassenschande« bezichtigt. In einzelnen Fällen fanden Vergewaltigungen statt, die zu ungewollten Schwangerschaften führten. Ein Schwangerschaftsabbruch war nicht immer gewollt und auch nicht immer möglich. In einem Essay von Peter Martin, einem *weißen* deutschen Soziologen, ist folgende Aussage eines Vergewaltigungsopfers zu finden:

»Nein, ich kann kein Kind von einem Schwarzen zur Welt bringen, denn ich fühle mich jetzt schon moralisch derart minderwertig herabgesetzt und wie würde das erst nachher werden, wenn ich so ein {halbschwarzes} Kind zur Welt brächte. Ich würde mich als deutsche Mutter restlos ausgestossen fühlen«.[3]

Es ist nicht bekannt, wie viele Schwarze Kinder tatsächlich aus Vergewaltigungen stammten oder aus moralisch unakzeptierten Liebesbeziehungen hervorgingen. Fakt ist, dass sie ebenso wie ihre Mütter massiv diskriminiert wurden. Doch die Generation der Schwarzen Nachkriegskinder ist inzwischen erwachsen geworden und kommt in dem Sammelband »Kinder der Befreiung: Transatlantische Erfahrungen und Perspektiven Schwarzer Deutscher der Nachkriegsgeneration« (2015) von der Schwarzen deutschen Literaturwissenschaftlerin Marion Kraft, die selbst dieser Generation angehört, selbst zu Wort. 70 Jahre nach Ende des Zweiten Weltkrieges haben sie sich von Objekten zu Subjekten verschiedener Forschung bewegt, erklärt Marion. Sie übernehmen in autobiografischen, poetischen und wissenschaftlichen Forschungstexten die Deutungshoheit ihrer Erzählungen. Ihre Erfahrungen sind von Rassismus und Entwurzelung sowie der Suche nach und der Aufarbeitung der eigenen Familiengeschichte geprägt.[4]

Häufig wird der Beginn Schwarzer deutscher Geschichte in dieser Epoche angesetzt. Vielleicht weil mit der Geburt dieser Kinder eine internationale Debatte ausgelöst wurde, die über ihr Schicksal entscheiden sollte. Da die meisten Schwarzen Kinder unter der Aufsicht deutscher Jugendämter und Vormundschaftsgerichte gestellt wurden, weil ihre Mütter bei der Geburt unverheiratet und ihre Väter Schwarz waren, sollten sie zur Adoption in den USA freigegeben werden. Die deutschen Behörden, ebenso wie die Kirchen und Sozialdienste, glaubten nicht, dass sie in die Nachkriegsgesellschaft integriert werden könnten. Eine Vielzahl von Schwarzen Kindern blieb dennoch in Deutschland, wo sie weiterhin als nationales Problem angesehen wurden.[5]

Unter welchen Bedingungen diese Kinder in einem Land aufwuchsen, in dem nur wenige Jahre zuvor der Faschismus gewütet hatte und Rassismus legalisiert und institutionalisiert worden war, lässt sich exemplarisch am Beispiel von Erika (genannt Ika) Hügel-Marshall aufzeigen. Ihre Autobiografie[6] steht stellvertretend für eine ganze Generation von Schwarzen deutschen Kindern der Nachkriegszeit:

Ika Hügel-Marshall wurde 1947 als Tochter eines Schwarzen US-amerikanischen Soldaten und einer *weißen* deutschen Mutter in Bayern geboren. Bis zu ihrem siebten Lebensjahr wuchs sie behütet bei ihrer *weißen* Mutter und Großmutter auf. Danach wurde sie auf staatliche Anweisung in ein Kinderheim gegeben, wo ihr weiterer Lebensweg reguliert wurde. Ihr Abitur machte Ika auf dem zweiten Bildungsweg. Nach einem Studium der Sozialpädagogik folgte eine zwölfjährige Anstellung als Erzieherin in einem Kinder- und Jugendheim. Danach begann sie, als Pressereferentin beim Orlanda Frauenverlag in Berlin zu arbeiten. 1998 erschien die erste Auflage ihrer Autobiografie, mit der sie zahlreiche Lese- und Bildungsreisen unternahm. 2022 verstarb Ika in Berlin. Ihr Tod war für viele unerwartet.

Mit dem am 12. September 1944 durch die Alliierten verkündeten »Fraternisierungsverbot« wurden Kontakte zwischen Deutschen, besonders deutschen Frauen, und den US-amerikanischen Soldaten strengstens kontrolliert. Es war beispielsweise untersagt, sich in Wohnungen von Deutschen aufzuhalten, sie zu Tanz- oder Sportveranstaltungen einzuladen oder bei Spaziergängen zu begleiten. Auch das Heiraten wurde untersagt. Obwohl diese Regeln und Verbote für alle Soldaten galten, waren besonders die Schwarzen Soldaten davon betroffen, die in den segregierten Reihen der US-amerikanischen Streitkräfte offenen Rassismus erlebten.[7]

Obwohl die Verbote am 1. Oktober 1945 gelockert worden waren, war es den Soldaten weiterhin verboten, sich in deutschen Wohnungen aufzuhalten oder deutsche Frauen zu heiraten. Wie auch Ikas Eltern trafen sich Paare heimlich oder im Freien, wenn sie den Mut dazu aufbrachten. Als Ikas Vater aus gesundheitlichen Gründen den Befehl bekam, in die USA zurückzukehren, brach der Kontakt zwischen ihm und ihrer Mutter ab. Versuche der Mutter, ihn in den USA zu finden, scheiterten. Die US-amerikanische Armee verweigerte ihr jegliche Information, angeblich, um ihn vor einer Unterhaltsklage zu schützen.[8]

1952 wurde eine große Anzahl dieser Schwarzen deutschen Kinder in Deutschland eingeschult. Dafür wurden Informationsmaterialien erstellt, welche die Fürsorge und zugleich die rassistischen Ressentiments der Behörden widerspiegelten.[9] Auch Ikas alleinerziehende Mutter wurde in Fragen der Erziehung beeinflusst. Nach der Grundschule wurde sie gezwungen, Ika in ein christliches Heim fernab der Familie zu geben, wo sie ihre gesamte Kindheit verbrachte. Als Grund gab das Jugendamt Ikas persönliche und berufliche Weiterentwicklung an. Dazu wurden fadenscheinige Argumente herangezogen, wie die vermeintliche physische und charakterliche Minderwertigkeit Schwarzer Kinder. Sogar die klimatischen Bedingungen in Mitteleuropa wurden als Problem dargestellt. Bis 1954 wurden auf diese Weise mehr als 500 Schwarze Kinder ihren Familien entrissen.

In der Überzeugung, dass sie sich nicht für einen akademischen Beruf eignen würden, wurde ihnen später auch der Besuch einer weiterführenden Schule von den offiziellen Organen verweigert. Stattdessen hofften die Behörden, dass die Schwarzen Jugendlichen nach ihrer Ausbildung in die Heimatländer ihrer Väter auswandern würden, wo ihnen eine bessere Zukunft bevorstehe. Wie Ika blieben aber viele Kinder der Nachkriegszeit in Deutschland, ihrem Geburtsland, das sie als Heimat ansahen. Ihren Wunsch, Lehrerin zu werden, konnte Ika nicht mehr verfolgen. Stattdessen wurde ihr vorgeschrieben, eine Ausbildung zur Kinderpflegerin zu machen.[10]

Erst auf dem zweiten Bildungsweg gelang es Ika, ihr Abitur nachzuholen. Im Anschluss daran studierte sie Sozialpädagogik. Nach ihrem Diplom trat sie eine Stelle in einem Kinder- und Jugendheim an, doch ihr Einstieg war alles andere als leicht: Obwohl sie selbst Heimerfahrungen mitbrachte und mithilfe eines Schwarzen deutschen Kollegen Ideen für eine Neuausrichtung der Einrichtung umsetzen konnte, erlebte sie täglich Rassismus, insbesondere seitens der Heimleitung. Nach zwölf Jahren suchte sie nach neuen Herausforderungen und studierte Mitte der 80er-Jahre zunächst einige Semester Sinologie an der Universität Frankfurt am Main. In dieser Zeit knüpfte sie erste Kontakte zur jungen Schwarzen deutschen, aber auch zur *weißen* feministischen Bewegung.[11]

In den 90er-Jahren stieg Ika als Pressereferentin beim Orlanda Frauenverlag in Berlin ein. Der feministische Verlag hatte sich zum Ziel gesetzt, Schwarze Frauen der Welt, Schwarze deutsche Frauen und Frauen of Color in der *weißen* homogenen Literaturlandschaft sichtbarer zu machen. Dieser politische Anspruch spiegelte sich in frühen Publikationen des Verlags wider, wie im Buch »Entfernte Verbindungen. Rassismus, Antisemitismus. Klassenunterdrückung« (1993), das von Ika Hügel-Marshall, May Ayim und anderen Frauen herausgegeben wurde und nicht zuletzt in »Farbe bekennen. Afro-deutsche Frauen auf den Spuren ihrer Geschichte« (1986). Vor allem aber der Kontakt zu Audre Lorde und ihrer damaligen Partnerin Gloria I. Joseph, selbst ebenfalls Schwarze US-amerikanische Wissenschaftlerin und Aktivistin, war für Ikas persönliche und politische Entwicklung sehr wichtig.

Das Wissen darüber, dass Audre Lorde mit einem *weißen* Mann verheiratet gewesen sei, ihre Kinder etwa 20 Jahre lang mit einer *weißen* Partnerin großgezogen habe und *weiße* Verbündete gehabt habe, habe ihre Einstellung gegenüber der *weißen* Mehrheitsgesellschaft verändert, ohne dass sie darüber kritiklos geworden wäre, erklärte Ika.[12] Nicht zuletzt habe

Audre Lorde sie 1992 dazu angeregt, ihre Autobiografie zu schreiben und sich auf die zunächst ausweglos erscheinende Suche nach ihrem Vater zu begeben. Ein Jahr später, kurz vor seinem Tod, fand sie ihn in Chicago. Bei der späten Begegnung (Ika war bereits 47 Jahre alt) mit ihrer neuen Schwarzen Familie war ihr Schwarzsein erstmals in den Hintergrund getreten:

> *»Während ich mit rassistischen Zuschreibungen und damit verbundenen Stereotypen aufgewachsen war, erlebte ich hier eine in Deutschland selten erfahrene alltägliche Selbstverständlichkeit. Um nur eines von vielen Beispielen zu nennen: Ein gängiger Stereotyp, dem ich immer wieder begegnet war, äußerte sich in der Aussage: »alle Schwarzen tanzen gut, sie haben den Rhythmus im Blut«. Hier, in den USA, entdeckte ich wieder die Lust am Tanzen. Mein Bruder fragte mich einfach, ob ich gerne tanze, ohne das vorauszusetzen.«*[13]

Dieses Beispiel kenne ich aus eigener Erfahrung nur zu gut: Auf der einen Seite drängt der Rassismus uns Schwarzen Frauen dazu, den damit einhergehenden Zuschreibungen zu entsprechen: »Klar kann ich gut tanzen!« Lange Zeit habe ich das von mir geglaubt. Ich habe sogar in meiner Abiturprüfung in Sport »Tanz« gewählt und mein Abitur damit gerettet. Sicherlich ein Beleg dafür, dass ich wirklich tanzen kann (bzw. konnte). Auf der anderen Seite tanzte ich irgendwann einfach nicht mehr, um ebendieser rassistischen Zuschreibung nicht mehr zu entsprechen. Traurig. Und für viele Leser*innen sicherlich nicht nachvollziehbar.

Aber unter Schwarzen Menschen verlieren rassistische Stereotype und Vorurteile ihre Wirkkraft, weil sie vom Schwarzsein losgelöst werden. Das Tanzen wird wieder ein »Hobby«, vielleicht auch Profession, aber nichts, was biologisch begründet wird und damit das Rassedenken reproduziert. Wenn wir rassistische Denkmuster unbewusst übernehmen und Rassismus internalisieren, führt das dazu, dass wir die Dinge, die wir lieben, in Hass umkehren und schlussendlich verlernen. Heute bin ich eingerostet, weshalb ich wirklich nicht mehr so gut tanzen kann – zumindest nicht mehr so wie früher.

Ika Hügel-Marshall entdeckte, wie sie schreibt, im Schoße ihrer Schwarzen Familie wieder die Lust am Tanzen. Sie war eine wichtige Schwarze Stimme der Nachkriegsgeneration, und ich bin froh, dass ich sie persönlich kennenlernen durfte. Ihre Lebensgeschichte wurde Thema vieler Film- und Fernsehbeiträge, selbst- und fremdverfasster Texte sowie Studien- und Forschungsarbeiten im In- und Ausland. Ihre Autobiografie wird immer wieder neu aufgelegt und herausgegeben. Als Hochschullehrerin und Lehrbeauftragte an verschiedenen Universitäten trug sie in den frühen 1990er-Jahren maßgeblich zum Voranbringen des wissenschaftlichen Diskurses um Rassismus, Sexismus und Queerfeindlichkeit bei. Als Schwarze lesbische Frau war sie vielen ein Vorbild.[14]

Mehr noch: Wie die vielen Schwarzen Frauen, die im vorliegenden Buch vorgestellt werden, kann Ikas Dokumentation ihres Lebens als Form der Archivierung gewertet werden, die im Schwarzen deutschen Kontext stets nur im Einzelfall erfolgt. Viele Lebensgeschichten gilt es noch zu finden, andere müssen noch aufgeschrieben werden, damit sie nicht verloren gehen. Dieses Defizit trägt dazu bei, dass die Institutionalisierung von Schwarzem Wissen in einem deutschsprachigen Kontext nur zögerlich vorankommt.

Während Schwarze Archive in anderen Ländern eine lange Tradition aufweisen, begann die Sammlung von Zeitungsartikeln, Film- und Fernsehaufzeichnungen sowie Büchern mit globalen Bezügen zu Schwarzem Leben in Deutschland erst vor ungefähr 50 Jahren mit der Schwarzen Deutschen Vera Heyer, die wie Ika ein »Kind der Befreiung« war. Hinzu kam die Archivierung von *afro look*[15] und *afrekete*[16], zwei Zeitschriften, die von den Schwarzen Communitys herausgegeben wurden.

Vera Heyer wurde 1946 geboren und wuchs in einem Kinderheim bei Frankfurt am Main auf. Die Chance auf höhere Bildung wurde ihr wie vielen Kindern ihrer Generation verwehrt. Ihre Schwarze Identität erschloss sie sich aus Büchern, die sie seit den 1970er-Jahren sammelte und katalogisierte. Vera war 38 Jahre alt und Angestellte beim Arbeitsamt, als sie sich 1985 der gerade entstehenden Schwarzen deutschen Bewegung anschloss und Mitglied der Initiative Schwarze Menschen in Deutschland Bund e. V. [ISD] wurde. Am 19. März 1995 erlag sie einem langjährigen Herzleiden. Sie war Mutter von zwei Kindern.

Seit ihrer Kindheit litt Vera Heyer unter einem schwachen Herzen. Zwar wurde Vera vor ihrem 40. Lebensjahr eine künstliche Herzklappe eingesetzt, doch diese funktionierte nicht einwandfrei. Freundinnen berichten, dass ein permanentes Klicken nicht zu überhören war. Ihr Zustand verschlimmerte sich zusehends, für eine zweite Operation war sie schon zu schwach. 1995 starb Vera, doch ihr Vermächtnis lebt weiter.

Als Heimkind hatte Vera keine Beziehung zu ihren Schwarzen Wurzeln pflegen können, weshalb sie sich ihre Welt und Identität durch Schwarze Bücher erschlossen hatte. Ihre stetig wachsende Sammlung, die sie in ihrer Mainzer Wohnung aufbewahrte, war für sie »Stolz und Trost«[17] zugleich. In Fidelis Dusine-Grotke, der inzwischen auch verstorben ist, und Nouria Asfaha fand sie bald zwei Verbündete aus der Community. Gemeinsam sorgten sie für die Auflistung und Aufstockung der wachsenden Bestände. Im Laufe der Jahre wurden der Sammlung immer mehr Bücher hinzugefügt, auch neue und antiquarische Werke in verschiedenen Sprachen.[18]

Veras Vision, eines Tages eine Bibliothek zu eröffnen, wurde fast 20 Jahre nach ihrem Tod verwirklicht. Seit März 2014 gibt es die öffentlich zugängliche Vera-Heyer-Präsenzbibliothek für Schwarze Literatur und Medien in Berlin-Wedding, die von der gemeinnützigen Organisation Each One Teach One (EOTO) e. V. geführt wird. Seitdem ist der Bestand der Bibliothek durch zahlreiche Bücherspenden auf etwa 7000 Bücher angewachsen.[19]

Sowohl Ika als auch Vera werden immer eine besondere Stellung in der Community haben. Sie gehören zur Generation von Schwarzen Deutschen, die stark unter dem Rassismus der deutschen Nachkriegszeit litten und keine Identitätsangebote hatten, um sich aktiv dagegen zu wehren. Sie mussten sich selbst welche schaffen. Dennoch können sie beide als wegweisende Schwarze deutsche Feministinnen verstanden werden – ohne ihre aktiven Erzählungen würde uns heute ein wichtiges Kapitel Schwarzer deutscher Geschichte fehlen.

16
Von Frieden und Freiheit singen

In meiner Magisterarbeit[1] (und später auch in meiner Doktorarbeit[2]) habe ich bereits darauf verwiesen, dass der renommierte Schwarze US-amerikanische Philosoph, Soziologe und Vertreter der Bürger*innenrechtsbewegung W. E. B. Du Bois in einem seiner bekanntesten Werke, »The Souls of Black Folk« (1903), auf die Bedeutung von Musik, die er als spezifische Kommunikationsform der Schwarzen Kultur verhandelt, hinweist.[3] Innerhalb der Schwarzen Communitys weltweit wurde der Blues beispielsweise schon zu Beginn des 20. Jahrhunderts als Ausdruck der Schwarzen Befreiung und der Schwarzen Selbstbestimmung verstanden.[4]

Aufbauend auf diese Erkenntnis wurde vielfach darauf aufmerksam gemacht, dass auch May Ayim den Blues wählte, um ihren Rassismus- und Sexismuserfahrungen in Deutschland Ausdruck zu verleihen.[5] Durch die Spannungen und Gegensätze ihrer Worte und Rhythmen thematisiert sie die uralte Dynamik zwischen Schwarz und *weiß* – direkt wie indirekt. Der Titel des Gedichts *»blues in schwarz weiss«* bettet das Gesamtwerk in den globalen Schwarzen kulturellen Widerstandskampf gegen Rassismus, Sexismus und Kolonialismus ein.[6] Spezifiziert werden diese Kämpfe und ihre Folgen durch May Ayims Manifestation der deutschen Wiedervereinigung als *»color line«*[7], die »im rhythmus von rassismus sexismus und antisemitismus«[8] mystifiziert wird.

In meiner Schulzeit sang ich im Background einer Band

namens »Leny and the Pommeroys«. Highlight unserer Konzerte war immer das Bluesstück »Michelin«, ein Call und Response eines Liebespaars, das in einem offenen Cadillac vor der Welt flieht und unterwegs von »Frieden und Freiheit« singt. Zumindest habe ich das Lied immer damit verbunden. Die Begeisterung des Publikums ließ regelmäßig Adrenalin durch meine Adern rauschen, weshalb ich kurze Zeit glaubte, Sängerin werden zu wollen. Noten kann ich bis heute nicht lesen, ich ließ mich stattdessen vom Bass treiben. Die Töne kamen aus der Tiefe meiner Seele, waren wohltuend und befreiend. Doch im Glauben, ich müsse einen seriösen Beruf ergreifen, wie meine Mutter mir stets einbläute, verfolgte ich diesen Berufswunsch irgendwann nicht mehr, obwohl der Traum noch immer leise in mir schlummert.

In »Blues Legacies and Black Feminism« (1999) untersucht Angela Davis die Arbeit von Ma Rainey, Bessie Smith und Billie Holiday, drei Schwarzen Sängerinnen des Blues, die sich durch ihre Musik emanzipierten und weltweit eine entscheidende Rolle in der Geschichte der Schwarzen Musikkultur spielten. Indem sie »Blues Legacies« und »Black Feminism« miteinander verbindet, stellt Angela Davis die Musik dieser drei Frauen in Beziehung zu den historischen Entwicklungen der 20er, 30er und 40er-Jahre und zeigt, wie ihre Konzerte auf ihr Publikum wirkten und was die jeweiligen Interpretationen über die Entwicklung des Schwarzen Feminismus aussagen.

Ein Kapitel widmet Angela Davis dem viel interpretierten Song »Strange Fruit«. 1937 vom jüdischen US-amerikanischen Songwriter und Schriftsteller Abel Meeropol (der zudem Kommunist war) geschrieben und gemeinsam mit dem Schwarzen Jazz-Pianist Sonny White und Billie Holiday komponiert, wurde das Lied durch Billie Holidays Auftritt im Café Society in New York City 1939 zu einem Welthit. Mit dem Song wurden öffentlich Themen um Rassendiskriminierung, insbesondere das Lynchen von Schwarzen Menschen in den USA angesprochen. Und wie Angela Davis anmerkt, schaffte das Lied es auch, die Politik der US-amerikanischen Popkultur mitzuverändern, indem es Protest und Widerstand wieder ins Zentrum der Schwarzen Musikkultur rückte.[9]

1948, fast eine Dekade später, nahm auch die Schwarze deutsche Sängerin und Songwriterin Fasia Jansen das Lied auf.

Fasia Jansen wurde 1929 als uneheliche Tochter einer *weißen* deutschen Mutter in Hamburg geboren. Ihr leiblicher Vater war der bereits verheiratete liberianische Generalkonsul, für den Fasias Mutter als Zimmermädchen arbeitete. Sie wuchs bei ihrem *weißen* Stiefvater auf, einem sozialistischen und klassenbewussten Arbeiter, der die Familie unterstützte, aber nicht verhindern konnte, dass Fasia im KZ-Neuengamme zur Küchenarbeit gezwungen wurde. Nach dem Krieg suchte sie über die Musik einen Weg zurück ins Leben: Sie begann, Volks- und Seemannslieder auf der Straße zu singen, und engagierte sich in der Friedensbewegung. 1947 trat sie einer kommunistischen Agitprop-Gruppe bei und startete dort ihre professionelle Musikkarriere. Fasia starb 1997 in Oberhausen. Sie hatte keine Kinder.

Fasia war eine der ersten Schwarzen deutschen Frauen, die den Blues als künstlerische Ausdrucksform für sich wählten und mit deutschen Texten sangen. In einem Interview von 1967 erzählte sie, dass sie keine technische Ausbildung habe und auch keine Noten lesen könne. Gelegentlich habe sie Melodien aufgeschrieben, aber die meiste Zeit habe sie sich auf ihre Spontanität verlassen. Als Kind sei sie nicht mit afrikanischer Musik großgeworden, dennoch wurde aus allem, was sie sang, ein Blues. Damit konnte sie ihrem Unbehagen freien Lauf lassen und die Welt schamlos anklagen.[10]

Von der Schwarzen deutschsprachigen Blues-Sängerin hatte ich lange nichts gewusst. Die erste deutschsprachige Musik, die ich kennenlernte, war von Nena. Als sie mit »99 Luftballons« 1983 einen Welthit landete, war ich in der Orientierungsstufe. Auf dem Schulhof sangen die Mädchen aus meiner Klasse immer ihre Lieder. Da mein Deutsch noch zu schlecht war, konnte ich selten mitsingen. Bei uns zu Hause lief keine deutsche Musik. Oft schallte Randy Crawford aus den Boxen der Stereoanlage. Die Schwarze US-amerikanische Sängerin muss die Lieblingssängerin meiner Mutter gewesen sein, so oft wie sie bei uns gespielt wurde. Damals gab es noch Schallplatten aus Vinyl, die beim Auflegen unter der Nadel knisterten. Das Geräusch bildete förmlich den Auftakt zur Musik.

Damals lebte mein Stiefvater noch. Häufig schwoften er und meine Mutter zu den sanften Klängen von Randys Stimme durchs Wohnzimmer. Soweit ich mich zurückerinnern kann, hatte ich zu meinem *weißen* Stiefvater ein gutes Verhältnis. In ihren Aufzeichnungen schreibt Fasia, dass auch sie viel Liebe von ihrem *weißen* Stiefvater bekam. Er war ein einfacher Arbeiter, behandelte sie aber wie sein eigenes Kind. Fasias biologischer Vater Momulu Massoquoi hätte nicht gegensätzlicher sein können. Er war König der Vai und der erste Generalkonsul Liberias, einer der ersten afrikanischen Diplomaten in Europa und gleichzeitig der Großvater von Hans-Jürgen Massoquoi, der wie oben erwähnt ebenfalls den Nationalsozialismus überlebt hatte. Kurz nach Fasias Geburt kehrte ihr Vater nach Liberia zurück. Fasias Mutter weigerte sich mitzugehen und zog es vor, das Mädchen allein in Hamburg großzuziehen.

Mit der Abwesenheit ihres leiblichen Vaters brach Fasias Kontakt zu ihrer afrikanischen Familie jedoch nicht ab. Die älteste Tochter ihres Vaters, Fatima Massaquoi, studierte in Hamburg. Drei Jahre nach Beginn der Naziherrschaft lud sie Fasia in ein Café zu Kakao und Kuchen ein. Kurz darauf zog Fatima aber in die USA.[11] Erst nach Kriegsende würde Fasia wieder von ihr hören.

Obwohl sie das einzige Schwarze Kind in ihrem unmittelbaren Umfeld war, soll Fasia ihre Welt geliebt haben. Ihre Kindheit war ihr ein unermesslicher Schatz, ein »Reservoir der Ideen und Wünsche«[12], aus der sie die Kraft schöpfte, ihr Leben im Nationalsozialismus zu meistern. Aus Zeitvertreib notierte sie häufig Geschichten in Heften und auf unzähligen Zetteln, manche schrieb sie mit der Maschine. Gespräche mit ihrer Familie und engen Freund*innen nahm sie auf Tonbänder auf. Ihr Nachlass aus Tondokumenten, Fotografien, Tagebuchaufzeichnungen und Interviews wurde 2004 von der *weißen* Autorin und Journalistin Marina Achenbach, die Fasia persönlich kannte, und den Frauen der Fasia-Jansen-Stiftung in Oberhausen zusammengetragen und als Buchband mit beigefügter CD veröffentlicht.

Das Arbeiter*innenviertel am Hamburger Hafen, wo Fasia mit ihrer Familie wohnte, wurde im Krieg vollständig zerbombt. Die Menschen um sie herum hatten ihr Geld zuvor meist im Hafen verdient. Sie wurden aber mit Ausbruch des Krieges zunehmend arbeitslos und mussten sich mit Gelegenheitsjobs über Wasser halten. Hunger, Trunksucht und Diebstahl waren Fasia daher nicht fremd, aber genauso sollen politische Kämpfe und Widerstand zu ihrem Alltag gehört haben. Gegen die Nazis hielten alle Hafenarbeiter*innen zusammen. So fasste Fasia als Bedrohte des Regimes Vertrauen zu den Menschen aus dem Hafenviertel, die zwar regellos und manchmal korrupt waren, aber stets hinter ihr standen. Doch das Leben, das sich dort meist auf offener Straße abgespielt hatte, war nach dem Krieg vorbei. Zurück blieben nur ihre Erinnerungen – nicht nur an die guten Zeiten.

In einer aufgezeichneten Unterhaltung mit ihrer Mutter erinnert Fasia sich an die Unbändigkeit ihrer krausen Haare und ihren Wunsch, wie die *weißen* Mädchen Schleifen tragen zu können. Als Schwarzes Mädchen in der *weißen* Mehrheitsgesellschaft des Nationalsozialismus hatte Fasia stets versucht, unscheinbar zu sein und sich im Hintergrund zu halten. Doch dies gelang ihr nicht. Sie blieb ihr Leben lang aufgrund ihrer Hautfarbe unübersehbar. Häufig wurde sie auf offener Straße von anderen Kindern und Erwachsenen beschimpft und bespuckt. Ihr »Onkel Albert«, wie sie ihren Stiefvater nannte, nahm sie oft in Schutz. Am meisten vertraute Fasia aber ihrer *weißen* Großmutter. Sie hatte die Gabe, ihr in jeder Lebenslage Mut zu machen und Geborgenheit zu schenken.

Als Elfjährige wurde Fasia eines Tages ins Gesundheitsamt bestellt, wo sie vom Amtsarzt eine Spritze bekam, eine Impfung, wie ihre Mutter glaubte. Doch nach wenigen Tagen erkrankte Fasia schwer am Herzen und würde sich nie mehr vollständig davon erholen. Der Hausarzt versuchte vergeblich herauszufinden, welche Injektion ihr verabreicht worden war. Gerüchte kursierten und so glaubte ihre Familie bald, dass sie auf diese Weise sterilisiert werden sollte. Die groß angelegte Nazipropagandakampagne zur Sterilisation von »Rassenfremden« wurde begleitet von Briefen, die auch an Schulen verschickt wurden. Darin wurden Lehrende dazu verpflichtet, »nicht arische« Kinder zu melden.[13] Vielleicht waren die Behörden auf diesem Weg auf das Schwarze Mädchen aufmerksam geworden. Einer zweiten Aufforderung, sich beim Gesundheitsamt zu melden, folgten die Eltern nicht.

Mit den Jahren wurde Fasias Lage zunehmend schwieriger. Im Alter von 14 Jahren war sie gezwungen, ihre Tanzausbildung abzubrechen. Damit hatte sie nicht nur ihre Leidenschaft, sondern auch eine reale Berufsperspektive verloren. Ihr Traum, wie ihr großes Idol Josephine Baker, über die ich später noch einmal spreche, Tänzerin zu werden, wurde zerstört.

Kurz darauf wurde Fasia in der Küche des Konzentrationslagers Neuengamme zur Arbeit verpflichtet. Zwar durfte sie abends nach Hause zurückkehren, doch die Arbeitsbedingungen waren so verheerend, dass sich ihr Gesundheitszustand rasant verschlechterte. Eines Tages brach sie während ihrer Arbeitsschicht zusammen. Wie durch ein Wunder überlebte sie. Doch ihr Herzleiden sorgte dafür, dass sie in den Folgejahren immer wieder stationär aufgenommen werden musste. Zurück im KZ wurde sie von den sowjetischen und französischen Insassinnen ermutigt, durchzuhalten und weiterzumachen. Mehr noch: Sie lernte von ihnen das Singen, was zur Quelle ihrer Kraft wurde.

1948 erreichte Fasia ein Brief von ihrer Schwester Fatima, die sich nach ihrem Schul- und Berufsweg erkundigte. Das

Schreiben traf einen wunden Punkt und entfachte Fasias Wut: Sie hatte die Schule abbrechen müssen und auch tanzen durfte sie nicht. Im Krieg war sie zur Arbeit im Konzentrationslager gezwungen worden, danach konnte sie sich nur mit Gelegenheitsjobs über Wasser halten. Aus ihrer Sicht hatte ihre reiche afrikanische Familie sie im Stich gelassen, während ihre *weiße* deutsche Familie zwölf Jahre lang in Armut lebte, aber es dennoch schaffte, immer für sie da zu sein.

Nachdem Fasia das Tanzen hatte aufgeben müssen, kaufte ihr Stiefvater ihr ein Schifferklavier. Sie lernte schnell, darauf zu spielen und sich beim Singen selbst zu begleiten. Nach dem Krieg sang sie in einem Kirchenchor, mit dem sie später umherreiste und viel Zeit außerhalb von Hamburg verbrachte. Mit 21 Jahren zog Fasia schließlich nach Oberhausen und wurde bei der Niederrheinischen Volkstanzgruppe Akkordeonistin. Dort fand sie bei der Familie einer Freundin ein zweites Zuhause und wurde in der Frauenbewegung aktiv. Bei einem Ausflug in die DDR traf die Musikbegeisterte auf einen Bibliothekar, der ihr ein eigenes Lied schrieb und es ihr ermöglichte, erstmals vor einem Publikum von 30.000 Personen auf dem Berliner Alexanderplatz aufzutreten. Es sollte allerdings noch zehn Jahre dauern, bis sie ihren musikalischen Durchbruch erleben würde. Bis dahin musste sie noch einige traurige Etappen zurücklegen.

Mitte der 1950er-Jahre nahm Fasia Kontakt zu ihrer ehemaligen Chefin auf. Sie brauchte eine eidesstattliche Bestätigung über ihre Arbeit in der Küche des KZs, die sie dem Amt für Wiedergutmachung vorlegen konnte. Wie die Mutter von Marie Hegner, erhielt Fasia Jansen jedoch keine Entschädigung und wurde von den Beamten, die zum größten Teil von der NS-Verwaltung übernommen worden waren, nie offiziell als Opfer des Nationalsozialismus anerkannt. Auch ihre Wohnungssuche in Oberhausen gestaltete sich schwierig. Immer wieder wurde sie von potenziellen Vermieter*innen aufgrund ihrer Hautfarbe abgelehnt. Doch Fasias persönliche Erfahrungen formten ihr politisches Bewusstsein und führten dazu, dass sie selbstbewusster und zielstrebiger wurde.

1960 fand der erste Ostermarsch von Hamburg zu einem Raketenübungsplatz in der Lüneburger Heide statt, an dem 1000 Menschen teilnahmen. Ein Jahr später war die Zahl der Friedensdemonstrant*innen auf 20.000 angestiegen. Selbst die SPD rief dazu auf und forderte, dass abgerüstet werde. Es gab Streiks und Kundgebungen gegen Atomwaffen und die permanente Militarisierung der BRD. Auch diese politischen Umstände gingen nicht spurlos an ihr vorbei, weshalb Fasia nach und nach in der Anti-Atomkraft-Bewegung aktiv wurde.

Beim Ostermarsch 1962 in Essen wurde sie schließlich aufgefordert, einen Blues zu singen. Sie nutzte die Gelegenheit, eines ihrer Lieblingslieder mit deutschem Text zum Besten zu geben und wurde prompt vom Liedermacher Gerd Semmer entdeckt, der begeistert von ihrer Stimme anfing mit ihr zu arbeiten. Mit dem »Weltuntergangblues« entstand eines ihrer größten Hits, bei dem Fasia die sonst so steife deutsche Sprache souverän im Stil des Blues akzentuierte. Fortan legte sie das Akkordeon zur Seite, schrieb ihre eigenen deutschsprachigen Texte und begleitete sich mit der Gitarre, die das Instrument der Ostermärsche wurde:

> *»Liedermacher tauchten auf, eine neue Spezies unter den Musikern: Sängerinnen, Sänger, die selbst Lieder schreiben, mit ihnen auf den Straßen und Plätzen, politischen Veranstaltungen und Konzerten auftraten und ihre Lieder auch anderen beibrachten, ohne sich zu zieren. Sie scheuten sich nicht, ein Lied für den aktuellen Tageskampf zu schreiben, es drängte sie zu den Emotionen, die sie weckten, auch Argumente beizusteuern«*[14].

In den Folgejahren trat Fasia bei verschiedenen politischen Veranstaltungen auf. Sie sang gegen die Aufrüstung mit Atomkraft und der gesellschaftlichen Neustrukturierung, und verpackte ihre Erfahrungen als Schwarze Frau in Deutschland in ihren selbst geschriebenen Liedern, immer mit Blick auf die Verwobenheit von Rassismus, Sexismus und Klassismus. Mit der frühen Aufnahme von »Strange Fruit« hatte sie bereits ihre politische Absicht offenbart: gegen die Ungerechtigkeiten der Welt anzusingen. Gleichzeitig verlieh ihr der Blues eine Schwarze feministische Stimme, durch die sie sich mit den unzähligen Schwarzen Frauen der Welt solidarisieren konnte.

1985 fand der Abschluss der UN-Dekade der Frau in Nairobi, Kenia statt. Die Frauenbewegung hatte ihren politischen Zenit erreicht. 14.000 Frauen waren anwesend. Fasia hatte die Idee, dort ein »Friedenszelt« zu errichten, in dem Dialoge zwischen Frauen stattfinden konnten, deren Länder miteinander im Krieg waren: Israel_Palästina, Iran und Irak und nicht zuletzt die USA und die Sowjetunion. Doch Kenia war auch ein persönlicher Höhepunkt für Fasia. Es war das erste Mal, dass sie afrikanischen Boden betrat und so viele Schwarze Menschen auf einmal sah.

In Nairobi lernte Fasia Jansen auch Angela Davis persönlich kennen, und die beiden freundeten sich an. Als die Schwarze US-Amerikanerin zu Beginn der 70er-Jahre inhaftiert wurde, organisierte Fasia zahlreiche Veranstaltungen für ihre Freilassung. Nachdem Fasia 1997 ihrer langjährigen Herzkrankheit erlegen war, schrieb Angela einen mitfühlenden Brief, in dem sie ihre Trauer über Fasias Tod ausdrückte.

Fasias Biografie ist eins von wenigen Zeitzeugnissen des Nationalsozialismus, die fast komplett erhalten wurden. Die Publikation erzählt von Alltagsrassismus, Feminismus und sozialistischer Solidarität und spiegelt die jüngere deutsche Geschichte aus Schwarzer feministischer Perspektive wider. Fasias Leben wurde in dem Jugendkulturprojekt »Vergessene Biografien«[15], in der Ausstellung »Homestory Deutschland«[16] und in der Publikation »Spiegelblicke«[17] porträtiert. 2014 wurde die städtische Gesamtschule in Alt-Oberhausen nach ihr benannt. 2022 wurde vom Afrikanischen Bildungszentrum in Hamburg die »Fasiathek« gegründet, ein Lernzentrum mit Präsenzbibliothek für Schüler*innen und Erwachsene.[18] Doch es war der Blues, der ihr eine unverkennbare Stimmfarbe verlieh, mit der sie ihre politischen Botschaften vermitteln konnte. Fasia Jansen hat gegen den Schrecken angesungen und dennoch (oder gerade deswegen) ihr Publikum emotional berührt, künstlerisch begeistert und nicht zuletzt politisch empowert.

17

»Angelamania« – Ostdeutschland wirbt mit Angela Davis

Als ich in jungen Jahren nach Deutschland kam, war mir nicht bewusst, dass das Land nach dem Zweiten Weltkrieg geteilt worden war. Ich lebte im nach US-amerikanischem Ideal geformten Westen, im Glauben, dass es das einzige Deutschland sei. Von der Existenz eines zweiten Deutschlands wusste ich lange nichts, obwohl meine eigene Biografie von der Teilung Deutschlands und der Militarisierung des Westens unmittelbar geprägt war. Die Tatsache, dass sich im Osten ein sozialistischer Staat nach sowjetischem Vorbild entwickelt hatte und mit dem Bau der Berliner Mauer symbolisch manifestiert wurde, wurde mir erst klar, als ich die Olympischen Spiele schaute.

»Das ist unfair«, dachte ich. »Warum tritt Deutschland immer mit zwei Mannschaften an?«, fragte ich meine Mutter in kindlicher Naivität. Sie hatte immer versucht, mir Deutschlands Historie zu erklären, verstanden habe ich damals jedoch nichts. Erst viele Jahre später lernte ich im Geschichtsunterricht, dass die deutsche Nachkriegszeit von wachsenden politischen Spannungen zwischen den USA und der UdSSR geprägt war, die den Beginn des »Kalten Krieges« kennzeichneten. Die Folge: eine Teilung Deutschlands und damit die Gründung zweier deutscher Staaten. Dass dadurch Schwarze deutsche Geschichte und Geschichten entlang der historischen Linie dieser Zweiteilung gelesen werden müssen, wurde mir später klar, denn beide Länder wiesen Gemeinsamkeiten, aber auch starke Unterschiede auf.

Was beide deutsche Staaten in jedem Fall gemeinsam hatten, war, dass sie es versäumt hatten, den deutschen Kolonialismus und, damit einhergehend, den tief verankerten strukturellen Rassismus aufzuarbeiten. Aus diesem Grund lief das koloniale »Kulturprogramm«[1] in beiden Staaten ungehindert weiter und wurde lediglich auf sehr unterschiedliche Weise vertuscht. Während der Westen in eine koloniale Amnesie abtauchte, inszenierte sich die DDR als Schutzhafen vieler Schwarzer Kommunist*innen.[2]

Bereits 1958 hatte W. E. B. Du Bois Ostdeutschland besucht. 1960 folgten der berühmte Schwarze US-amerikanische Sänger, Schauspieler und Bürgerrechtler Paul Robeson und seine Ehefrau Eslanda Goode Robeson, ebenfalls Schwarze Schauspielerin.

Sowohl Du Bois als auch die Robesons waren zuvor in der Sowjetunion gewesen, weshalb die DDR sich auf ihre kommunistische Verbundenheitstradition berief, die bis in die 20er-Jahre zurückreichte. Höhepunkt der ostdeutschen Solidaritätspolitik mit dem »Schwarzen Amerika« bildete jedoch der Freiheitskampf von Angela Davis.[3]

Angela Davis wurde 1944 in Birmingham, Alabama, geboren. 1963 wurde sie Zeugin eines rassistischen Bombenanschlags, durch den vier ihrer Schulfreundinnen ums Leben kamen. In den 70er-Jahren wurde sie zur Symbolfigur der Black-Power-Bewegung, von den 60er- bis zu den 80er-Jahren zählte sie zu den prominenten Führungspersonen der Kommunistischen Partei der USA, weshalb sie auf der Liste der zehn meistgesuchten Personen des FBI landete und für ihre vermeintliche Beteiligung an einem vierfachen Mord inhaftiert wurde. Seit ihrem Freispruch 1972 setzt sich die Schwarze Feministin, Pädagogin und Aktivistin für die Abschaffung von Gefängnissen ein. Heute lebt sie offen lesbisch und ist emeritierte Professorin an der University of California, Santa Cruz.

Nach einem Studium an der privaten Brandeis University in Massachusetts kam Angela Davis 1965 nach Frankfurt am Main. Dort studierte sie unter anderem bei Theodor W. Adorno und Max Horkheimer Philosophie und Soziologie und schloss sich dem Sozialistisch-Demokratischen Studierendenverband (SDS) an. Nach ihrer Rückkehr in die USA trat sie im Sommer 1967 dem Student Nonviolent Coordinating Committee (SNCC) bei und wurde Mitglied der Black Panther Party, wie sie 1974 in ihrer politischen Autobiografie detailliert beschreibt.[4]

Der missglückte Versuch, ein Black-Panther-Mitglied aus dem Gefängnis zu befreien, katapultierte Angela Davis im Sommer 1970 auf die Liste der »Most Wanted« – der meistgesuchten Verbrecher*innen der USA. Bei dem Befreiungsversuch wurden vier Personen, unter anderen auch ein *weißer* Richter, mit Waffen getötet, die in Angelas Namen registriert gewesen sein sollen. Da ihr vorgeworfen wurde, die Waffen besorgt zu haben, drohte ihr die Todesstrafe. Wohlwissend, dass es sich um eine rassistische Verschwörungskampagne handelte, floh Angela. Einige Wochen später wurde sie gefasst und inhaftiert.

Gegen ihre Verhaftung entwickelte sich weltweit, auch im geteilten Deutschland, eine Welle des öffentlichen Protests. Es verging kaum ein Tag, an dem die Medien nicht über den Fall berichteten. Während ihrer Inhaftierung wurde Frankfurt neben West-Berlin zu einem der Zentren solidarischer Aktivitäten, die 1972 in einem Solidaritätskongress gipfelten. Nach Angaben der Organisator*innen kamen dort rund 10 000 Menschen zusammen. Im Nachhinein wurden Reden, Diskussionen, Protokolle und Berichte veröffentlicht, diese konzentrieren sich jedoch auf die Situation in den USA und laufen damit Gefahr, Rassismus, Sexismus und Kapitalismus auf US-amerikanische Probleme zu reduzieren.[5]

In der DDR sammelten Arbeiter*innenkollektive Unterschriften, und Wissenschaftler*innen reichten Petitionen bei der US-Regierung ein. Die Jugendzeitung der Freien Deutschen Jugend (FDJ) generierte weiter Aufmerksamkeit, indem sie die Aktion »Eine Million Rosen für Angela Davis« ins Leben rief. Die Zeitung druckte eine Postkartenvorlage ab, die ihre junge Leser*innenschaft ausschneiden und in die USA senden konnte. Zu Angela Davis' 28. Geburtstag am 26. Januar 1972 erreichten sie Tausende Karten mit Solidaritätsgrüßen. Den Menschen, die ihr schrieben, waren allerdings enge Grenzen gesetzt. Ihre Texte wurden von Vorgesetzten, Lehrer*innen oder vom SED-Personal streng kontrolliert. Doch dabei blieb es nicht: In Schulen sprachen Lehrer*innen mit ihren Klassen über die Schwarze Aktivistin. Orchester veranstalteten Solidaritätskonzerte. Es wurden Filme in Auftrag gegeben, und auf der siebten Kunstausstellung im Albertine in Dresden wurden von 1972 bis 1973 mehrere Werke ausgestellt, die sich auf Angela Davis bezogen. 1972 betitelte das *TIME Magazine* den Hype als »Angelamania«.[6]

Da sie Aktivistin der Schwarzen Bewegung und Mitglied der Kommunistischen Partei der USA war, wurde die ostdeutsche Solidaritätskampagne für Angela Davis ideologisch begründet. Die DDR sah den Rassismus in den USA als Instrument der kapitalistischen Elite an und daher als hinderlich für die Zusammenarbeit der *weißen* und Schwarzen Arbeiter*innenklasse. Im Glauben, die sozialistische Staatsordnung habe ihn besiegt, propagierte die ostdeutsche Regierung, dass es in der DDR keinen Rassismus (mehr) gebe. Auf zahlreichen Pressebildern, Postern, Plakaten und Kunstwerken wurde abolitionistische Ikonografie eingesetzt, um diese Propaganda zu unterstützen: Angela wurde in Handschellen gezeigt und ein historischer Vergleich zur Versklavung in den USA gezogen. Auf diese Weise war es der DDR möglich, Kritik am Westen zu üben, ohne sich dabei auf die Geschichte der Versklavung und Kolonialisierung zurückbesinnen zu müssen, die auf ostdeutschem Boden stattgefunden hatte.[7]

Nach dem Zweiten Weltkrieg versuchte die DDR alle kolonialen Spuren zu beseitigen, doch ihr ist das eher schlecht als recht gelungen: Die Ernst-Pinkert-Straße und die gleichnamige Grundschule in Leipzig erinnern an den Gründer des Leipziger Zoos, der nicht davor zurückschreckte, Menschen aus den Kolonien auszustellen. In der Nähe des Völkerschlachtdenkmals steht ein 1,2 Meter hoher Findling, der 1924 vom »Schutztruppen- und Kolonialverein« Leipzig mit der Inschrift »Deutsche, Gedenkt Eurer Kolonien!« umgewidmet wurde. Ursprünglich aufgestellt, um den gefallenen deutschen Soldaten des Ersten Weltkrieges zu gedenken, sollte er an die verlorenen Kolonien erinnern, bis die DDR die Inschrift frei nach dem Motto »aus den Augen aus dem Sinn« tilgte. Eine Aufarbeitung deutscher Kolonialgeschichte erfolgte nicht.[8] In Ostberlin ist es vor allem die umstrittene M-Straße, die den deutschen Kolonialismus am Leben hält.

Nach ihrer Freilassung wurde Angela Davis in der *weißen* Mehrheitsgesellschaft der DDR ein gefeierter Star. Ihre Freilassung wurde auch als Erfolg der Solidaritätskampagne gewertet. Die Stadt Magdeburg ernannte sie zur Ehrenbürgerin, und die Universität Leipzig verlieh ihr die Ehrendoktorwürde. Diese war zuvor bereits den Schwarzen Bürgerrechtlern Du Bois und Robeson verliehen worden und zeigt die Kontinuitäten in den Verbindungen der DDR zur Schwarzen US-amerikanischen Bürger*innenrechtsbewegung. Dennoch wurden ihre antirassistischen Lehren nicht im Wissensarchiv der ostdeutschen Gesellschaft verankert oder ihr Schwarzes Bewusstsein gefeiert.[9]

Zum Dank für die Unterstützung reiste Angela Davis im September 1972 in die DDR, wo sie sich unter anderem mit Erich Honecker traf. Während ihres Aufenthalts äußerte sie sich begeistert über den sozialistischen Staat und war voll des Lobes für seine Regierung. Sie besuchte mehrere Großveranstaltungen, darunter im Friedrichstadtpalast in Ost-Berlin, wo sie in FDJ-Bluse gekleidet die jungen Zuhörer*innen adressierte: »*Wir sehen, was es bedeutet, wenn die Arbeiterklasse die*

Macht in den Händen hält. Es lebe die DDR! Es lebe der proletarische Internationalismus!« Der Andrang der Menschen brachte die Ordnungswut der Staatssicherheit durcheinander.[10]

Auffällig ist sowohl in der medialen Berichterstattung wie auch in den Solidaritätsbekundungen, dass Angela Davis wiederholt als »junge Frau« bezeichnet wurde. Die bisherigen Schwarzen Bürgerrechtler*innen, welche die DDR besucht hatten, waren Männer gewesen – mit Ausnahme von Eslanda Goode Robeson, die in der Berichterstattung stets hinter ihrem Ehemann zurückstand. Auch bei den meisten sozialistischen Vorbildern handelte es sich um Männer, wenige waren so jung wie Angela Davis. Sie stach somit gleich dreifach hervor – als jung, Schwarz und weiblich, was damals wie heute eine Besonderheit darstellt.[11]

Mit ihrer Ankunft in der DDR wurde aber auch Kritik an ihrem Auftreten von Regimegegner*innen laut. Angela Davis hatte sich nicht für die Unterdrückten und Andersdenkenden in der DDR interessiert. Während Honecker auf die Herabwürdigung des Westens baute, wollten vor allem Künstler*innen mit dem gleichen Slogan »Freiheit für Angela« auf ihre eigene staatliche Ausgrenzung und Repression, die fehlende Meinungsfreiheit, eingeschränkte künstlerische Freiheit und verordnete Solidarisierung aufmerksam machen. Auch Angela Davis' Doktorvater Herbert Marcuse äußerte sich trotz seiner generellen Unterstützung der Solidaritätskampagne kritisch über Angelas Bereitschaft, die autoritären Regierungschefs zu feiern, während in den Gefängnissen zahlreiche politische Gefangene saßen.[12]

In einem Interview[13] blickt Angela Davis auf die Ereignisse von damals zurück: Einerseits wurde sie als verschwörerische Kommunistin und Anti-US-Amerikanistin dargestellt, deren natürliche Afrofrisur Schwarze Militanz und Antiweißsein symbolisierte. Andererseits wurde sie als charismatische Revolutionärin gefeiert, die bereit war, die Massen anzuführen. Da sie sich selbst weder für verschwörerisch noch für charismatisch hielt, fühlte sie sich in beiden Fällen missrepräsentiert. Dennoch wurde Angela Davis für viele Schwarze Frauen in Ostdeutschland zur Ikone; ihr Afro wurde zum Symbol des Schwarzen Stolzes und des Schwarzen Feminismus.

Mir war Angela Davis' direkter Bezug zu Ostdeutschland lange nicht bewusst. Einzig mit der Black-Power-Bewegung wusste ich sie in Verbindung zu bringen, was erneut die narrative Dominanz der USA bescheinigt. Später erfuhr ich, dass sie nicht nur aufgrund ihres Afros als Schwarze Feministin bekannt wurde, sondern maßgeblich an der Weiterentwicklung der Schwarzen feministischen Theorietradition beteiligt war. Während ihrer Inhaftierung forschte sie zur Rolle der Schwarzen Frau in der Versklavung und führte dadurch die Klassenfrage in die intersektionale Debatte ein. Auch wenn die Bedingungen ihrer Haft ihre Forschungsmöglichkeiten sehr begrenzten, konnte sie die Verwobenheit von Rassismus, Sexismus und Kapitalismus aufzeigen,[14] die auch im Osten Deutschlands ihre Spuren hinterlassen hat.

18
Reflexionen zu »Machbuba«

Als das Deutsche Reich 1871 gegründet wurde, war die systemische Versklavung afrikanischer Menschen offiziell zwar vorbei, dennoch darf die frühe Beteiligung deutscher Geschäftsleute, Handelshäuser und Fürsten am transatlantischen Versklavungshandel nicht unsichtbar gemacht werden. Dies ist häufig der Fall, da angenommen wird, dass die preußischen Kolonien nur von kurzer Dauer waren und die Bedeutung der Brandenburgisch-Afrikanischen Compagnie (1682–1717) im Vergleich zu anderen Versklavungshandelsgesellschaften relativ gering sei. Bekannt ist, dass allein in Brandenburg im 17. Jahrhundert zwischen 17.000 und 30.000 Afrikaner*innen versklavt wurden, darunter zahlreiche Frauen und Kinder.[1] Dennoch spielte diese erste Phase der Kolonialisierung in der deutschen Geschichtsschreibung lange Zeit keine Rolle.[2]

Erst in den letzten Jahren wurde dieses Selbstverständnis zunehmend infrage gestellt, nicht zuletzt durch Debatten über strukturellen Rassismus. Seitdem gibt es vermehrt Forschung zur Situation von versklavten Personen im deutschsprachigen Raum. Anton Wilhelm Amo beispielsweise war 1707 als Kind von der »Goldküste« Ghanas geraubt und dem Herzog Anton Ulrich von Braunschweig-Wolfenbüttel von der holländischen Westindischen Companie als »Geschenk« überreicht worden. Um herauszufinden, ob Afrikaner*innen zur Bildung fähig seien, ließ der Herzog ihn unterrichten. Später studierte Amo Philosophie und Jura an der Universität Halle-Wittenberg und kämpfte als erster Schwarzer Professor an einer deutschen Universität für die Rechte von Schwarzen Menschen in Europa. Damit begann Amos lange erfolgreiche akademische Karriere, die gegenwärtig von großem politischen und wissenschaftlichen Interesse ist.

Dass an den deutschen Adelshöfen des 17. und 18. Jahrhunderts auch Schwarze Frauen lebten, bleibt wie so häufig hinter der männlich geprägten Geschichtserzählung zurück. Eine von ihnen war die Kammerdienerin Juliana Rosina:

Juliana Rosina war eine Schwarze versklavte Frau. 1685 wurde sie vom Herzog Anton Ulrich von Braunschweig-Wolfenbüttel aus Kopenhagen mitgebracht und seiner Gemahlin Herzogin Elisabeth Julianne »geschenkt«. Diese überließ Juliana der Ehefrau ihres Sohnes, Madame Rudolphine, wo sie später als Kammerdienerin tätig war. Obwohl Ehen zwischen Versklavten selten vorkamen, heiratete Juliana 1703 einen ebenfalls versklavten Afrikaner namens Rudolf Augustus, der 1684 auf dem »Sklavenmarkt« in Leipzig für 50 Taler erworben worden sein soll. Juliana diente mit ihm am Hof in Wolfenbüttel bis zu seinem Tod 1725. Danach lebte sie 17 Jahre, ohne jemals wieder geheiratet zu haben. Genauere Umstände zu ihrem Tod sind bislang nicht verzeichnet.[3]

Da Schwarze Versklavte nach ihrem Eintreffen im Deutschland des 17. Jahrhunderts Eigentum ihrer jeweiligen Besitzer*innen blieben, die weitgehend frei über sie bestimmen konnten, war ihre soziale Lage unsicher. Möglichkeiten, sich aus ihrer prekären Situation zu befreien, gab es kaum, obwohl es im damaligen Deutschland keine rechtliche Grundlage für ihre Versklavung gab. Auch in der Forschung ist wenig über ihre Situation bekannt, vielleicht weil Schwarze Frauen im deutschsprachigen Raum nie interessant genug waren, um verschlagwortet zu werden. Von Juliana Rosina erfuhr ich, weil ihr Name beiläufig in einer Fußnote[4] erwähnt wurde. Ob sie wie Amo lesen und schreiben gelernt und studiert hatte, ist nicht anzunehmen. Es gibt kaum Anhaltspunkte, die auf ihre Biografie schließen lassen. Die *weiße*, meist männliche Forschung ist stark romantisierend und verkennt viele Wahrheiten, die wir aus dem Schwarzen feministischen Kontext kennen.

Angela Davis' Reflexionen über die Rolle der Schwarzen Frau in der versklavten US-amerikanischen Community[5] erlauben uns, die Geschichten von Schwarzen Frauen, die in Deutschland versklavt wurden, neu zu betrachten. Sie liefert Hinweise darüber, wie stereotype Darstellungen von Schwarzen Frauen seit ihrer gewaltvollen Entführung vom afrikanischen Kontinent dazu geführt haben, dass ihnen eine Mitschuld an ihrer Versklavung nachgesagt wird. Umso wichtiger ist es, dass wir Schwarzen deutschen Frauen uns von den Mythen befreien, die uns fortwährend in kolonialer Knechtschaft halten, während die *weißen* Geschichtsschreiber das deutschsprachige Europa zur »sklavenfreien Zone« erklären.

Wie Angela Davis aufzeigt, war die versklavte Frau ein potenzielles Vergewaltigungsopfer. Indem ihr »Besitzer« eine Art »Schutzgeldsystem« entwarf, dürfte sie leicht zu manipulieren gewesen sein. Gezwungen, mit ihrem Körper für ihr Überleben zu sorgen, wurden Vergewaltigungen in diesem Kontext ein legitimierter Teil ihres kargen sozialen Lebens, der keine moralischen Grenzen kannte. Wie der Fall von »Machbuba« zeigt, wird das Verhältnis, das die versklavte Frau zu ihrer Versklavung hatte, häufig sogar als harmonisch beschrieben. Dabei könnte nichts weiter von der Wahrheit entfernt sein:

»Machbuba« war die Tochter eines Beamten des Oromo-Volkes in Äthiopien. Nachdem ihre Familie im Krieg getötet worden war, fiel sie im Alter von zehn Jahren dem Versklavungshandel zum Opfer. Nur mit einem Schleier und einem mit Muscheln verzierten Gürtel bekleidet, soll sie 1837 auf dem »Sklavenmarkt« in Khartum die Aufmerksamkeit des 52-jährigen Fürsten Hermann von Pückler-Muskau erregt haben. Obwohl er behauptete, zunächst nur ein wissenschaftliches Interesse an ihr zu haben, erwarb der exzentrische Adlige das Mädchen und machte es zu seiner Konkubine. Wenige Jahre später starb »Machbuba« im sächsischen Muskau bei Cottbus. Als Todesursache wurde Tuberkulose angegeben.

1837 wurde der ostdeutsche Fürst Pückler auf Staatskosten nach Ägypten eingeladen. Zu dieser Zeit lasteten große Schulden auf Schloss Muskau, weshalb der Publizist die kostenlose Reise bereitwillig antrat. Er hoffte, daraus würde ein fabelhafter Reisebericht entstehen, der ihm viel Geld einbringen würde. Da der 52-Jährige seine Nächte ungern allein verbrachte, kaufte er sich auf einem Umschlagplatz für menschliche Ware ein Sexspielzeug, das ihm die Zeit im Ausland versüßen sollte. Die zehnjährige »Machbuba« habe ihn augenblicklich verzaubert, weshalb er sie, für viel Geld und ohne zu handeln, kaufte. Sie bekam ihr Lager in Pücklers Kajüte – hinter einem Vorhang, wie er den Leser*innen seines Reiseberichts später zu erklären versuchte.[6]

Um seine Vorstellung von Anstand zu wahren, habe der Fürst dem nackten Schwarzen Mädchen Kleidung, Strümpfe und Pantoffeln gegeben. Tagsüber habe sie den Fürsten, in Männerkleidern und mit einem Dolch bewaffnet, zu Pferd begleitet. Ein Ölgemälde eines unbekannten Malers zeigt »Machbuba« in diesem Aufzug, es entstand vermutlich kurz nach ihrem Tod 1840. Sie trägt ihre langen Haare versteckt unter einem rot-weißen Turban. Über ihren Schultern hängt ein dunkelblauer, ärmelloser Mantel. Aus einer Bauchbinde ragt der Griff eines Dolches hervor. Lediglich die feinen Gesichtszüge verraten, dass es sich um ein junges Mädchen handeln könnte.[7]

Entgegen der Beschreibungen des Fürsten scheint sie alles andere als »üppig« und körperlich »vollkommen ausgebildet« gewesen zu sein. Vielmehr wird sie zart und klein, gar zerbrechlich dargestellt. Woher der Name »Machbuba« kam, der übersetzt »die Geliebte« heißt, ist nicht geklärt. Möglich ist, dass sie, ihrer Rolle entsprechend, vom Fürsten oder ihren Verkäufer*innen so genannt wurde. Fakt ist, dass sie ursprünglich Ajiamé hieß und, wie so viele versklavte Afrikaner*innen, ihrer Identität, Kultur und ihres Glaubens beraubt wurde. Es gab keine Strukturen, die eine Beziehung auf

Augenhöhe ermöglicht oder eine Liebschaft, die dem Namen entsprechen könnte, gerechtfertigt hätten. Ganz im Gegenteil. Laut Angela Davis wurden Schwarze Frauen während der Versklavung gewaltsam in ihre vermeintlich natürliche Unterwerfung gedrängt.[8]

Überliefert ist, dass »Machbuba« die Liebe des Fürsten erwidert haben soll. In den romantisierenden Erzählungen von und über Pückler und »Machbuba« werden sie stets als Liebespaar dargestellt. Eine Publikation zeigt sogar Antwortbriefe, die »Machbuba« an ihren Herren geschrieben haben soll.[9] Aus den wenigen Zeilen lässt sich allerdings keine Gegenliebe begründen. Im Gegenteil. Wie wir heute von den Opfern pädosexueller Gewalt wissen, wird den betroffenen Kindern häufig eingeredet, sie hätten die Beziehung gewollt.[10] Häufig werden sie in den Glauben versetzt, dass die Täter*innen »gut« zu ihnen seien. Wenn sie dennoch nicht »mitspielen«, werden sie unter Druck gesetzt, wie folgendes Beispiel zeigt:

Eines Tages, als »Machbuba« es wagte, sich gegen den Fürsten aufzulehnen, sperrte er sie ins Bad, das für 24 Stunden zu ihrem Gefängnis wurde. In der Nacht hörte er sie mehrmals heftig schluchzen, was der Fürst als Zeichen ihrer aufkommenden Nachgiebigkeit bewertete. Unerwähnt bleiben die tiefen Traumata, die das Mädchen nicht nur in dieser Nacht erlebt haben musste. Selbst wenn sie bei Sonnenaufgang um Erlösung gebeten hatte, ist ihr Widerstand lobenswert. Wie Angela Davis in ihrer Analyse zeigt, gab es mehr als genügend Gründe dafür, dass sich Schwarze Frauen und Mädchen kontinuierlich weigerten, sich der allumfassenden Entmenschlichung zu beugen, die das Versklavungssystem für sie bedeutete.

Dennoch schien Pücklers Strafe seinen erhofften Erfolg zu zeigen: Von diesem Augenblick an sei »Machbuba« sanft und folgsam gewesen, und seitdem sie außerdem eine eigene Geheimsprache kreierten, brauchte er keinen Rückfall mehr zu fürchten. Später begann er, sie in der italienischen Sprache zu unterrichten, die sie innerhalb weniger Wochen beherrschte. Ihre schnelle Auffassungsgabe steigerte seine Faszination für sie zusätzlich. Warum er Italienisch als gemeinsame Sprache wählte, ist nicht überliefert, es unterstreicht aber die romantisierte Idee einer vermeintlichen Beziehung.

Als Pückler später seine Reiseeindrücke aufschrieb, musste er auf die Prüderie seiner Leser*innen Rücksicht nehmen und verschwieg, zu welchem Zweck er »Machbuba« eigentlich gekauft hatte. Stattdessen ging er ausschließlich auf die Unberührtheit des Mädchens ein, das er zu »studieren« wünschte. Er beobachtete und beschrieb sie als sein ganz persönliches Eigentum, als »treueste Kopie einer Venus von Tizian (...), nur in Schwarzer Manier«.[11] Ein zehnjähriges Mädchen mit der römischen Liebesgöttin Venus zu beschreiben wäre heute ohne Zweifel unmoralisch. Darüber hinaus eilt Venus, dem Mythos entsprechend, ihr Ruf voraus, sie habe ihren Göttergatten betrogen – keine Eigenschaft, die dem jungen Mädchen angedichtet werden könnte.

In den folgenden drei Jahren war »Machbuba« gezwungen, mit dem Fürsten Nord- und Ostafrika zu bereisen, bevor er 1840 beschloss, mit ihr nach Europa zurückzukehren. Sie blieben eine Weile in Wien, vor allem, um seiner geschiedenen Ehefrau zu entgehen. Dort stellte Pückler seine unfreiwillige Begleiterin in der feinen Gesellschaft zur Schau, gab aber an, sie sei seine adoptierte Tochter. Pücklers Ex-Ehefrau, die weiterhin Gefühle für ihn hegte, hatte bereits aus Briefen von »Machbubas« wahrer Existenz erfahren. Sie hatte den Fürsten zwar beordert, ihr eine junge Versklavte als »Geschenk« mitzubringen, was damals an deutschen Höfen so üblich war. Allerdings war sie im Gegensatz zu vorherigen intimen Beziehungen, die der Fürst außerhalb der Ehe führte, mit dieser Verbindung nicht einverstanden.[12]

Wie die Schwarze Feministin und Kulturkritikerin bell hooks ausführt, nahmen auch *weiße* Frauen aktiv am Versklavungssystem teil, profitierten davon und nutzten es zur wirtschaftlichen und sozialen Ermächtigung.[13] Versklavte Frauen hingegen profitierten nicht von den angeblichen Vorteilen der Ideologie der Weiblichkeit, wie Angela Davis klarstellt. Schwarze Weiblichkeit wurde nicht behütet oder beschützt, sondern missbraucht und benutzt. Um ihre Funktion als Geliebte zu erfüllen, musste »Machbuba« daher unter der Vormundschaft des Fürsten ihrer Rolle als »richtige Frau« enthoben werden, die den moralischen Standards *weißer* Frauen entsprach. Stattdessen wurde ihr Unmoral, Unzucht und Frevel unterstellt[14] – negative Stereotype der Schwarzen Frau, die der Fürst für seine sexistische Mythologie zu nutzen wusste.

Laut seinem Bericht hatte sich der Fürst sehr in das junge Mädchen verliebt, was einen öffentlichen Skandal verursachte. Die Zeitungen verfolgten Pücklers Reise nun umso intensiver. Um der Situation zu entkommen, floh die beschämte Fürstin nach Berlin und beorderte ihren Ex-Gatten häufig zu sich, damit er wenig Gelegenheit hatte, Zeit mit seiner Versklavten zu verbringen. Zu diesem Zeitpunkt war »Machbuba« bereits krank geworden. Der Fürst scheute bei der Suche nach einer Behandlung für sie keine Kosten. Vergeblich: »Machbuba« starb am 27. Oktober 1840 allein in Bad Muskau. Ihr Grab auf dem evangelischen Kirchfriedhof ist bis heute erhalten.

Die Bestattung mit Fackelzug und Kinderchor gestalteten die Muskauer Bürger*innen. Fürst Pückler kam, wie so oft, zu spät. Nach ihrem Tod schrieb der Fürst »Machbuba« als Geliebte in sein öffentliches Gedächtnis ein. Seine tragisch verkürzte Liebesgeschichte wurde durch das gebrochene Herz, das auf ihrem Grab liegt, zu einer lokalen Legende, die bis heute von der Nachlassverwaltung des Fürsten aufrechterhalten wird. Durch einen Roman von Carlheinz Walter aus dem Jahr 1935 wurde diese verzerrte Erzählung bis in das 20. Jahrhundert fortgeschrieben. Die Tatsache, dass »Machbuba« die Liebe des Fürsten nicht erwidert haben konnte, bleibt in den meisten Darstellungen nebensächlich. Stattdessen verstummt

»Machbubas« Wahrheit hinter den Erzählungen *weißer* deutscher Erinnerungskultur.[15]

Nach der Wende wurde die Grundschule Fürst Pückler im Zentrum der Stadt Bad Muskau eröffnet. Diese Namensnennung führte zu Recht zu Kontroversen: Pückler war ein Adeliger mit pädophilen Neigungen. Eine Grundschule nach ihm zu benennen ist nicht nur pietätslos, sondern zeugt auch von einer selektiven Erinnerung. In keiner Weise darf ein Verhältnis, das von struktureller Abhängigkeit geprägt war, in eine Liebesbeziehung umgedeutet werden.[16]

Nachdem der äthiopische Botschafter in Deutschland, Hiruy Amanuel, im April 2004 »Machbubas« Grab besucht hatte, folgte 2010 ein Theaterstück und eine erste Aktualisierung der ostdeutschen Geschichte. Erst 2022 – nach dem weltweiten Einfluss der Black-Lives-Matter-Bewegung – versuchte die Stiftung »Fürst-Pückler-Park Bad Muskau«, mit einer Diskussionsveranstaltung das Verhältnis von Fürst Pückler und »Machbuba« in der Öffentlichkeit neu aufzurollen.[17] Allerdings waren keine Schwarzen deutschen Feministinnen anwesend, weshalb die Rolle der Schwarzen Frau in der Versklavung nicht ausreichend aus Schwarzer deutscher Perspektive thematisiert wurde. Geplant ist zukünftig eine Ausstellung in der Villa Pückler, die zur Zeit des Schreibens renoviert wird. Es bleibt abzuwarten, ob Schwarze feministische Forschungsperspektiven einbezogen werden, damit rassistische und sexistische Lesarten und Sehgewohnheiten nicht weiter in die Zukunft getragen werden: Kein sexueller Missbrauch darf romantisiert oder rassistisch gerechtfertigt werden!

19
Die fremde Heimat

Lange habe ich nichts von der Präsenz Schwarzer Menschen in Ostdeutschland gewusst. Wie der Rest von Deutschland wurde der Osten als *weiß* imaginiert und Schwarze Geschichte mit den Trümmern der Vergangenheit begraben. Dabei schreiben Schwarze Menschen in Ostdeutschland eine eigenständige Geschichte, die bis in die Gegenwart reicht und Eingang in Schul- und Geschichtsbücher finden muss. Sie kamen auf vielfältigen Wegen in die DDR, wie nachfolgend ersichtlich wird. Diese müssen alle in der Aufarbeitung Schwarzer deutscher Geschichte berücksichtigt werden.

Getragen von der Idee der internationalen Solidarität kamen zwischen 1951 und 1989 60 000 bis 80 000 Student*innen aus 125 unterschiedlichen Ländern in den Osten, um eine Hochschulausbildung zu absolvieren. Doch entgegen des demokratischen Prinzips von der »Freiheit der Forschung und Lehre« wurden sie einem erheblichen Anpassungsdruck ausgesetzt.[1] Es wurde erwartet, dass sie die gegebenen politischen und ökonomischen Verhältnisse des sozialistischen Staates unhinterfragt hinnahmen. Ihre individuellen Bedürfnisse und subjektiven Perspektiven zählten im Sozialismus ohnehin nicht.[2]

Stattdessen führten die Staatssicherheit und auch die Volkspolizei Akten über jeden einzelnen Studierenden, in denen die politischen Einstellungen, der Umgang mit DDR-Bürger*innen, das Sexualverhalten, der Alkoholkonsum und vieles mehr dokumentiert wurden.[3] Trotz dieser staatlichen Bemühungen,

Partner*innenschaften zwischen meist *weißen* ostdeutschen Frauen und afrikanischen Studenten zu verhindern, wurden Schwarze Kinder geboren. Doch in vielen Fällen waren die *weißen* Mütter gezwungen, den Schwarzen Vater ihres Kindes zu verleugnen, um den Männern Schwierigkeiten zu ersparen, die sie vom System zu erwarten hatten.

Katharina Warda wurde 1985 in Wernigerode geboren. Sie ist Tochter einer *weißen* ostdeutschen Fabrikarbeiterin und eines südafrikanischen Studenten, der über den African National Congress in die DDR kam. Ihren Vater durfte sie nie kennenlernen, da die Beziehung ihrer Eltern von staatlichen Funktionären »nicht gern gesehen« wurde. So war ihre Kindheit auf der einen Seite von einem staatlich verordneten Schweigen, auf der anderen Seite vom Sozialismus geprägt. Nach der Wende war ihr Leben von rassistischer Gewalt durchzogen. Heute ist Katharina Literaturwissenschaftlerin, Soziologin und freie Autorin mit den Schwerpunktthemen Ostdeutschland, marginalisierte Identitäten, Rassismus, Klassismus und Punk.

Über den Verbleib der Studierenden ist wenig bekannt. Es ist nur schwer möglich, ihre Lebenswege zu rekonstruieren, da ihre Netzwerke mit dem Niedergang der DDR zerschlagen wurden. Einiges weist jedoch darauf hin, dass viele Hochschulabsolvent*innen nach Westdeutschland gingen,[4] wo ihre ostdeutschen Abschlüsse allerdings nicht immer anerkannt wurden.

Eine weitere Schwarze Gruppe, die selten in ostdeutscher Geschichtsschreibung mitgedacht wird, ist die Gruppe der namibischen Kinder, die bis zur Wende in einem Kinderheim im heutigen Mecklenburg-Vorpommern abgeschottet vom Rest des Landes lebten. Nachdem Deutschland seine Kolonien nach dem Ersten Weltkrieg verloren hatte, wurde das heutige Namibia dem rassistischen Apartheidsystem Südafrikas unterstellt. Im Zuge des Befreiungskampfes gegen Südafrika flohen namibische Frauen und Kinder in das Durchgangslager »Kassinga« im Süden von Angola.[5]

Nachdem das Lager attackiert worden war, kamen 1979 die ersten Vorschulkinder in die DDR, wo seit den 1960er-Jahren internationale Beziehungen mit der Südwestafrikanischen Volksorganisation (SWAPO) gepflegt wurden. Im Laufe der 80er-Jahre folgten weitere Kinder, die von der SWAPO zur Erziehung und Ausbildung dorthin gebracht wurden. Sie besuchten eine eigens für sie nach sozialistischem Vorbild eingerichtete Schule, lernten Deutsch und wurden wie deutsche Kinder erzogen. Lucia Engombe war das Kind Nummer 95 auf der Liste von Kindern, Erzieher*innen und Heimpersonal, die nach der Wende aus der DDR ausgewiesen wurden:

Lucia Engombe wurde 1972 in Oshakati, Namibia, geboren. Mit fünf Jahren wurde sie zuerst ins Exil nach Sambia und zwei Jahre später in die DDR geschickt. Mit dem Mauerfall wurde sie nach Windhoek in Namibia abgeschoben, wo sie 1994 die deutsche Oberschule abschloss. Anschließend arbeitete sie ein Jahr als Au-pair-Mädchen in Ravensburg und dann einige Monate bei der Namibian Broadcasting Company. Im September 1996 begann sie dort eine Ausbildung als Werbekauffrau. Ohne die Ausbildung abzuschließen, kehrte sie im September 1997 nach Windhoek zurück, wo sie im Jahr darauf ein Journalistikstudium begann. Von 2015 bis 2021 war Lucia Engombe Leiterin des deutschsprachigen öffentlich-rechtlichen Hörfunksenders im Funkhaus Namibia. Danach verliert sich ihre Spur.

Im August 1990, fünf Monate nach Namibias Erlangung der Unabhängigkeit und kurz bevor sich die DDR vollständig auflösen sollte, wurde das Heim geschlossen, in dem Lucia ihre gesamte Kindheit verbracht hatte. Die Kinder, inzwischen Teenager und ungefähr so alt wie ich damals, wurden in ihre »fremde Heimat« zurückgeschickt. Doch das Land ihrer Eltern kannten die Jugendlichen und jungen Erwachsenen größtenteils nicht. In ihrer Autobiografie erzählt Lucia 2004 von ihrer Flucht aus Namibia, ihrem Leben im ostdeutschen Kinderheim und der ersten Wiederbegegnung mit ihren Eltern nach der unfreiwilligen Rückkehr nach Namibia.[6]

Als ich 2016 die Gelegenheit bekam, nach Namibia zu reisen, waren mir Lucias und weitere Geschichten von den namibischen Kindern in der DDR bekannt. Was ich mir nicht vorstellen konnte, war, wie stark der Einfluss des deutschen Kolonialismus in Namibia heute noch ist. In Namibia, das doppelt so groß ist wie das vereinte Deutschland, leben lediglich 2,5 Millionen Menschen. Knapp fünf Prozent sind *weiß*. In der kleinen Küstenstadt Swakopmund wohnen viele *weiße* Deutsche, deutschstämmige Siedler*innen und Nachfahren deutscher Kolonialistinnen und Kolonialisten. Als wir dort eintrafen, waren sie genauso irritiert von meiner Person wie ich von den dortigen Verhältnissen. Dass ich als Schwarze Frau fließend Deutsch sprach, war für sie nicht neu, schließlich taten das viele Namibier*innen als Überbleibsel aus der Kolonialzeit. Speisekarten waren auf Deutsch verfasst, und auch deutsches Bier war keine Mangelware. Was allerdings fehlte, war ein proaktiver Umgang mit der deutschen Kolonialzeit, eine Aufarbeitung deutscher Kolonialgeschichte und das ehrliche Bemühen der *weißen* Deutschen, den namibischen Ureinwohner*innen ihr gestohlenes Land zurückzugeben.

Die dritte Schwarze ostdeutsche Gruppe, die nicht in deutsche Geschichte hineingeschrieben wurde, waren afrikanische Vertragsarbeiter*innen. Nachdem Berlin 1961 durch den Bau der Mauer geteilt worden war, kam es zum Arbeitskräftemangel in beiden deutschen Staaten. Während der Westen ca. 14 Millionen sogenannte Gastarbeiter*innen einlud, um den Arbeitsmarkt zu stabilisieren und das Land wieder aufzubauen (11 Millionen kehrten im Laufe der Zeit in ihre Heimatländer zurück), wurden im Osten 95 000 Arbeiter*innen aus sozialistischen Ländern angeworben, um das Defizit auszugleichen. Sie kamen zunächst aus Osteuropa und Vietnam, später auch aus Mosambik und Angola. Beide afrikanischen Länder hatten sich kurz zuvor von der portugiesischen Kolonialmacht befreit.[7]

Anfang 1992 erschien eine Broschüre, die Interviews mit mosambikanischen Vertragsarbeiter*innen enthielt: Lina (Name von der Redaktion geändert) kam 1980 das erste Mal nach Ostberlin. Nach einem sechsmonatigen Sprachkurs absolvierte sie ihre Ausbildung als elektrische Monteurin in der Polytechnik. Danach begann sie, am Fließband in der Fabrik zu arbeiten. Als ihr Vertrag nach vier Jahren endete, kehrte sie 1984 nach Mosambik zurück, wo sie anfangs in einem Betrieb tätig war. Dort waren die Arbeitsabläufe allerdings weniger mechanisch, die Arbeit dadurch viel schwerer und dennoch schlechter bezahlt. Nach dreieinhalb Jahren kehrte sie wieder nach Deutschland zurück. Ihre zwei Kinder ließ sie in Mosambik zurück.[8]

Obwohl die Lebensumstände der Vertragsarbeiter*innen in der DDR schwieriger geworden waren, musste Lina nicht lange auf eine Genehmigung warten. Nach ihrer Ankunft merkte sie jedoch, wie besonders Frauen von staatlichen Einschränkungen betroffen waren. So war es ihnen verboten, schwanger zu werden; auch Heiraten war untersagt. Wenn sie dennoch schwanger wurden, wurden sie nach Hause geschickt. Abtreibungen waren zwar in der DDR nicht verboten, jedoch in Mosambik, weshalb eine Schwangere meist keine Genehmigung für den Abbruch von der Botschaft erhielt. In vielen Fällen flogen sie dann für die Entbindung nach Mosambik und kehrten nach der Geburt des Kindes in die DDR zurück. Das Baby musste allerdings in Mosambik bleiben, meist bei der Familie. Als zu viele Frauen schwanger wurden, mussten afrikanische Frauen bei der Einreise zustimmen, die Pille zu nehmen. Um das Problem zu umgehen, wurden später einfach weniger Frauen zum Arbeiten in die DDR geholt. In den Akten, die nach dem Mauerfall zugänglich wurden, ist kaum etwas über die Väter aufgeführt, was vermuten lässt, dass die Abschiebungen, die im Fall einer Schwangerschaft erfolgten, klassistische Gründe hatten, da Schwangere in der Regel weniger Arbeit leisten können.[9]

Mit der Wende und der Einführung der sozialen Marktwirtschaft in Ostdeutschland wurden Tausende Vertragsarbeiter*innen in ihre afrikanische Heimat zurückgeschickt, weil ihre Verträge erloschen und nicht von der BRD weitergeführt wurden. Von manchen Westpolitiker*innen wurden sie als »DDR-Altlast«[10] betrachtet. In Mosambik angekommen, mussten sie um ihre noch ausstehenden Löhne kämpfen. Aus Protest besetzten sie im Jahr 2004 die deutsche Botschaft in der Hauptstadt Maputo. Die Protestierenden forderten im Interesse von 11 000 ehemaligen Vertragsarbeiter*innen die von der mosambikanischen Regierung einbehaltenen Gelder in Millionenhöhe, auf die sie bis heute noch warten.[11] Lina durfte damals in der DDR bleiben. Es ist nicht bekannt, wo und wie sie heute lebt.

Mir persönlich war das internationale Ausmaß der Folgen der Wiedervereinigung lange Zeit nicht klar. Vielleicht, weil sie etwas Männliches an sich hatte, obwohl Margaret Thatcher damals die mächtigste Frau der Welt war. Mit allen Mitteln hatte sie versucht, die Wiedervereinigung aufzuhalten, sie scheiterte aber, weil ihre eigene Partei ihr in den Rücken fiel.[12] Erfolgreich läuteten Kanzler Helmut Kohl, Außenminister und Vizekanzler Hans-Dietrich Genscher und nicht zuletzt US-Präsident Ronald Reagan im Dreiklang die Wende ein. Frauenpolitische Interessen verfolgten sie nicht.[13]

Stattdessen sahen viele *weiße* Frauen im Osten ihre Existenz gefährdet. Bis zur Wende hatten sie als Vollberufstätige nicht unwesentlich zum Familieneinkommen beigetragen. Mit dem Zusammenbruch des sozialistischen Wirtschaftssystems waren viele von ihnen gezwungen, in den Westen zu ziehen. Zurück blieben die 50- bis 60-Jährigen, die schwer oder gar nicht mehr auf dem Arbeitsmarkt zu vermitteln waren. Die jüngeren Frauen, die im Osten blieben, wurden Zeuginnen davon, wie das westdeutsche Patriarchat, gekoppelt an einen aus ihrer Perspektive rückständigen Westfeminismus, sie wie ein Tsunami überrollte: Das Recht auf »Arbeit für alle«, wie sie es aus der DDR kannten, wurde nicht in die bundesdeutsche Verfassung übernommen. Stattdessen wurden viele *weiße* ostdeutsche Frauen arbeitslos und fanden sich in westdeutschen Arbeitsämtern wieder.

Wie viele von uns im Westen, stand auch May Ayim der Wiedervereinigung kritisch gegenüber. Sie brach damals das kollektive Schweigen und forderte die Community dazu auf, angesichts des Nicht-mitgedacht-Werdens unserer Perspektive »grenzenlos und unverschämt«[14] zu bleiben. Empowernde Worte, die bis heute nachklingen und dazu auffordern, unsere gefühlte Abwesenheit in der deutschen Geschichtsschreibung sichtbar zu machen. Im selben Gedicht bezeichnet sie die Wende als »Sch-Einheit« und klagt die neue deutsche Gesellschaft an. Nur auf den ersten Blick sehe es so aus, als ob das vereinte Deutschland ein Zusammengehörigkeitsgefühl anstrebte, mahnte sie und sollte damit recht behalten.[15]

20

Die »Baseballschlägerjahre«[1]

Die Berliner Mauer fiel an meinem 16. Geburtstag, dem 9. November 1989. Die Freude der Deutschen war groß. Autokorsos legten den Verkehr lahm. An allen Ecken tönten die Zeilen von David Hasselhoff: »*I've been looking for freedom*«. Hasselhoff mochte ich noch nie. Weder in der Rolle von »Knight Rider« oder als Rettungsschwimmer bei »Baywatch« noch als er die Charts eroberte und singend auf der Mauer stand. Viele Schwarze Menschen waren damals noch jünger als ich und konnten nicht wirklich begreifen, warum David Hasselhoff zur Party eingeladen worden war und wir nicht. Sie sangen anfangs andächtig mit.

Doch ihre Stimmen wurden zunehmend leise, als klar wurde, dass wir gar nicht mitfeiern sollten. Wie May Ayim es in ihrem Gedicht »blues in schwarz weiss« auf den Punkt bringt, sind Immigrant*innen, Geflüchtete, Jüdinnen*Juden sowie Schwarze Menschen nicht zu den gesamtdeutschen Feierlichkeiten eingeladen gewesen.[2] Die Deutschen (und dazu zählten wir offensichtlich nicht) feierten ohne uns im »kleinen Kreis«. Sie feierten »in *weiß*«, schrieb May Ayim und machte damit deutlich, dass der alte Zustand des deutschen Kaiserreichs auf eine gewisse Weise wieder hergestellt werden sollte: Rasse und Nation sollten erneut Aufwind bekommen und aufs Engste miteinander verwoben werden.

Die Melancholie, die mich und viele andere Schwarze Menschen in dieser Zeit überkam, echote noch lange im Takt eines

Blues nach. Das Gefühl des Nichtdazugehörens wurde durch das deutsch-deutsche Zusammenspiel verstärkt. Ich fühlte mich wie das Kind, das nicht mitmachen durfte, ausgeschlossen und an den Rand gedrängt.

Als rassistisch motivierte Übergriffe in den frühen 1990ern quer durchs vereinte Land rollten, wurde der feierliche Spaß allerdings abrupt beendet: Im Dezember 1990 wurde Antonio Amadeu in Eberswalde von Skinheads zu Tode geprügelt.[3] Im September 1991 wurde ein Brandanschlag auf ein Wohnheim für Vertragsarbeiter*innen in Hoyerswerda verübt.[4] Im August 1992 wurde ein Asylbewerber*innenwohnheim in Rostock-Lichtenhagen angegriffen.[5] Im November desselben Jahres wurde ein weiterer Brandanschlag auf zwei von türkischen Familien bewohnte Häuser in Mölln verübt. Drei Menschen starben.[6] Im Mai 1993 wurde das Haus von türkischen Familien in Solingen in Brand gesetzt. Dabei starben fünf weitere Menschen.[7] Und mit ihnen brannte meine Haut.

Mit jedem Blick, den *weiße* Menschen auf mich warfen, stieg die Angst in mir auf, ich könnte die Nächste sein. Es machte keinen Unterschied, ob mich *weiße* Frauen oder Männer anstarrten, Alt oder Jung, aus Ost oder West. Seit diesen Vorfällen, bei denen in Kauf genommen wurde, dass Schwarze Menschen und People of Color zu Tode kamen, brodelte der rassistische und rechtsextreme Terror nicht mehr nur unter der Oberfläche. Er war übergekocht und scheint bis heute nicht wirklich überwunden.

Nicht zuletzt zeigte er seine hässliche Fratze im Zuge des »NSU-Komplexes«: Zwischen 1998 und 2011 hatten Beate Zschäpe und ihre Komplizen bundesweit insgesamt zehn Morde, darunter neun an People of Color, drei Sprengstoffanschläge und fünfzehn Raubüberfälle begangen.[8] 2019 hatte der Rechtsextremist Stephan B. versucht, am höchsten jüdischen Feiertag, Jom Kippur, in einer Synagoge in Halle an der Saale ein Massaker anzurichten. Nachdem sein Eindringen an der Tür gescheitert war, tötete er zwei Menschen und verletzte bei seiner Flucht zwei weitere.[9] Und 2020 tötete ein 43-jähriger Rassist in Hanau zehn Menschen und sich selbst, sechs weitere Menschen wurden zum Teil schwer verletzt.[10]

Die Liste der Schwarzen Opfer rassistischer Polizeigewalt im vereinten Deutschland ist lang[11] und zeigt mit den zuvor genannten Fällen, wie tief Rassismus, Antisemitismus und Fremdenfeindlichkeit noch immer in den Strukturen der deutschen Gesellschaft verankert sind. Hinzu kommen rassistische Polizeistrukturen und Methoden wie *Racial Profiling* sowie die zahlreichen Schwarzen Opfer rassistischer Polizeigewalt. Zu nennen sind Oury Jalloh, der 2005 in einer Polizeizelle in Dessau ermordet und anschließend verbrannt wurde.[12] 2011 wurde Christy Schwundeck im Frankfurter Jobcenter durch eine Polizeikugel in den Bauch getötet.[13] Und 2022 wurde der 16-jährige Mohammed D. im Innenhof einer Jugendeinrichtung in Dortmund mit vier Kugeln aus einer Maschinenpistole deutscher Polizist*innen erschossen.[14]

Während die ersten terroristischen Angriffe nach dem Mauerfall im Westen als »Einzelfälle« klassifiziert wurden, wurden die Ursachen der rassistischen Ausschreitungen ausschließlich in der ehemaligen DDR gesucht. Die Tatsache, dass Rassismus in Ostdeutschland zuvor externalisiert wurde und nach Vorstellung der ostdeutschen Regierung nur im Westen existierte, wurde plötzlich umgekehrt. Zweifelsohne brodelte der Rassismus unter der Oberfläche Ostdeutschlands, da nach der Teilung versäumt wurde, ihn aufzuarbeiten – genau wie den Kolonialismus. Als mit dem Mauerfall zwischen West- und Ostdeutschland eine neue Klassenhierarchie geschaffen wurde, bei der die *weißen* Menschen in Ostdeutschland sich plötzlich ganz unten wiederfanden, kochte der Rassismus im Osten über, und viele Schwarze Menschen und Menschen of Color wurden zum Sündenbock erklärt. Auf der Machtleiter wurde wie so oft nach unten getreten, und so mussten Menschen, die nicht vermeintlich deutsch aussahen, um ihr Leben bangen.[15]

Während viele Schwarze Menschen Ostdeutschland freiwillig verließen oder gezwungen waren zu gehen, kamen zahlreiche neue hinzu. Aufgrund des Asylverteilungsschlüssels[16] kamen beispielsweise zahlreiche Geflüchtete aus verschiedenen afrikanischen Ländern nach Ostdeutschland. Die Tatsache, dass auch ihr Leben in Gefahr war, wurde von den verantwortlichen Politiker*innen ignoriert. Um sie zu schützen und für ihre Belange einzustehen, wurden von Betroffenen bald darauf Selbstorganisationen gegründet wie The VOICE Africa Forum (später: Refugee Forum), das seit 1994 in Jena lokalisiert ist.[17]

Die rohe Gewalt der »Baseballschlägerjahre« nahm zwar ab, aber die Gewaltbereitschaft vieler Menschen in Ost und West nicht. Nachdem der Schwarze Deutsche Ermyas M. 2006 auf dem Nachhauseweg in Potsdam von Neonazis angegriffen und schwer verletzt worden war, entwickelte der Afrika-Rat[18] eine Landkarte mit No-go-Areas in Berlin und Brandenburg. Die Fußballweltmeisterschaft im eigenen Land stand kurz bevor, und Deutschland erwartete Millionen internationale Besucher*innen, auch aus Angola, Ghana, Togo, Tunesien und von der Elfenbeinküste – den afrikanischen Ländern, die sich für das Turnier qualifiziert hatten. In der Karte kennzeichnete der Rat riskante Stadtteile, Bezirke und Ortschaften in Berlin und Ostdeutschland, an denen es immer wieder zu gewalttätigen Auseinandersetzungen gekommen war. Die öffentliche Sicherheit von Schwarzen Menschen konnte dort nicht gewährleistet werden. Eine Landkarte mit No-go-Areas im Westen gab es nicht.[19]

Um die Fans vor rassistischen Übergriffen zu schützen, schickte der Afrika-Rat die Karte trotz (oder gerade wegen) des Mottos der damaligen Weltmeisterschaft, »Die Welt zu Gast bei Freunden«, an afrikanische Fußballverbände. Zugleich sollten auch Schwarze Fans europäischer Teams auf diesem Weg gewarnt werden.[20] Die Presse berichtete über die Intervention und lenkte erstmals die öffentliche Aufmerksamkeit auf den Alltagsrassismus, dem Schwarze Menschen ausgesetzt sind – vor allem in Ostdeutschland, wie viele glaubten. Doch der rassistische Terror hatte mit Solingen und Mölln den Westen längst erreicht, was ich kurz vor meinem Umzug nach Berlin am eigenen Leib erfahren sollte.

Ich lebte damals noch in der norddeutschen Provinz. Eines Abends ging ich kurz los, um Zigaretten zu holen. Damals rauchte ich noch. Der Zigarettenautomat befand sich auf der gegenüberliegenden Straßenseite, weshalb ich mir im Glauben, ich würde in wenigen Minuten zurückkehren, nur kurz etwas überzog und die Haustür aufließ. Um diese Zeit war für gewöhnlich niemand auf der Straße. In dieser Nacht aber war alles anders. An der Straßenecke standen zwei junge, gelangweilte *weiße* Männer, die mich schnell wahrnahmen. Bevor ich wusste, was geschah, schlugen sie mich zu Boden und traten abwechselnd auf mich ein, während sie lachten und mich mit dem N-Wort beschimpften.

Ich hatte keine Chance aufzustehen, weshalb ich mich instinktiv in die Richtung des Täters drehte, der härter zutrat. Seine Tritte in den Magen konnte ich dort besser ertragen, als wenn sie in meinem Rücken landeten. Zwischenzeitlich konnte ich seinen Fuß festhalten, womit ich seine Wucht ein Stück weit abfedern konnte. Hinter mir tänzelte indes der zweite Täter nach jedem dieser Tritte lachend umher, weshalb seine Tritte in meinen Rücken nicht nur weicher zu sein schienen, sondern auch weniger häufig waren. Am schlimmsten aber waren die Tritte in mein Gesicht, die der erste Täter wie in Zeitlupe setzte. Als mir nach einer gefühlten Ewigkeit die Kraft ausging und ich zunehmend komatös wurde, hörten sie auf. Zum Abschluss holten beide Täter ihre Penisse heraus und pinkelten auf mich. Jedes Mal, wenn mir der Geruch von männlichem Urin in die Nase steigt, kommt die Erinnerung an diese Tat in mir hoch.

Zwei Student*innen, die auf dem Nachhauseweg waren, wurden Zeug*innen der Tat und riefen Polizei und Krankenwagen. Ich erinnere mich nur noch, wie eine von ihnen immer wieder an mir rüttelte und rief: »Wach bleiben! Sie müssen jetzt wach bleiben!« In der Ferne heulten die Sirenen, und als die Polizei eintraf, spürte ich, wie die kalte, nasse Nase eines Spürhundes (sein Name war Branko) von den Füßen bis zum Kopf über meinen Körper geführt wurde. Als er meinen Hals erreicht hatte, jaulte er; der Hund hatte die Witterung aufgenommen. Der Beamte ließ ihn von der Leine, und er jagte los. In wenigen Minuten hatte er den ersten Täter eingeholt. Der zweite Mann hatte sich in unmittelbarer Nähe in einem Busch versteckt und wurde sofort festgenommen. Beide Täter wurden später zu hohen Haftstrafen verurteilt.

21

Sisters Keeper – Hüterin meiner Geschwister

Die Amerikanisierung des Westens war seit der Nachkriegszeit bis in die hinterste Ecke des Landes vorgedrungen. Mit den GIs, die Deutschland weitestgehend von den Nazis befreit hatten und in Süddeutschland stationiert wurden, war auch die US-amerikanische Popkultur nach Deutschland gelangt. Insbesondere Schwarze Kultur wurde auf diesem Weg importiert. In den GI-Diskos der frühen 80er bis späten 90er Jahre wurde Black Musik in allen Facetten gespielt. Es dauerte nicht lange, bis auch die Hip-Hop-Kultur Deutschland erreichte und Rap-Musik im Gepäck mitbrachte. Diese wurde allerdings rasant von *weißen* Gruppen wie »Die Fantastischen Vier« vereinnahmt und ihrer Schwarzen Widerstandskraft entledigt, weshalb ich die Bewegung am Anfang nicht wirklich ernst nehmen konnte.

Erst mit ihrer Hymne »Fremd im eigenen Land« (1992) schafften es Advanced Chemistry, den deutschsprachigen Hip-Hop mit der globalen Schwarzen Bewegung zu verbinden und auf die soziale Benachteiligung von Schwarzen Jugendlichen und Jugendlichen of Color in Deutschland aufmerksam zu machen:

»Ist es so ungewöhnlich, wenn ein Afro-Deutscher seine
Sprache spricht
Und nicht so blass ist im Gesicht?
Das Problem sind die Ideen im System
Ein echter Deutscher muss auch richtig Deutsch aussehen«[1]

Advanced Chemistry sprachen für mich, wenn auch auf eine ganz andere Art und mit ganz anderen Worten, wie May Ayim und andere Schwarze Literat*innen es getan hatten. Egal, wie gut oder schlecht mein Deutsch war, ob ich eine abgeschlossene Ausbildung hatte und an einer Universität studierte, ich würde aufgrund meines äußeren Erscheinungsbildes nie als Deutsche akzeptiert werden. Deutsche waren schließlich *weiß*, blond und blauäugig – dieser Prototyp wurde nirgends infrage gestellt. Warum denn auch? Es war einfacher, mich und alle Menschen, die so aussehen wie ich, als ewige Fremde zu stigmatisieren.

Erst im Rahmen meines Studiums, das ich 1998 begonnen hatte, wurde mir bewusst, dass weder in den deutschen Medien noch in der deutschen Politik eine Trennschärfe zwischen Rassismus und Rechtsextremismus erfolgte. Stattdessen wurde Rassismus auf Rechtsextremismus reduziert, und Rassist*innen wurden ausschließlich in der rechten Szene und nicht in der Mitte der Gesellschaft gesucht. Bis die Leute verstehen würden, dass Rassismus ein strukturelles Problem ist, welches vielfältig in Erscheinung tritt, würde es noch bis zur brutalen Ermordung von George Floyd im Sommer 2020 dauern. Bis dahin wurde Rassismus, wie auch Schwarzsein, stets wie ein Importprodukt aus den USA verhandelt. Dort oder auch in Südafrika gab es laut der Wissenswelt deutscher Medien eine lange Geschichte des anti-Schwarzen Rassismus, der in Versklavung oder Apartheid seinen Ausdruck fand. Deutschland sprach sich selbst von systemischem Rassismus frei. Diesen Umstand wollte ich ändern. Ich entschied mich also, Schwarze deutsche Geschichte und Rassismus in

Deutschland zum Thema meiner Magisterarbeit zu machen. Dazu benötigte ich lediglich ein Medium, an dem ich meine Analyse festmachen konnte.

Als Alberto Adriano im Jahr 2000 von Neonazis im ostdeutschen Dessau ermordet wurde, lenkte das Schwarze Musikkollektiv Brothers Keepers die mediale Aufmerksamkeit auf den Fall. In ihrem ersten gemeinsamen Album »Lightkultur« thematisierten sie ihre Erfahrungen mit Rassismus in Deutschland und machten auf den Fall aufmerksam. Alberto Adriano war als Vertragsarbeiter aus Mosambik in die DDR geholt worden und teilte das Schicksal vieler Afrikaner*innen, die in der verstaatlichten Segregation Ostdeutschlands lebten. In der Nacht vom 10. auf den 11. Juni 2000 wurde er von drei Neonazis im Dessauer Stadtpark brutal zusammengeschlagen. Nach drei Tagen erlag er im Krankenhaus seinen Verletzungen. Er hinterließ drei Kinder, eines davon gerade mal fünf Monate alt.[2]

Mit Konzerten und Diskussionsrunden schaffte das Musikkollektiv eine öffentliche Sensibilität für das Thema. Später gründeten die Mitglieder einen Verein und unternahmen 2002 eine erste Konzerttour durch ostdeutsche Schulen, unter anderem in Berlin und Rostock-Lichtenhagen. Die Erlöse wurden genutzt, um den Opfern rassistischer und rechtsextremer Gewalt und ihren Familien zu helfen. Damit erfüllte die Hip-Hop-Kultur erstmals im großen Stil ihren politischen Auftrag und wurde hierzulande zum symbolischen Rettungsring für viele Schwarze Jugendliche, inklusive mir selbst. Ich entschied mich also, das Album zum Gegenstand der Analyse meiner Abschlussarbeit zu machen, und hoffte, auf diese Weise den wissenschaftlichen Diskurs fortführen zu können, den May Ayim und andere Schwarze Feministinnen begonnen hatten.[3]

Aber auch die Hip-Hop-Bewegung hatte viel strukturelle Aufräumarbeit zu leisten, handelte es sich doch um eine Männerdomäne, in der Frauen sich ihren Platz bitter erkämpfen mussten. Sexismus gehörte zum Tagesgeschäft und wurde meist nicht mit vorgehaltener Hand praktiziert, sondern zeigte sich offen und brutal in den Texten, Videos und allen anderen Aspekten der Hip-Hop-Kultur. Mit dem Objektivieren, Ausbeuten und Schikanieren von Frauen konnten auch Schwarze Männer sich Ruhm verschaffen und gut Geld verdienen.[4] Auch diese Betrachtung durfte in meiner Analyse nicht fehlen.

Als die Sisters Keepers ihren Brüdern 2001 zur Seite sprangen, schien das Problem zumindest für einen kurzen Moment gelöst. Ich fühlte mich, wenn auch nur medial und für eine kurze Weile, der Bedeutung des englischen Wortes *keepers* nach von diesen Frauen in der Männerwelt des deutschen Hip-Hops bewacht, beschützt und verteidigt.

Zu den Schwestern gehörte auch die Schwarze Sängerin Nadia Benaissa, die kurz zuvor für die mit künftig fünf Millionen verkauften Tonträgern erfolgreichste deutsche Girl Group aller Zeiten, die No Angels, gecastet worden war.

Nadia Benaissa kam 1982 als zweites Kind eines Marokkaners und seiner deutsch-serbischen Ehefrau zur Welt. Sie wuchs gemeinsam mit ihrem Bruder bei Frankfurt am Main auf. Um an der Casting Show »Popstars« teilzunehmen, brach die alleinerziehende Mutter 2000 den Besuch der Abendrealschule ohne Abschluss ab. Das Glück lag auf ihrer Seite: Mit den No Angels landete sie kurz darauf zahlreiche Nummer-eins-Hits, bis die Band sich 2003 trennte. Mit ihrem Comeback 2007 konnten sie noch nicht an frühere Erfolge anschließen. 2011 zog sich Nadia aus der Öffentlichkeit zurück, holte ihr Abitur nach und absolvierte eine Ausbildung zur Veranstaltungskauffrau. Zum 20-jährigen Jubiläum 2021 erschien ihr neues Album »20« mit neuen und neu aufgelegten Songs, das auf Platz eins der deutschen Charts einstieg.

Nadia Benaissas Glückssträhne wurde jedoch schnell von der Boulevardpresse überschattet. Es wurde keine Negativschlagzeile ausgelassen, um die Schwarze Frau zu stigmatisieren und zu stereotypisieren: Wie im Fall von »Lee« von Tic Tac

Toe, wurde in Nadias Vergangenheit gewühlt, bis die Presse ohne Rücksicht auf ihre Familienmitglieder oder ihr Kind fündig wurde. Zutage kamen Geschichten, die von Sexarbeit über Drogensucht bis zur vorsätzlichen Infizierung ihres Ex-Partners mit HIV reichten. Letzteres handelte ihr 2010 eine Bewährungsstrafe von zwei Jahren ein. Bewundernswert, wie stark Nadia daraus hervorgegangen ist und heute mit den No Angels ein erfolgreiches Comeback feiern darf.[5]

Der kometenhaften Aufsteig der No Angels ging natürlich nicht an mir vorbei, allerdings feierte ich in den frühen 2000er-Jahren die Sisters Keepers mehr. Schließlich war auch ich in meinem Herzen eine *Sisters Keeper* – eine Hüterin meiner Geschwister und setzte mich politisch für ihr Wohlergehen ein. So dachte ich zumindest. Doch die Musikerinnen sahen zwar so aus wie ich, aber sie sahen mich nicht. Damals wurde *Sisterhood*, wie ich sie schon von Kindsbeinen an kannte, weder verstanden noch gelebt, sondern häufig vor allem zu Werbezwecken missbraucht.

Für meine Abschlussarbeit wollte ich ein Interview mit ihnen führen, das jedoch nicht zustande kam. Obwohl ich es damals schaffte, mich mit ihnen zu treffen, hatten sie schlichtweg kein Interesse an einem wissenschaftlichen Interview, vielleicht weil es nicht genügend mediale Öffentlichkeit brachte. Für meine Magisterarbeit befragte ich schließlich einige der Brothers Keepers zu ihren Erfahrungen als Schwarze Menschen in Deutschland. Um den Schwarzen Feminismus in einem deutschen Kontext theoretisch angehen zu können, würde ich noch einige Anläufe brauchen.

2005 schloss ich mein Studium der Kommunikationswissenschaft als Jahrgangsbeste ab und hinterlegte meine Magisterarbeit vorschriftsgemäß im Archiv der Universität in Münster. Einige Jahre später erhielt ich einen Anruf von einem Verlag, sie hätten meine Arbeit gefunden und wollten sie veröffentlichen. Ich fühlte mich geehrt und fragte nicht weiter nach, was das im Einzelnen bedeuten würde. Als ich wenige

Wochen später mein erstes Buch in Händen hielt, wurde meine Freude überschattet. Da das Buch keine Auflage hatte, sondern ein *Print on Demand* war, kostete es ganze 50 Euro. »Das kann sich doch kein Mensch leisten«, dachte ich mir und entschied mich unter dem Motto »Wenn die Leser*innen nicht zum Buch kommen, dann muss eben das Buch zu den Leser*innen gehen«, eine Buchtour zu organisieren.

Gefördert von der Rosa-Luxemburg-Stiftung, reiste ich durch Norddeutschland, las vor mehrheitlich *weißem* Publikum und regte Diskussionen zu Rassismus an. Ich war erstaunt, wie viele Menschen sich zu meinen Lesungen einfanden. Es dauerte nicht lange, bis Prof.ens Dr.ens Lann Hornscheidt von der Humboldt-Universität Berlin auf mich aufmerksam wurde und mich einlud, einige Abschnitte meiner Arbeit zu einer geplanten Anthologie zu Rassismus und Sprache beizutragen. Voller Enthusiasmus überarbeitete ich zwei Kapitel und veröffentlichte sie in einem wissenschaftlichen Sammelband. Der akademische Stein war also ins Rollen gebracht.

Kurze Zeit später bot mir Hornscheidt eine Stelle im postkolonialen Projektteam an. Ich willigte ein und verschlang ein Buch zum Thema nach dem anderen, in dem überlieferten Glauben, eines Tages durch Wissen die Welt verändern zu können. Als Hornscheidt mir nach Scheitern des Projektantrags trotzdem ein Jobangebot als wissenschaftliche Mitarbeiterin am Zentrum für transdisziplinäre Geschlechterstudien der Humboldt-Universität machte, zögerte ich nicht lange. Ich packte mein Kind unter den linken Arm, meinen Koffer unter den rechten und zog kurze Zeit später in die deutsche Hauptstadt.

22
Die Afrikanische Diaspora in Berlin

Berlins Straßen waren lang und mehrspurig. Zu jeder Tages- und Nachtzeit waren Menschen unterwegs. Sie waren im wahrsten Sinne des Wortes bunt – ich sah Haarfarben, die von Rot über Blau bis Grün reichten. Die Stadt bestand aus Individuen, die das zu tragen schienen, was ihnen selbst gefiel. Aktuelle Mode war den meisten Farbköpfen ein Fremdwort, zumindest war kein klarer Trend erkennbar. Es war ungewohnt für mich, so viele Menschen aus internationalen Kontexten an einem Ort versammelt zu sehen. Waschechte Berliner*innen waren nur am Dialekt zu erkennen und dort, wo ich in Kreuzberg wohnte, waren *weiße* Menschen ohnehin in der Unterzahl.

Da ich meine Kindheit und Jugend im plattdeutschen Norden verbracht hatte, war ich zu einem echten Landei mutiert. Meine Erinnerungen an die Metropole London, wo ich zur Welt gekommen war und die ersten Jahre meines Lebens verbracht hatte, waren mit der Zeit verblasst. In Berlin wurden diese Erinnerungen wachgerufen. Es war auffällig, wie sauber Berlins Straßen im Gegensatz zum Markt in Ridley Road waren, wo meine Familie samstags immer ihre Einkäufe getätigt hatte. Das Blut toter Tiere war damals immer vom Metzgerstand in die von Gemüseblättern und Zeitungspapier halb verstopften Gullys geflossen, aus denen ein absonderlicher Geruch emporstieg und Nebelschwaden formte. Berlin hingegen roch nach einem Anflug von Freiheit.

Die zahlreichen Afroshops gehörten für mich genauso zum Stadtbild wie der Alexanderplatz und der Fernsehturm. Sie wurden häufig von afrikanischen Familien betrieben und von Schwarzen Menschen frequentiert. Da ich für meine Haut und meine Haare in gängigen Drogeriemärkten keine passenden Pflegeprodukte finden konnte, zog es mich regelmäßig zu Max Afroshop in Neukölln. Neben Haarprodukten und Kosmetik wie Shea Butter wurden dort auch frische Lebensmittel wie Yam, Okras und getrockneter Fisch verkauft. Letzterer wurde regelmäßig importiert und in der hinteren Landenecke aufbewahrt. Aber nie lange, denn sobald sich die Nachricht verbreitete, dass eine neue Lieferung angekommen war, eilten hungrige Pescetarier*innen in den Laden, und der Fang war schnell weg. Was in meinem Einkaufskorb nie fehlen durfte, waren *Plantains* (oder Kochbananen, wie sie auf Deutsch heißen); am liebsten gelbe, die schon schwarz verfärbt waren, damit sie schön süß waren und ich sie noch am selben Tag anbraten konnte.

Ein paar Haltestellen weiter auf dem Wochenmarkt am Maybachufer in Neukölln roch es nach frisch geröstetem Kaffee und Baklava. Es herrschte das rege Treiben der meist türkisch-deutschen Händler*innen, das mich zwar an meine Kindheit erinnerte, mir aber gleichzeitig fremd war. Im Gegensatz zu Ostlondon, wo Schwarze Menschen aus verschiedenen Teilen der Schwarzen Welt die größte Gruppe unter den Einwander*innen bilden, war Südberlins multikulturelles Stadtbild primär von ehemaligen »Gastarbeiter*innen« und ihren nachgezogenen Familien aus Südeuropa und der Türkei geprägt. Auch sie waren gekommen, um zu bleiben. Anders als die Schwarzen Communitys in Deutschland schauten die meisten von ihnen auf eine ähnliche Herkunftsgeschichte zurück; sie kamen aus einem gemeinsamen Herkunftsland und teilten eine gemeinsame Herkunftssprache, wenngleich einzelne Ausnahmen diese Regel bestätigten. So erfuhr ich erst, als ich in Kreuzberg lebte, vom Genozid an den Kurd*innen in der Türkei, der bis heute nicht als solcher anerkannt wird, und von der kurdischen Minderheit, die heute noch in der Türkei lebt und ihre Sprache qua Gesetz nicht mehr sprechen darf.[1]

Schwarze Menschen in Deutschland hingegen waren keine so homogene Gruppe; sie sprachen nicht dieselbe Sprache und kamen nicht aus demselben Land. Unsere sogenannte Migrationsgeschichte (*weiße* Deutsche subsumieren unsere vielfältigen Sozialisationsgeschichten immer gerne unter diesem Begriff) begann nicht erst mit der Befreiung des Rheinlandes durch die US-Amerikaner*innen nach dem Zweiten Weltkrieg, wie viele glauben. Und sie beschränkt sich nicht auf die Nachfahren afrikanischer Vertragsarbeiter*innen im Osten. In den Schwarzen Communitys ist Herkunft ein Begriff, der viel weiter zurück- und über zahlreiche lokale, nationale und kontinentale Grenzen hinausreicht. Für viele Schwarze Menschen bedeutet Herkunft, Teil der afrikanischen Diaspora zu sein.

Die Afrikanische Diaspora umfasst alle Schwarzen Menschen und ihre Nachkommen, die seit dem 15. Jahrhundert aufgrund von Versklavung und Kolonialisierung, Flucht vor Armut und Arbeitsmigration in alle Teile der Welt zerstreut wurden, unabhängig von ihrer Staatsbürger*innenschaft und Nationalität. Sie zeichnet sich durch eine kollektive Erinnerung, eine anhaltende Verbindung zum Herkunftskontinent und ein starkes Gruppenbewusstsein aus, das über Jahrhunderte hinweg erhalten geblieben ist. Neben Nord-, Ost-, West-, Zentral- und südlichem Afrika wurde die Afrikanische Diaspora 2003 von der Afrikanischen Union (AU) als sechste Region des Kontinents ausgerufen. In ihrem Gründungsdokument wird festgehalten, dass die Afrikanische Diaspora einen wichtigen Teil zur wirtschaftlichen Entwicklung, zum Aufbau des Kontinents und damit signifikant zur Verbesserung der Lebenssituation der Afrikaner*innen beiträgt.

Mit der offiziellen Anerkennung der Afrikanischen Diaspora wurde 2003 auch das sogenannte Maputo-Protokoll[2] verabschiedet, in dem die AU die internationalen Rechte der Frauen und Mädchen in Afrika stärkte. Es handelt sich dabei um ein

Zusatzprotokoll zur Afrikanischen Charta der Menschenrechte und Rechte der Völker (Banjul-Charta), welche 1981 verabschiedet wurde. Darin gewinnen feministische Fragestellungen des Globalen Südens an Gewicht, was deutlich werden lässt, dass die feministischen Kämpfe auf dem Kontinent sich stark von denen in der Diaspora unterscheiden.

Eine häufige Kritik, die von Afrikanerinnen geäußert worden war, ist, dass der Schwarze Feminismus des Westens nicht importiert werden könne. Die nigerianische Autorin, Ethnologin und Feministin Ifi Amadiume beispielsweise zeigt, wie Gender in ihrer Igbo-Community eine andere Machtdynamik hervorbringt. Wenn Frauen sich wirtschaftlich behaupten, erhalten sie Rechte, die sonst nur afrikanischen Männern vorbehalten sind. Damit betont Amadiume die Bedeutung der wirtschaftlichen Unabhängigkeit von afrikanischen Frauen und widerspricht der Vorstellung, der Westen sei per se fortschrittlich und seine Lebensweise erstrebenswert.[3] Dennoch verfolgt der Schwarze Feminismus das übergeordnete Ziel, sich für die Gleichstellung aller Frauen weltweit einzusetzen. Um es mit den Worten von Audre Lorde zu sagen: »Ich bin nicht frei, solange eine einzige Frau unfrei ist, selbst wenn ihre Fesseln sich von meinen unterscheiden.«[4]

Zwischen 1984 und 1992 war Audre Lorde wiederholt in die Hauptstadt gereist. Bei ihren Besuchen war Berlins schmerzdurchtränkte Vergangenheit immer und überall präsent gewesen und hing wie ein Damoklesschwert in der Luft. Sie hatte aktiv miterlebt, wie die zweigeteilte Stadt vereint wurde und die deutsche Wiedervereinigung offenen Rassismus hervorgebracht hatte. In einem offenen Brief an den damaligen Bundeskanzler Helmut Kohl forderten Audre Lorde und ihre damalige Partnerin Gloria I. Joseph eine politische Reaktion auf die Gewalttaten, die keine neue Ära der Freiheit eingeleitet, sondern das vereinte Deutschland in eine regressive Phase des rassischen Terrors überführt hatten.[5]

Als Audre Lorde im Rahmen ihrer Gastprofessur das erste

Mal ihre Schwarzen Studentinnen May Ayim und Katharina Oguntoye sah, fragte sie sich, wer diese Frauen der Diaspora sind:[6] Katharina Oguntoye kam aus Ostdeutschland; May Ayim hingegen wuchs mit ihrer *weißen* Pflegefamilie im Westen auf. Bis zu ihrer Begegnung hatten sie sich nicht als Teil einer afrikanischen, afrodiasporischen oder afrodeutschen Community verstanden. Stattdessen wurden Deutschlands Verbindungen zum afrikanischen Kontinent auf entwicklungspolitische Fragestellungen reduziert, und deutsche Kolonialgeschichte verschwand hinter einer kollektiven Amnesie.

Dieser historische Gedächtnisverlust führte dazu, dass Deutschland sich der brandenburgisch-preußischen Beteiligung am Versklavungshandel im 17. Jahrhundert »entinnerte«. Der Kurfürst bestand damals darauf, trotz des tobenden Dreißigjährigen Krieges eine Festung an der Küste des heutigen Ghana zu bauen, die nach ihm »Großfriedrichsburg« benannt wurde. Zur Feier der deutschen Kolonialherrschaft wurde während der ersten deutschen Kolonialausstellung das Spreeufer nach dem Kolonialherren Otto von der Gröben »Gröbenufer« benannt. Er hatte (mit gerade mal 27 Jahren) die Brandenburgisch-Afrikanische Compagnie angeführt und war für den Bau der Burg verantwortlich.[7] Kritik an dieser Ehrung kam erst mehr als hundert Jahre später auf, als ihm eine aktive Mitwirkung am transatlantischen Versklavungshandel und damit ein Verbrechen gegen die Menschlichkeit nachgewiesen werden konnte.

Infolgedessen nahm Ende 2007 die Bezirksverordnetenversammlung in Friedrichshain-Kreuzberg den Vorschlag der Schwarzen Communitys an, das Gröbenufer in Berlin-Kreuzberg nach der verstorbenen Schwarzen deutschen Poetin May Ayim umzubenennen. Mit dem neuen Namen sollte sichergestellt werden, dass der Bezug zum deutschen Kolonialismus aus der Perspektive der ehemals Kolonialisierten verewigt wurde. 2010 wurde die Umbenennung in »May-Ayim-Ufer« schließlich vollzogen. Somit werden Menschen geehrt, die in unterschiedlicher Form antikolonialen Widerstand geleistet haben – und nicht die Kolonisatorinnen und Kolonisatoren, die geplündert, geschändet oder gemordet hatten. Zugleich wurde der Ruf des Schwarzen Widerstands nach Selbstermächtigung, Selbstbestimmung und ungehinderter Selbstverwirklichung gehört.[8]

Das neue May-Ayim-Ufer bot mir den Anlass, dass ich an der Humboldt-Universität ein Seminar zu Postkolonialismus, Rassismus und Sexismus in Deutschland anbieten konnte und damit die Afrikanische Diaspora als möglichen Forschungsraum aufzeigte. Die Tatsache, dass sie untrennbar mit dem afrikanischen Kontinent verbunden ist, wurde bis dahin vielseitig ignoriert. In politischen Diskursen wurde sie selten als geopolitischer Raum in Betracht gezogen, zu dem auch Deutschland gehört. Bis dahin wurde das Konzept der Diaspora meist auf den jüdischen Kontext beschränkt. Dass es einen Schwarzen Holocaust gegeben hat, der als »Maafa«[9] bezeichnet wird und an dem auch Deutschland aktiv beteiligt war, fiel häufig hinter der schmerzhaften Erinnerung an den systematischen Massenmord an den Jüdinnen*Juden im Nationalsozialismus zurück.

Infolgedessen wird der Schwarzen Opfer von Versklavung, Kolonialisierung und Nationalsozialismus selten gedacht. Bis heute gibt es für uns kein offizielles Mahnmal. Nachdem die Vereinten Nationen 2001 auf der Weltkonferenz in Durban in Südafrika Kolonialismus und Versklavung als Hauptursachen für Anti-Schwarzen-Rassismus anerkannten, wurde die Afrikanische Diaspora ein politischer Begriff, mit dem auch viele Menschen innerhalb und jenseits der Schwarzen deutschen Communitys zu arbeiten begannen.

Obwohl die Stolpische Straße in Ostberlin 1978 in Paul-Robeson-Straße umbenannt wurde, war die Umbenennung des May-Ayim-Ufers nicht nur eine symbolische Umbenennung. Sie war unter postkolonialen Vorzeichen erfolgt und brachte daher eine neue politische Perspektive mit sich und damit auch einen neuen politischen Handlungsraum für Schwarze Deutsche. Jenseits des Eurozentrismus und der gängigen Machtstrukturen konnte ich den Fokus meiner Seminare und Analysen auf Afrika und die Afrikanische Diaspora verschieben. Erstmals war es möglich, Schwarze Identität als globale Identität zu beschreiben und wieder mit ihrem afrikanischen Ursprung zu verbinden. Damit wurde mir eine neue Tür zu den Schwarzen, afrikanischen und afrodiasporischen Wissenswelten eröffnet, die uns so lange verborgen blieben.

23

Mit meinen afrikanischen Ahn*innen verbunden

Obwohl meine Familie aus der Karibik stammt und keinerlei familiäre Verbindungen zum afrikanischen Kontinent pflegt, rief Afrika eine Neugierde in mir hervor, die anders motiviert war als die häufig voyeuristische Hilfsbereitschaft *weißer* Europäer*innen. Als ich das erste Mal nach Afrika reiste, war die Enttäuschung allerdings groß. Mein damaliger Freund hatte mich eingeladen. Wahrscheinlich konnte er als *weißer* Mann nicht mehr ertragen, dass ich (seiner Meinung nach grundlos) von Afrika schwärmte, und schenkte mir einen Urlaub im Viersternehotel in Tunesien.

Es war das erste Mal, dass ich afrikanischen Boden betrat, allerdings war ich weit davon entfernt, den Kontinent so wahrzunehmen, wie ich ihn mir erträumt hatte. In den von *weißen* Europäer*innen überfüllten Tourist*innenburgen kam kein Gefühl von Heimat oder Zugehörigkeit auf. Stattdessen überrollte mich mein Europäischsein, was in den Augen vieler Afrikaner*innen ausschließlich mit *Weiß*sein verbunden wird. Die Tatsache, dass es Schwarze Europäer*innen gibt, die sich in einem »Dritten Raum«[1] verorten, zogen sie gar nicht erst in Betracht. Während mir in Europa stets Afrika auf den Körper eingeschrieben wurde, erlebte ich in Afrika das umgekehrte Phänomen: Ich war für viele Afrikaner*innen eine Europäerin und damit *weiß*.

Erst als ich Jahre später nach Ghana reiste, fühlte ich mich tatsächlich wie eine Rückkehrerin. Es schien mir, als ob die Seelen meiner afrikanischen Vorfahr*innen auf mich gewartet und mich bei meiner Ankunft eng umschlungen hatten. Ich spürte ein Gefühl des »Wiedergefundenwerdens«, das meine innere Sehnsucht nach »Heimat« stillte. Tatsächlich feierte Ghana 2019 das »Jahr der Wiederkehr« *(The Year of Return)* und lud die globale afrikanische Familie im In- und Ausland ein, 400 Jahre nach der Ankunft der ersten versklavten Afrikaner*innen in Jamestown in Virginia in den USA eine spirituelle Rückreise anzutreten. Das ganze Jahr über feierte Ghana die Widerstandsfähigkeit aller Opfer des transatlantischen Versklavungshandels, die verschleppt und über die ganze Welt verstreut wurden. Das Hauptziel war es, den Tourismus anzukurbeln und Ghana als wichtiges Reiseziel für Schwarze Menschen zu positionieren.[2]

Ich fühlte mich vor Ort extrem wohl. Mit jedem Tag wuchs ich spirituell ein bisschen mehr. Doch gleichzeitig überkam mich auch eine scheinbar unüberwindbare Distanz. Die Menschen sahen zwar aus wie ich, weshalb ich in der Masse unterging, allerdings verstand ich ihre vielen Sprachen nicht, die von Twi über Fanti bis Ewe reichten. Mir wurde unwiderruflich klar, was es bedeutete, im Zuge der Versklavung und Kolonialisierung seiner Sprache beraubt worden zu sein. Ich hatte die Verbindung zu meinen Ahn*innen, den Bezug zu meinem ethnisch-kulturellen Ursprung und meiner Geschichte verloren. Das koloniale System hatte seine volle Wirkung gezeigt. Später, als ich nach Namibia reiste, erlebte ich dieses Gefühl ein weiteres Mal, wenn auch unter ganz anderen Vorzeichen. Ich konnte mich dort mit vielen Einwohner*innen auf Deutsch unterhalten, allerdings waren die ethnischen Unterschiede zwischen mir und den Ovambo sehr groß.

Als ich 2016 auf einer feministischen Konferenz in Kampala in Uganda eingeladen war, lernte ich Afrika wieder von einer anderen Seite kennen. Zu diesem Zeitpunkt arbeitete ich schon an der Humboldt-Universität und war als Schwarze deutsche Genderforscherin eingeladen worden, an einem Panelgespräch im Rahmen der Konferenz »(Re-)Thinking Black Feminism« teilzunehmen, die von der Friedrich-Ebert-Stiftung organisiert wurde. Die Konferenz war gut besucht. Junge Afrikaner*innen waren dafür zum Teil Hunderte Kilometer aus den umliegenden Dörfern in die ugandische Hauptstadt angereist.

Neben mir auf dem Podium saßen ein ugandischer Richter – der einzige Schwarze cis Mann auf dem Panel –, eine ugandische Frauenpolitikerin, eine ugandische Genderforscherin und eine Schwarze britische Juristin mit ugandischen Wurzeln. Nach dem Vortrag der Genderforscherin war mir klar, dass Schwarzes Wissen nicht nur in Europa, sondern auf dem afrikanischen Kontinent nur eingeschränkt zugänglich zu sein schien. Die Wissenschaftlerin hatte es geschafft, in ihrer halbstündigen Präsentation über den afrikanischen Feminismus nicht eine einzige Schwarze Feministin zu nennen – weder vom Kontinent noch aus den USA, und aus Deutschland schon gar nicht. Und das war noch nicht genug!

Als die Frauenpolitikerin öffentlich sagte, sie sei nur durch ihre christliche Ehe mit einem Mann zur vollständigen Person geworden, wurde mir klar, welche ideologische Verwüstung die christliche Missionierung in Verbindung mit der Kolonialisierung des afrikanischen Kontinents angerichtet hatte. Ihre Aussage war meines Erachtens nicht die richtige Botschaft für das nach Emanzipation hungernde Publikum. Stattdessen fühlte sich der einzige Mann auf dem Panel in seiner toxischen Männlichkeit bestätigt und wohl dazu angeregt, mich in patriarchaler Manier zu erniedrigen und darauf hinzuweisen, dass meine feministische Haltung in Afrika wertlos sei. Schließlich sei ich keine »richtige Afrikanerin«, fuhr er fort, da ich nicht in Afrika geboren sei.

Anfangs war ich verwirrt, denn von Europäer*innen hörte ich häufig das Gegenteil. Von ihnen wurde mir, wie so oft, mein Europäischsein abgesprochen und Afrika auf meinem Körper eingeschrieben: Ich solle dorthin zurückgehen, hörte ich Rassist*innen immer wieder zu mir sagen. Ich fühlte mich jedoch nie wirklich zu Afrika gehörig, weil ich von biologischen und weniger von spirituellen Verbindungen ausging. Genau kann ich bis heute nicht bestimmen, woher der Schwarze Anteil meiner Familie kam, da zwölf Millionen Afrikaner*innen während des transatlantischen Versklavungshandels an die Küsten der Karibik gebracht und unterwegs ihrer Identität, Kultur und Sprache beraubt wurden. Rund 1.8 Millionen überlebten die Überfahrt nicht. Ihre kranken oder toten Körper wurden unterwegs schlichtweg von Bord geworfen. Manche Schwarzen Menschen glauben, dass die Seelen der Toten unter Wasser einen Ort erschaffen haben, der heute als »Schwarzes Atlantis«[3] beschrieben wird.

Als Disney im Spätsommer 2022 den Trailer zur Neuverfilmung des Märchens »Die kleine Meerjungfrau« veröffentlichte und bekannt wurde, dass die Hauptrolle mit einer Schwarzen Schauspielerin besetzt wurde, tobten Teile der *weißen* Welt vor Entsetzen: Wie kann die Märchenfigur Arielle von einer Schwarzen Frau dargestellt werden? Unter den *weißen* Kläger*innen machte sich Verlustangst breit. Sie fühlten sich offenbar ihres Kulturguts beraubt.[4] Vielleicht wurde in ihnen aber auch eine historische Schuld wachgerufen. Denn es gab auch im afrobrasilianischen Candomblé und im afrikanischen Yoruba Geschichten und Mythen von Schwarzen Meerjungfrauen,[5] lange bevor Hans Christian Andersen das Schreiben lernte. Und wer könnte im 21. Jahrhundert die Rolle eines Wesens, das sich wünscht, ein vollwertiger Mensch zu werden, besser darstellen als eine Schwarze Frau? Zu lange mussten wir an der Seitenlinie stehen und dabei zuschauen, wie unsere Schwestern, Tanten und Mütter entmenschlicht wurden. Während der Versklavung wurden wir geraubt, vergewaltigt und zur Reproduktion gezwungen. Diejenigen von uns, die überlebten, werden bis in die Gegenwart vom Patriarchat, das viele *weiße* Frauen unwissend unterstützen, weiterhin gedemütigt und unterdrückt.

Wenn Arielle in ihrer aktuellen Darstellung stellvertretend für das Los der Schwarzen Frau steht, dann dürfen wir nicht vergessen, dass der Preis, den sie für die Menschwerdung bezahlen muss, hoch ist: Sie ist gezwungen, ihre Stimme einer bösen Hexe zu geben, und an der Erdoberfläche, wie viele Schwarze Frauen heute, zum Schweigen verdammt. Bis heute sind wir Schwarzen Feministinnen bemüht, dieses Schweigen zu brechen und die Fußnoten der Geschichte in die Hauptnarrative unserer Erzählungen zu heben. Gehört werden wir in den meisten Fällen noch immer nicht.

Auch der ugandische Richter auf dem Podium in Kampala hatte versucht, mich mundtot zu machen. Er habe zwar recht damit, dass ich nicht in Afrika geboren sei, aber Afrika in mir, erwiderte ich. Mit dieser Aussage verband ich mich zum ersten Mal spirituell mit meinen Ahn*innen und distanzierte mich von seiner Verallgemeinerung, alle Menschen, die in Europa geboren seien, könnten sich nicht mit dem Kontinent identifizieren. Ohne es zu wissen, war ich jenseits von nationalen Kategorisierungen in der Afrikanischen Diaspora angekommen.

24
Rasse und Nation

Dass Berlin für Schwarze Frauen ein hartes Pflaster sein würde, wie Audre Lorde es in ihrem Gedicht beschrieben hatte, daran zweifelte ich nicht. Als der Winter in die Stadt einkehrte und mich wie eine Stahldecke umklammerte, sollte ich diese Härte auch selbst erfahren. Wie das Wasser im Winter im Beton der Mauern gefror, so schienen auch die Menschen um mich herum von innen heraus zu gefrieren. Egal, wo ich auf sie traf, in den Supermärkten, Banken, im Bus oder in der Bahn, sie waren wie von einer Eisschicht umgeben. Ein Lächeln oder ein Morgengruß, ein Danke- oder Bitteschön war niemandem zu entlocken. Die Menschen schoben sich anonym an mir vorbei auf ihrem Weg durch den Alltag.

Diese raue Mentalität war in gewisser Hinsicht auch auf die Berliner Community übergegangen. Als ich in die Stadt gezogen war, freute ich mich, an einem Ort zu sein, wo es eine historische Vernetzung von Schwarzen Communitys gab, aber ich wurde schnell enttäuscht. Nicht überall wurde ich mit offenen Armen empfangen. Über die Gründe kann ich nur spekulieren. Zum einen lag es sicherlich an meinem neuen Job. Ich war damals die einzige Schwarze Lehrbeauftragte an der Humboldt-Universität zu Berlin und gehörte zur ersten Generation von Schwarzen Deutschen, die auf dem ersten Bildungsweg promovieren konnten. Viele würden das Studieren als Klassenprivileg beschreiben, was es sicherlich ist. Was sie von außen nicht sahen, war, dass mein Weg in die Wissenschaft mit Rassismus und Sexismus gepflastert war.

Darüber hinaus fehlte in der Community ein gemeinsamer Konsens darüber, dass Race eine soziale Kategorie ist, aus der die Selbstbezeichnungen »Schwarze Deutsche« und »Afrodeutsche« hervorgegangen waren. Stattdessen spukte die biologische Vorstellung von Rasse umher und sorgte für Verwirrung. So wurde mir von Einzelnen aus der Community das Gefühl vermittelt, dass ich nicht »richtig deutsch« sein könne, da ich keinen *weißen* Elternteil und demnach auch kein »deutsches Blut« habe.[1] Diese Idee war aus der Kolonialzeit in die Gegenwart transportiert worden und hält sich bis heute hartnäckig als Kennzeichen für das Deutschsein – auch innerhalb der Community. Schwarze Deutsche mit zwei Schwarzen Elternteilen konnten nach dieser Logik nicht Deutsch sein. Eine deutsche Sozialisation zählte dabei nicht.

Wesentlichen Anteil daran, diesen Mythos zu erfinden, hatte Immanuel Kant (1724–1804). Der deutsche Philosoph und Aufklärer übertrug gängigen europäischen Diskursen der Zeit entsprechend die Idee, Tiere und Pflanzen aufgrund vererbbarer Merkmale in Rassen einteilen zu können, auf den Menschen und machte Rasse zu einem greifbaren Konzept, auf dessen Grundlage Rassismus manifestiert und praktiziert und Schwarze Menschen gemäß ihrer Bildungsunfähigkeit herabgewürdigt und diskriminiert werden konnten. Auf diese Weise führte die biologistische Idee von Rasse und Kants darauf aufbauende Rassenlehre zur Institutionalisierung von Rassismus im deutschsprachigen Raum.

Seine rassifizierenden Ideen bildeten auch die Grundlage dafür, dass spätere Philosophen wie Georg Wilhelm Friedrich Hegel (1770–1831) die Vorstellung verbreiten konnten, Schwarze Menschen seien keine geschichtlichen Wesen, was Hegel als weiteren Beweis für unsere vermeintliche Unterlegenheit anführte. Bis heute wirkt Rasse als strukturierendes und ordnendes Merkmal auf die Gesellschaft und hat dadurch eine soziale Funktion, die weit jenseits von biologischen Kategorien reicht.[2] Aus dem anglophonen Kontext war mir der Unterschied zwischen sozialen und biologischen Kategorien bekannt, in Deutschland schien eine Ausdifferenzierung zu scheitern, was sich in den akutellen politischen Debatten zeigt.

Im Zuge der Ermordung von George Floyd wurde 2020 (nicht das erste Mal) die Forderung laut, den Rassebegriff in Artikel 3, Absatz 3 des Grundgesetzes zu ersetzen. Dieser Standpunkt wurde auch von Schwarzen Frauen vertreten. Hintergrund sei, ihrer Meinung nach, dass die Existenz von menschlichen Rassen wissenschaftlich widerlegt wurde. Dieser Tatsache stimme ich absolut zu: Menschen können theoretisch nicht in biologische Rassen eingeteilt werden, aber es passiert in der Praxis trotzdem jeden Tag. Nämlich dann, wenn Schwarze Menschen aufgrund ihrer »Hautfarbe« nicht aus einem Kriegsgebiet gelassen werden, wie jüngst an der polnischen Grenze in der Ukraine geschehen.[3] Oder dann, wenn afrikanische Menschen im Mittelmeer vor den Augen der EU-Grenzschutzagentur Frontex ertrinken.[4] In beiden Fällen führt »Hautfarbe« als biologisches Rassenmerkmal zur menschenrechtsverletzenden Schutzlosigkeit der Betroffenen.

Außerdem gibt es zahlreiche Rassist*innen, die immer noch der Überzeugung sind, dass sie einer vermeintlichen »Herrenrasse« angehören und anderen Gruppen rassisch überlegen seien. Daher sollte der Rassebegriff als juristischer Schutzbegriff im Grundgesetz stehen bleiben: Er schützt nämlich auch vor dem Überlegenheitsempfinden von *weißen* Menschen. Wichtig ist also zweierlei: Zum einen müssen rassifizierte Gruppen davor geschützt werden, aufgrund von vermeintlichen Rassenmerkmalen benachteiligt zu werden. Zum anderen verhindert der Begriff, dass *weiße* Menschen aufgrund ihrer vermeintlichen Rassenzugehörigkeit bevorzugt werden.

Denn Rasse ist das Ergebnis von Rassismus (und nicht umgekehrt). Wie oben beschrieben ist Rassismus älter als die

Bundesrepublik, die Weimarer Republik und das deutsche Kaiserreich und geht auf christliche Ideologien zurück. Wenn der Begriff im Grundgesetz ersetzt werden würde, würde dies nicht dazu führen, dass automatisch auch das Rassedenken hinter dem Wort verschwindet. Vielmehr muss ein Umdenken angestoßen werden, das es ermöglicht, Rasse als soziale und nicht als biologische Kategorie zu verstehen.

Dieser Bedeutungswandel wird in der Wissenschaft als »*racial turn*« bezeichnet und geht unter anderem auf den Schwarzen US-amerikanischen Wissenschaftler, Journalist, Aktivist und Begründer der Black Studies W.E.B. Du Bois zurück. Entgegen den biologischen und anthropologischen Konzeptualisierungen von Rasse, entwickelte er eine sozialgeschichtliche Idee des Begriffs, die heute mit der Verwendung des englischsprachigen »Race« zum Ausdruck gebracht wird. Damit war er in der Lage, Schwarze Geschichte und die alltäglichen Erfahrungen von Schwarzen Menschen (entgegen den Vorstellungen Hegels) in die Debatte einzubringen. Eine Vorgehensweise, die im deutschen Kontext fehlt. Stattdessen wird noch immer an der veralteten, biologischen Vorstellung von Rasse festgehalten. [5]

Doch es waren nicht nur die Kolonialpolitiker, die sich rassifizierende Wissenschaftstheorien zunutze machten. Auch die kolonialen Siedler*innen und Missionar*innen wussten, sie zu ihrem Vorteil einzusetzen, was deutlich werden lässt, dass auch der Denk- und Lebensraum der Kolonialisierten von Rassenideologien durchzogen waren. Wie die Schwarze queere Historikerin Fatima El-Tayeb aus Kirchenakten und Unterlagen des ehemaligen Reichskolonialamtes entnahm, wurde auf die Frage, wie mit den bürgerlichen Rechten von Schwarzen Deutschen umzugehen sei, mit dem Verbot von »Mischehen« zwischen Europäer*innen und Afrikaner*innen geantwortet und Rassismus auf diese Weise strukturell in die Kolonialgesellschaften eingeschrieben. Im ehemaligen Deutsch-Südwestafrika, dem heutigen Namibia, wurden einige dieser Ehen sogar rückwirkend für ungültig erklärt. [6]

1912 setzte das Reichskolonialamt unter dem Staatssekretär Wilhelm Solf für Deutsch-Samoa neben dem »Mischeheverbot« auch die Unterscheidung zwischen »legitimen« und »illegitimen« Kindern durch. Nur die bis zu diesem Zeitpunkt geborenen Kinder, die in staatlich geführte Listen eingetragen worden waren, hatten Anspruch auf Bürger*innenrechte und Unterhalt. Alle später geborenen Kinder, die ohnehin nicht ehelich sein konnten, galten als »illegitim«, hatten also keine Ansprüche an ihre Väter oder deren Heimatland, wie El-Tayeb aufzeigt. Damals wurde die Reichs- und Staatsangehörigkeit ausschließlich über den Status des Vaters bestimmt.

Ein ehemals im Kolonialismus als »illegitim« gelistetes Schwarzes Kind ist Maria Ngambe (spätere Kaltenbach), die im Nationalsozialismus einen »Fremdenpass« erhielt und ausgewiesen werden sollte.

Maria Ngambe wurde als Tochter des Afrikareisenden Albert Kaltenbach und einer kamerunischen Mutter mit unbekanntem Namen 1908 in Kamerun geboren. Obwohl Albert Marias biologischer Vater war, musste er sie im jungen Alter adoptieren. Daraufhin reisten sie gemeinsam nach Deutschland, wo Maria die deutsche Staatsangehörigkeit erhielt. Unter dem NS-Regime wurde ihr später der Pass entzogen, weshalb sie als eigentlich international arbeitende Choreografin gezwungen war, sich ausschließlich Arbeit im Inland zu suchen. 1944 erhielt sie einen »Fremdenpass«, mit dem sie bei BMW in München eine Stelle als Büroangestellte bekam. Danach verliert sich ihre Spur.

Eine Adoption durch ihren leiblichen Vater war deshalb nur möglich und gleichzeitig notwendig, da Maria Ngambe als »illegitimes Kind« gelistet wurde. Konkret heißt das, dass ihre leiblichen Eltern den »Mischehegesetzen« zum Opfer gefallen sein müssen. Nur einen Monat nach dem Tod ihres Vaters wurde ihr Aufenthaltsstatus jedoch neu geprüft und von der Frankfurter Polizei entschieden, dass eine Adoption ihre

Staatsangehörigkeit nicht bestimmt hätte. Mit dem Tod ihres Vaters hatte Maria in der NS-Logik keine Verbindung mehr zu Deutschland, weshalb die Behörden ihr den deutschen Pass entzogen, die Adoption für ungültig erklärten und willkürlich beschlossen, dass sie die kamerunische Staatsbürgerinnenschaft ihrer Mutter geerbt habe. Darüber hinaus wurde Marias Antrag auf einen französischen Pass auch von den dortigen Behörden abgelehnt. Die Gründe dafür sind unbekannt.

1944 wurde Maria von den NS-Behörden ein »Fremdenpass« ausgestellt, mit dem sie zurück nach Kamerun reisen sollte, wo sich bereits vor Ausbruch des Zweiten Weltkrieges zahlreiche deutsche Kameruner*innen eingefunden hatten. Es ist nicht bekannt, ob ihr die Rückkehr gelang, da sich ihre Spur in den Akten der NS-Behörden verliert.[7] Sicher ist, dass Marias Fall eines von vielen Beispielen dafür ist, wie Menschen afrikanischer Herkunft von Geburt an mit zunehmender sozialer und politischer Ausgrenzung konfrontiert waren. Er veranschaulicht, wie eng Rasse und Nationalität nach Ende der Kolonialherrschaft miteinander verstrickt waren und wie das in der Weimarer Republik dazu führte, dass die erste Generation von Schwarzen Deutschen von »illegitimen« Kindern zu »fremden« Erwachsenen stilisiert wurden. Maria Ngambe litt, weil sie Schwarz war, aber nicht deutsch sein durfte und wurde zu einer Fremden gemacht, obwohl sie Deutsche war. Diese »Fremdheit« lebt in der Vorstellung weiter, dass »Schwarz« und »Deutsch« unvereinbare Katagorien seien.

Als ich vor einigen Monaten die RTL-Sendung »Bauer sucht Frau« einschaltete, schien es mir, als ob die kolonialen »Mischehegesetze« noch immer gelten und direkt in mein Wohnzimmer transportiert würden: Ein namibischer Großgrundbesitzer, Nachfahre *weißer* deutscher Siedlerinnen und Siedler, suchte im deutschen Fernsehen eine *weiße* Ehefrau, da er eine Frau »seinesgleichen« und keine Afrikanerin heiraten wolle. Damit nicht genug: Die *weiße* deutsche Moderatorin,

Inka Bause, trat in die Fußstapfen ihrer Vorgängerinnen und verkuppelte ihn. Zur Kolonialzeit hatten sich unter anderem Frauenvereine dafür eingesetzt, *weiße* deutsche Frauen in die Kolonien zu schicken. Dort sollten sie *weiße* deutsche Siedler heiraten und die deutsche Kultur verbreiten. Ziel war es, nicht nur Ehen zwischen *weißen* Deutschen und Afrikaner*innen zu verhindern, sondern vor allem auch deren Reproduktion zu kontrollieren. Damit wurde den *weißen* Frauen ein kolonialer Kulturauftrag erteilt.[8] In der RTL-Sendung wurde – bewusst oder unbewusst – eine koloniale Realität reinszeniert und in die Gegenwart transportiert.

Als rechtliche Konsequenz des »Mischehegesetzes« wurde 1913 das Reichs- und Staatsangehörigkeitsgesetz auf Basis des *ius sanguinis* (wörtlich: Recht des Blutes) im deutschen Kaiserreich eingeführt. Damit wird im Staatsangehörigkeitsrecht das Abstammungsprinzip bezeichnet, wonach ein Kind unabhängig von seinem Geburtsort die deutsche Staatsbürger*innenschaft erhält. Zum einen sollte den Siedlerinnen und Siedlern mit der Einführung des Gesetzes ermöglicht werden, dauerhaft in den Kolonien zu verweilen, ohne die deutsche Staatsangehörigkeit zu verlieren. Zum anderen bestand seine Funktion darin, Afrikaner*innen sowie ihre Nachkommen aus der Definition des Deutschen auszuschließen; sie wurden den *weißen* Europäer*innen rassisch untergeordnet und in den Kolonien einem gesonderten Rechtssystem unterstellt: Wer »afrikanisches Blut« hatte, konnte demnach nicht deutsch sein. Im Visier dieser Praxis standen vor allem die verhältnismäßig wenigen Schwarzen Deutschen, die die deutsche Staatsangehörigkeit über ihren *weißen* deutschen Vater erworben hatten.[9]

Dieses Abstammungsprinzip hielt sich hartnäckig bis in die gesamtdeutsche Gegenwart und wurde erst im Zuge einer Reform des Staatsangehörigkeitsrechts im Jahr 2000 durch die doppelte Staatsangehörigkeitsreglung ergänzt, aber nicht ersetzt. Seitdem erhalten in Deutschland geborene Kinder nichtdeutscher Eltern unter bestimmten Voraussetzungen neben der elterlichen Staatsangehörigkeit auch den deutschen Pass. Diese Regel wurde anfangs nur auf Zeit gewährt, weshalb betroffene Kinder sich zwischen dem 18. und 23. Lebensjahr für eine Staatsbürger*innenschaft entscheiden mussten. 2014 wurde diese Regelung aufgehoben und die Doppelstaatlichkeit auf Dauer gewährt. Wenn es nach der AfD ginge, würde die Optionspflicht, also die Verpflichtung zur Entscheidung, wieder eingeführt werden.[10]

Statt die soziale Dimension von Rasse, nämlich Race, zu berücksichtigen, wird der Rasse-Begriff im deutschen Kontext seit der Nachkriegszeit weitgehend vermieden. Zu tief sitzen die Wunden der Zerstörung, die durch den nationalsozialistischen Rassenwahnsinn verursacht wurden. Doch das Schweigen hat nicht dazu geführt, dass Rassismus (oder Antisemitismus) verschwinden oder in irgendeiner Weise gemindert werden. Im Gegenteil: Es führte lediglich dazu, dass der Schwarze Widerstandskampf, ein Kampf um soziale und intersektionale Gerechtigkeit, von Deutschland wegverortet wird.

In dieser Konsequenz wurde es auch bislang versäumt, die soziale Realität von Schwarzen Deutschen sowie die historischen Kontinuitäten und Diskontinuitäten in den Blick zu nehmen und zu analysieren. Die unterschiedlichen Erfahrungen von Schwarzen deutschen Frauen, wie sie an den Lebensgeschichten von Maria Ngambe und den vielen anderen Schwarzen Frauen in diesem Buch veranschaulicht werden, können nur durch die Überschneidung von Race, Class und Gender sowie ihre direkte Verquickung mit Nation sichtbar gemacht werden. Ohne die soziale Wirkmacht der biologischen Annahme von Rasse in den Blick zu nehmen, werden unsere Erfahrungen als Schwarze Menschen im Allgemeinen und Schwarze Frauen im Besonderen zunichtegemacht. Die Idee, den Rasse-Begriff im Grundgesetz zu ersetzen, ist daher kontraproduktiv: Die soziale Kategorie Race würde aus der intersektionalen Analyse herausfallen und genau jene Stimmen und Erfahrungen ins Abseits befördern, denen das Konzept der Intersektionalität Gehör verschaffen möchte.

Die Hauptaufgabe des Schwarzen Feminismus besteht also nicht darin, den Rassebegriff zu problematisieren, sondern die Aufmerksamkeit auf die anhaltende und sich verändernde Bedeutung von Rasse und ihre Verknüpfung mit Geschlecht, Klasse, Religion und allen anderen Kategorien zu lenken.[11] Denn aus Schwarzer feministischer Perspektive bleibt Race als soziale Kategorie ein zentrales Element in Bezug auf Schwarze deutsche Geschichte. Wenn wir Race nicht als biologische, sondern als soziale Analysekatagorie auf den deutschen Kontext anwenden, dann sind wir in der Lage sichtbar zu machen, welchen Einfluss die Verstrickung von Rasse und Nation auch auf das Leben von Schwarzen Menschen im Kolonialismus hatte und welche Kontinuitäten seitdem fortbestehen. Da nicht unmittelbar nach Ende der Kolonialherrschaft mit der Aufarbeitung deutscher Kolonialgeschichte begonnen wurde, wirken koloniale Ideologien in Erkenntnis- und Repräsentationssystemen sowie Sprach- und Sehgewohnheiten ungebrochen fort und halten den Rassismus am Leben.

25
Internalisierter Rassismus und *Colorism*

Die Geschichte des Rassismus in Deutschland ist eng mit der deutschen Kolonialgeschichte verknüpft. Anders als viele glauben, ist Rassismus allerdings nicht erst im Kolonialismus entstanden, sondern existierte als Ideologie lange bevor die Deutschen außerhalb von Europa Herrschaftsgebiete besetzten und besiedelten. Als im Zuge der Industrialisierung der Wettlauf um afrikanische Rohstoffe begann, wurden rassistische Argumente herangezogen, um die wirtschaftliche Ausbeutung und politische Unterdrückung des Kontinents und seiner Bewohner*innen zu rechtfertigen. Dazu wurden Mythen bedient, welche die Afrikaner*innen als unzivilisiert, kultur- und geschichtslos einstuften und den Kolonialisierten das vollwertige Menschsein absprachen.[1]

Der Ursprung des Rassismus geht jedoch auf die religiöse Farbsymbolik des Christentums zurück: Schon im Mittelalter galt Weiß als Farbe des Göttlichen und des Guten. Der gläubige Christ wurde geografisch im Heiligen Römischen Reich, dem künftigen Europa, verortet. Die Farbe Schwarz hingegen wurde durchweg mit negativen Dingen verbunden – mit Leid, Krankheit, Elend und Tod. Somit wurde der Ungläubige und bald auch der Teufel in Afrika lokalisiert. Die so erzeugte geografisch-christliche Dichotomie schuf die Idee von menschlicher Differenz, die auf die menschliche Haut eingeschrieben wurde, »Hautfarben« als vermeintliche Differenzmerkmale hervorbrachte und dazu führte, dass im späteren 18. Jahrhundert »Rasse« als (pseudo-)wissenschaftliche Ordnungskategorie etabliert wurde.[2]

Im deutschen Kolonialismus des späten 19. Jahrhunderts war Rassismus also bereits ein fester Bestandteil der deutschen Gesellschaftsstruktur, der wirtschaftlich und politisch fortgeschrieben wurde und heute in Form von Alltagsrassismus ungehindert fortwirkt. Doch obwohl Schwarze Menschen täglich davon betroffen sind, fehlt es uns bis heute an einem Verständnis davon, wie Rassismus sozial wirkt und weshalb Race nicht als soziale Kategorie verstanden wird. Viele von uns leben immer noch in der Verfestigung von Kants Rassenlehre, obwohl er selbst in seinem Spätwerk Zweifel an seiner eigenen Theorie hegte.[3] Ohne es zu wissen, haben viele Schwarze Menschen in Deutschland den Rassismus internalisiert und verstehen oft nicht, was das Schwarzsein tatsächlich bedeutet.

Schwarz ist eine sozialpolitische Selbstbezeichnung, die Mitte der 1980er-Jahre erstmals mit der Selbstbenennung »Schwarze Deutsche« in der Publikation »Farbe bekennen« im deutschsprachigen Raum auftauchte und seitdem immer häufiger in der Community Verwendung fand. Indem die negativ konnotierte Bedeutung der Farbe Schwarz umgekehrt wurde, wird der Begriff zur Selbstermächtigung von Menschen afrikanischer Herkunft verwendet, um rassistische Fremdbezeichnungen abzulösen und die Zugehörigkeit zur globalen Schwarzen Community zu artikulieren. Schwarz wird daher immer großgeschrieben, auch in der adjektivischen Verwendung. Die Selbstbezeichnung basiert nicht auf der Idee von Rasse als biologischem Konzept, sondern auf Race als sozialer Kategorie und wurde bei der Entstehung im deutschen Kontext synonym mit der Selbstbezeichnung »Afrodeutsche« verwendet.

Bevor ich nach Deutschland kam, stellte ich mir nie die Frage, ob ich »richtig Schwarz« sei oder nicht. Für mich war meine Schwarze Identität von Geburt an Teil meiner Bezugswelt. In der Schwarzen deutschen Community war dieser Bezug bis

Mitte der 1980er-Jahre nicht immer bis gar nicht vorhanden. Anders als Afrikaner*innen, die während des deutschen Kolonialismus eindeutig einer vermeintlich niederen biologischen Rasse zugeordnet wurden, wurde die erste Generation von Schwarzen Deutschen seit der Gründung des Deutschen Kaiserreichs 1871, die meist einen *weißen* Elternteil hatten, zu einer eigenen, biologisch undefinierbaren Gruppe stilisiert. Entsprechend der weitverbreiteten Koloniallüge, sie würden gestreift oder gepunktet auf die Welt kommen (was viele *weiße* Menschen damals tatsächlich glaubten), wurde diese Gruppe von der damaligen Gesellschaft als eine noch viel größere Bedrohung wahrgenommen als die Afrikaner*innen, da sie nicht eindeutig einer »Rasse« zugeordnet werden konnten.[4] Damit wurden Schwarze Menschen mit einem dunklen Hautton jenen mit hellem Hautton gegenüber strukturell bevorzugt. Letztere widersprachen dem kolonialen und späteren nationalsozialistischen »Reinheitsprinzip« und hatten vehemente staatliche Repressionen zu erleiden, wie viele Fallbeispiele in diesem Buch zeigen.

Die Tatsache, dass im deutschen Kolonialismus viele Kinder aus sogenannten Mischehen, wie Maria Ngambe, als »illegitim« gelistet und im Nationalsozialismus als »fremd« stigmatisiert wurden, zeigt, dass Schwarze Deutsche trotz ihres hellen Hauttons strukturell benachteiligt wurden. Dies könnte auch ein Grund dafür sein, dass sich heute viele Schwarze Deutsche mit einem *weißen* Elternteil weder als *weiß* noch als Schwarz identifizieren. Wie oben beschrieben, scheint das koloniale Rassendenken nicht nur in der *weißen* Mehrheitsgesellschaft, sondern auch in den Schwarzen Communitys ungehindert fortzuwirken. Viele aus der Community scheinen das weitverbreitete biologische Rassedenken unbewusst verinnerlicht zu haben und tun sich trotz Selbstbezeichnungen schwer, sich jenseits der falschen biologischen Annahmen als Schwarz zu identifizieren. Als Mitte der 1980iger-Jahre die Selbstbezeichnungen »Schwarze Deutsche« und »Afrodeutsche« entwickelt wurden, wurden beide Begriffe synonym verwendet. Heute ist das nicht mehr so. Der alltägliche Umgang in der Community zeigt, wie in jüngster Vergangenheit Schwarze Deutsche mit zwei Schwarzen Elternteilen häufig dazu neigen, sich als Schwarze zu bezeichnen, während Schwarze mit einem *weißen* Elternteil dazu tendieren, die Selbstbezeichnung »Afrodeutsche« für sich zu wählen.

Diese linguistische Trennung hat so ihre Fallstricke. Sie zeigt, wie biologische Vorstellungen von Rasse internalisiert wurden und zulassen, dass die Strukturen des Rassismus mitten durch die Community laufen. Denn mit der linguistischen Trennung geht auch eine biologistische Zweiteilung der Community einher und trennt Schwarze mit dunklem Hautton von ihren Geschwistern mit heller Haut. Doch Schwarze Personen mit hellem Hautton haben nicht zwingend einen *weißen* Elternteil, ebenso wenig wie Schwarze Personen mit dunklem Hautton zwei Schwarze Elternteile haben müssen. Dies wird häufig fälschlicherweise angenommen. Wie hell oder wie dunkel der Hautton ist, hängt vom Melaningehalt der Haut ab, welcher zwar genetisch vererbt wird, aber von zahlreichen epigenetischen Einflussfaktoren beeinflusst wird und auch mehrere Generationen überspringen kann.[5] Es gibt keine berechenbare Grenze, die bestimmen könnte, ab wann eine Person mit welchem Hautton zu welcher biologischen Rasse gehört, wo hell anfängt oder dunkel aufhört. Fakt ist allerdings: je dunkler die Haut, desto mehr sind Schwarze Personen dem *Colorism* ausgesetzt, einer spezifischen Form der rassischen Diskriminierung, die am Farbton der Haut festgemacht werden kann.

Wie Winnie Akeri vom Vorstand der Initiative Schwarze Menschen in Deutschland klarmacht, ist *Colorism* kein Synonym für Rassismus, sondern eine diskriminierende und vorurteilsbehaftete Einstellung gegenüber Schwarzen Menschen mit einem dunkleren Hautton *(dark skinned)* und die Favorisierung von Schwarzen Menschen mit einem helleren Hautton *(light skinned)* – also genau das umgekehrte Verhältnis dessen, was in der deutschen Kolonialzeit propagiert wurde. Doch diese Diskriminierungsform schließe dabei nicht nur die Hautnuance ein, führt Akeri fort, sondern beziehe sich auch auf weitere rassifizierte phänotypische Merkmale wie beispielsweise Augenfarbe, Haarstruktur oder die Größe und Form von Nase und Lippen.[6]

Zwar wurde der Begriff des *Colorism* erst 1983 in den USA von Alice Walker geprägt. Dieser Diskriminierungspraxis kamen jedoch in verschiedenen Kulturen unterschiedliche Bedeutungen zu. In den USA beispielsweise geht die Kategorisierung des Schwarzseins auf ein Gesetz aus dem Jahr 1662 zurück, der *One-Drop-Rule*, eine Regel, die Personen mit Eltern aus unterschiedlichen rassischen Gruppen den Minderheitenstatus zuwies. Wer also einen Schwarzen Elternteil hatte, wurde automatisch der Schwarzen Gruppe zugeordnet, selbst wenn »der Tropfen Blut« über mehrere Generationen zurückreichte. Anders als in Deutschland gehörten die US-amerikanischen Kinder mit einem Schwarzen und einem *weißen* Elternteil aufgrund dieser Regelung automatisch zur Schwarzen Gruppe, was eine große Palette an Hautschattierungen innerhalb der Schwarzen Community mit sich brachte. Diese reichten von sehr dunkel bis sehr hell, so hell, dass sie als *weiß* gelesen werden konnten, dem sogenannten *passing*.[7]

Die Herrschenden behandelten versklavte Menschen mit hellerer Hautfarbe in der Regel bevorzugt. Das mag daran gelegen haben, dass es sich in den meisten Fällen um den eigenen Nachwuchs gehandelt hat, der aus systematischer Vergewaltigung entstanden war. Während dunkelhäutige Versklavte draußen auf den Feldern schuften mussten, arbeiteten ihre hellhäutigen Geschwister normalerweise in den Häusern an weitaus weniger zermürbenden Aufgaben.[8]

Nachdem das Versklavungssystem aufgelöst worden war, verschwand der *Colorism* nicht. Bis heute erhalten in den USA Schwarze mit heller Haut mehr Beschäftigungsmöglichkeiten und haben einen besseren Zugang zum Wohnungsmarkt.

Aus diesem Grund sind Familien der Schwarzen Oberschicht größtenteils hellhäutig – ein weiterer Beleg dafür, wie eng Race und Class miteinander verknüpft sind. Bald wurden eine hellere Haut und Privilegien demzufolge auch in der Black Community miteinander verbunden.[9]

Es dauerte nicht lange, bis der *Colorism* im Zuge der Amerikanisierung des Westens nach dem Zweiten Weltkrieg seinen Weg nach Deutschland fand und sich auch hierzulande zunehmend breitmachte. Während in den späten 80er- und frühen 90er-Jahren vermehrt *dark-skinned* Frauen in den Medien stattgefunden haben, sind heute vermehrt Schwarze Frauen mit hellerem Hautton zu sehen, weil sie dem europäischen Schönheitsideal näher sind. Das Phänomen hat seinen Ursprung jedoch nicht im deutschen Kontext und hatte keine spezifisch deutsche Ausprägung. Dennoch nehmen viele *light-skinned* Schwarze die Privilegien, die damit einhergehen – bewusst oder unbewusst – an.

Die Gefühle, die *Colorism* in mir hervorrief, waren nicht weniger schmerzhaft als die Erfahrungen von Rassismus selbst. Dies wurde mir kurz nach meiner Ankunft in Berlin unmissverständlich klar. Am Tag meines Umzugs bekam ich Besuch von meiner neuen Arbeitskollegin. Wir kannten uns bereits, da wir seit einigen Monaten aus der Ferne zusammenarbeiteten. Sie stammte aus der Dominikanischen Republik und bezeichnete sich selbst als Person of Color.

Der Begriff Person/People of Color (PoC) wurde erstmals im 18. Jahrhundert von freigelassenen Versklavten in den USA verwendet. In der Civil-Rights-Bewegung wurde er später als Selbstbezeichnung der Gruppen übernommen, die verschiedenen Rassismen ausgesetzt sind. In Deutschland wird er sowohl aktivistisch als auch wissenschaftlich verwendet, schließt aber auch Menschen ein, die andernorts als *weiß* gelesen werden, z. B. Türk*innen. Das Akronym BIPoC (Black, Indigenous and People of Color) wird eingesetzt, um die spezifischen Erfahrungen Schwarzer und indigener Menschen schriftsprachlich hervorzuheben. Im Deutschen gibt es keine Übersetzung für den Begriff, da die meisten begriffli-

chen Optionen mit rassistischen Bedeutungsgeschichten einhergehen, die auf der Annahme beruhen, es gebe biologische Rassen.

Meine Kollegin arbeitete wie ich zu dieser Zeit an ihrer Dissertation, kämpfte jedoch sehr mit der deutschen Sprache. Sie wurde in der Karibik geboren und sozialisiert und war erst als Erwachsene nach Deutschland gekommen. Zwar lebte sie inzwischen 20 Jahre hier, aber sie wurde, wie sie mir eines Tages erklärte, von einer inneren Abwehrhaltung gebremst, Deutsch zu lernen. Was dieses Gefühl ausgelöst hat, konnte sie mir nie wirklich erklären. Vielleicht war es das weitverbreitete Feindbild von Deutschland, das aufgrund des Nationalsozialismus weltweit vorherrscht.

Ich selbst lernte bereits als Kind Deutsch, was mir in jungen Jahren trotz aller Herausforderungen relativ leichtfiel. Heute verstehe ich, dass ich damit über ein Privileg verfüge, das mir erhebliche Vorteile verschafft hat: Ich war zur »richtigen Zeit« am »richtigen Ort« dieser Welt geboren worden, hatte zum damaligen Zeitpunkt einen britischen Pass und dadurch Zugang zum deutschen Bildungssystem. Ich sprach und schrieb inzwischen fließend Deutsch und forschte in und zur deutschen Sprache. Die Sprachbarriere meiner Kollegin hingegen verhinderte, dass sie aktiv zu Deutschland forschen konnte. Stattdessen waren ihre Analysen auf fremdsprachige Schriften über Deutschland begrenzt.

Was uns jedoch am stärksten unterschied, waren unsere phänotypischen Merkmale. Während meine Arbeitskollegin als *weiß* gelesen wurde, sind meine afrokaribischen Wurzeln stets sichtbar. Und das ließ sie mich mitunter spüren. Vor allem ihre glatten, europäisch anmutenden Haare warf sie mir ständig ins Gesicht und ließ bei keiner Gelegenheit aus zu betonen, dass sie dem europäischen Schönheitsideal doch eher entspreche als ich. Wie sie glaubte, komme ihr damit ein höherer Sozialstatus zu als mir und somit eigentlich auch ein Anspruch auf die Stelle, die ich soeben angetreten hatte.

Bevor die Dominikanische Republik im späten 19. Jahrhundert ihre Unabhängigkeit von Haiti erlangte, hatte sich dort der durch die europäische Christianisierung importierte Rassismus schon breitgemacht und den Boden dafür bereitet, dass die Dominikaner*innen eine wachsende Verachtung gegenüber ihren ehemaligen *dark-skinned* Herrscher*innen entwickelten. Im Versuch, sich von dieser Fremdherrschaft abzugrenzen, sprachen die Einwohner*innen der Dominikanischen Republik sich zunehmend selbst eine *weiße* Identität zu, trotz der mehrheitlich Schwarzen Bevölkerung von ungefähr 80 Prozent. Afrikanische Riten und Religionen wurden alsbald von der Regierung verboten, und den Dominikaner*innen wurden Staatsbürger*innenschaft und Bürger*innenrechte nur dann gewährt, wenn sie sich nicht als Schwarz identifizierten. Dies veranlasste vielen Bewohner*innen der Halbinsel dazu, ihr Schwarzsein abzulehnen, um einen höheren sozialen Status zu erhalten.[10]

Offensichtlich hatte meine ehemalige Arbeitskollegin diesen Wahnsinn internalisiert, den ich bereits aus Jamaika kannte. Die meisten jamaikanischen Frauen glauben noch immer, dass ihr Hautton der entscheidende Faktor dafür sei, einen Job oder sogar einen Ehemann zu finden.[11] Denn eine Unterscheidung nach Hautton stellt Hellhäutige an die Spitze der jamaikanischen Rassenhierarchie – je dunkler wir sind, desto stärker werden wir abgewertet. Irgendwo am unteren Ende stand ich und verstand lange nicht, dass nicht die Farbe der Haut, sondern die Farbe der Macht entscheidet, wie May Ayim eindringlich in ihrem gleichnamigen Gedicht auf den Punkt bringt:

> *»nicht die farbe der haut/die farbe der macht/entscheidet/ rassismus ist das bleiche gesicht/der gewalt/die sich in deutschland wieder zunehmend offen/in südafrika/immer schon/ungeschminkt/zeigt«*[12]

Ohne es zu wissen, hatte auch ich den Rassismus verinnerlicht, der zusammen mit *Colorism* daherkam und mir von Kindesbeinen an untergemischt worden war: Meine Nase sei zu dick, meine Haare zu kraus, meine Haut zu dunkel, hörte ich immer wieder Menschen aus der jamaikanischen Community mir sagen. Und diese Dinge glaubte ich lange und wertete mich selbst damit ab.

In meinen Auseinandersetzungen mit der *weißen* deutschen Mehrheitsgesellschaft und der Schwarzen deutschen Community machten sich dann später mein internalisierter Rassismus und auch die Auswirkungen des *Colorism* breit. Als ich das Cover von »Farbe bekennen« in der Unterstufe zum ersten Mal sah, fand ich mich in den abgebildeten Frauen anfangs nicht wieder. »Sie sind nicht richtig Schwarz«, dachte ich. Dies mag ein zusätzlicher Grund gewesen sein, warum ich mich anfangs weigerte, das Buch zu lesen. Alle Frauen auf dem Cover waren *light-skinned,* und damit waren sie für mich per se bessergestellt als ich. Rückblickend verstehe ich, dass Schwarz eine sozialpolitische Selbstbezeichnung ist, die keine Hautschattierungen kennt. Egal, was uns die Geschichte lehren will: Schwarz ist keine Farbe!

Dennoch wuchs ich als rassisch markiertes Mädchen in Deutschland auf, das Rassismus internalisiert hatte und auch immer wieder *Colorism* erleben musste. Um Biografien und Erzählungen, die mir eine positive Identifikation mit Deutschland ermöglicht hätten und durch die ich mein afrodiasporisches (Selbst-)Bewusstsein hätte artikulieren können, war ich bis Ende der 1990er-Jahren verlegen. In meinen Kinder- und Märchenbüchern fand ich keine einzige Figur, die so aussah wie ich. Weder Schneewittchen noch Dornröschen oder Rotkäppchen. Ich wusste damals allerdings noch nicht, dass mir in meiner Kindheit der Zugang zu wichtigen Schwarzen Identifikationsfiguren strukturell verwehrt geblieben war.

26

Von Schwarzen Prinzessinnen und anderen Leitfiguren

Ende des 19. Jahrhunderts wuchs neben Berlin auch die Hafenstadt Hamburg zu einer wichtigen Kolonialmetropole heran. Von meiner norddeutschen Kleinstadt aus war ich immer gerne dorthin gefahren, etwa um auf dem Hafenfest Fischbrötchen zu essen. In meiner jugendlichen Ignoranz wusste ich wenig darüber, dass »das Tor zur Welt« auch einen Zugang zur kolonialen Welt bedeutet hatte: Bauwerke wurden errichtet, um koloniale Institutionen wie das Hamburgische Kolonialinstitut zu beherbergen. Unternehmen wie die Reederei Woermann unterhielten zahlreiche Niederlassungen in Westafrika und stiegen mit der »Woermann-Linie« zum größten Schiffseigner weltweit auf. Und im Tierpark Hagenbeck wurden die ersten Völkerschauen Europas veranstaltet.[1] Alles keine wirklich guten Gründe, die Stadt zu feiern.

Auch das ehemalige Völkerkundemuseum hatte sich am Kolonialsystem bereichert. 1879 auf Basis bereits bestehender Sammlungen gegründet, wurde das ethnologische Museum erweitert, um als koloniale Forschungseinrichtung aufzutreten.[2] Zur Blütezeit des deutschen Kolonialismus begannen verfälschte Dichotomien wie die *weiße* Überlegenheit Europas und die Unterlegenheit eines »dunklen Kontinents« die Völkerkunde zu prägen. Sie beeinflussten nicht nur Forschungsinteressen und -ergebnisse, sondern auch deren museale Präsentation. Aufgabe der Museen jener Zeit war es, koloniales Wissen zu produzieren und der breiten Masse zugänglich zu machen.[3] Auf diese Weise wurden kolonialisierte Bilder von Schwarzen Menschen verbreitet und Rassismus tief in den Gesellschaftsstrukturen verankert.

2018 wurde das Völkerkundemuseum umbenannt. Heute ist es als »Museum am Rothenbaum Kulturen und Künste der Welt« (MARKK) bemüht, Verantwortung für seine koloniale Vergangenheit zu übernehmen. Dazu gehört eine offene Haltung gegenüber Restitutionsforderungen ebenso wie eine inhaltliche Neupositionierung des Hauses. Mit der Ausstellung »Hey Hamburg, kennst Du Rudolph Duala Manga Bell?« griff das MARKK von April 2021 bis Juli 2023 die Themen koloniales Erbe und Rassismus auf. In Kooperation mit Prinzessin Marilyn Douala Manga Bell, Urenkelin des ehemaligen Königs Rudolf Duala Manga Bell, wurde die Lebensgeschichte der kamerunischen Königsfamilie für ein junges Publikum visuell aufbereitet. [4]

Als ich Maria Mandessi Bells Porträt im MARKK gegenüberstand, wusste ich, dass mir in der Kindheit die wahre Geschichte einer echten Schwarzen Prinzessin, die auch Feministin gewesen ist, gestohlen worden war:

Maria Mandessi Bell (1895–1990) wurde als Tochter von David Mandessi Bell, dem Adoptivsohn des Duala-Königs Ndumbe Lobe Bell, in Kamerun geboren. Ihr wohlhabender Vater konnte ihr problemlos ein Studium ermöglichen. So wurde sie für die Schulbildung nach Deutschland geschickt, lernte schon vor ihrer Ankunft Deutsch und »wird selbst fast eine Deutsche«, wie sie später in einem Interview sagte. Zu ihren ersten Aufenthaltsorten hierzulande gehörte das ostpreußische Wolfsdorf, wo sie 1912 im Alter von 16 Jahren getauft wurde. Von dort ging sie in die kamerunische Baptistengemeinde nach Eberswalde, wo sie eine glückliche Zeit verlebte, bis sie im Frühjahr 1914 für einige Monate nach Berlin zog. Nach der Hinrichtung ihres Onkels und ihres Verlobten wegen Hochverrats ging Maria für eine kurze Zeit zurück nach Kamerun. Nach einigen Jahren in Frankreich entschied sie sich, ihren Lebensmittelpunkt in den Senegal

zu verlegen, wo sie 1990 starb. Maria war zweimal verheiratet und Mutter von fünf Kindern.

Im August 1914 hatte der Erste Weltkrieg gerade begonnen und der Einmarsch der britischen, französischen und belgischen Truppen im deutsch besetzten Kamerun stand unmittelbar bevor. Maria war damals gerade 19 Jahre alt und hoffte, in Berlin Informationen sammeln zu können, die ihren königlichen Onkel und seinen Stellvertreter, ihren Verlobten Adolf Ngoso Din, die in Kamerun wegen Hochverrats angeklagt worden waren, entlasten würden. Doch ihre Mühen waren vergeblich. Als Sekretär des amtierenden Königs war Ngoso Din zuvor heimlich ins Deutsche Kaiserreich geschickt worden, um den kolonialen Behörden über die Missstände in Kamerun zu berichten. Die Prinzessin schaffte es zwar noch, ihn in Berlin im Gefängnis zu besuchen, allerdings konnte Maria seinen Tod nicht verhindern. Adolf Ngoso Din wurde kurz darauf ausgeliefert und gemeinsam mit dem regierenden König der Duala am 8. August 1914 verurteilt und hingerichtet. Fast zeitgleich entschied Marias Vater, dass auch sie die Rückreise nach Kamerun antreten sollte.[5]

Von 1914 an lebte Maria zunächst vier Jahre in Kamerun, heiratete Ndumbè Kale Loba und bekam mit ihm ihr erstes Kind. Doch ihr Mann starb und die Weltmächte ordneten sich neu. Deutschland verlor nach dem Ersten Weltkrieg seine Kolonien, und Kamerun wurde in ein französisches und ein englisches Gebiet aufgeteilt. Im französisch besetzten Teil kämpften die Duala weiter um ihre Landrechte. Auch Marias Vater, der den Widerstand organisierte und sich mit schriftlichen Beschwerden an das Kolonialbüro in Frankreich wandte, setzte sich dafür ein. Wenig später heiratete Maria erneut. Ihr zweiter senegalesischer Ehemann, Mamadou Diop, war Ingenieur bei der deutschen Bahngesellschaft in Duala und Cousin des Schwarzen Intellektuellen und späteren Präsidenten des unabhängigen Senegals, Léopold Sédar Senghor.[6]

Das Paar freundete sich außerdem mit Blaise Diagne an, einem senegalesischen Abgeordneten, der in der französischen Nationalversammlung die Anliegen der Duala vertrat. Die Beziehungen zu Senghor und Diagne führten dazu, dass die Eheleute Diop unter den Verdacht der Verschwörung mit den verfeindeten Deutschen gerieten und von französischen Geheimagent*innen überwacht wurden. Doch Maria hatte Deutschland nach der Ermordung ihres Onkels und ihres Verlobten den Rücken gekehrt und ist bis zu ihrem Tod 1990 nie wieder dorthin zurückgekehrt. Nachdem sie französische Staatsbürger*innen geworden waren, besuchte das Paar 1927 Paris, wo ihr zweites Kind geboren wurde, David Léon Mandessi Diop. Er würde später ein einflussreicher Poet der Négritude-Bewegung werden.

Der Begriff »Négritude« wurde 1935 durch den afrokaribischen Wissenschaftler und Politiker Aimé Césaire im Kontext der Dekolonialisierung Afrikas geprägt. Er beschreibt damit das Bestreben von Schwarzen Intellektuellen, sich von kolonialen Denkmustern und Vorbildern zu befreien. An ihre Stelle treten in Literatur, Philosophie, Politik und Kunst ein selbstbestimmtes Schwarzes Bewusstsein und eine Schwarze Identität. Auf diese Weise sollte nicht nur eine autonome, plurale und gleichberechtigte Schwarze Kultur sichtbar gemacht, sondern auch eine Verbindung von afrikanischem Humanismus und den universellen Werten der europäischen Aufklärung hergestellt werden. Die Négritude hatte internationalen Einfluss. Während sie in Frankreich ästhetisch orientiert war und ein eigenes Literaturgenre hervorbrachte, war sie auf dem Kontinent hauptsächlich politisch, in Nordamerika soziologisch und in Deutschland historisch und soziopolitisch engagiert.[7]

Zurück in Dakar, bekam Maria Mandessi Bell drei weitere Kinder. Marias Tochter Christiane wurde später als Verlegerin des antikolonialen Journals *Présence Africaine*[8] ebenso eine öffentliche Persona, von der ich in Deutschland auch nur sehr wenig erfahren würde.

Gerne hätte ich als Kind schon von dieser afrikanischen

Familiensaga gewusst. Stattdessen wurde ich mit Kolonialgeschichten wie »Pippi Langstrumpf« abgestraft. Während in der Grundschule besonders die Mädchen in meiner Klasse auf dem Pausenhof wie »Pippi« tanzten, konnte ich mit ihr nichts anfangen. Ich verstand die feministische Idee nicht, die dahinterstand. Je mehr ich mich mit der Geschichte auseinandersetzte, desto mehr Fragen stellte ich mir: Wie konnte ein rothaariges *weißes* Mädchen mit aufgemalten Sommersprossen die stärkste Frau der Welt sein, ohne wirklich jemals ums Überleben gekämpft zu haben? Wie konnte ihr *weißer* Vater König von Taka-Tuka-Land sein? Wussten die Tanzenden nicht, dass das Taka-Tuka-Land im Pazifik liegt und dass die Deutschen dort auch Karolinen, Palau, die Marianeninseln und die Samoainseln kolonialisiert hatten?

Auch May Ayim fühlte sich als Kind durch Erzählungen wie die von Pippi Langstrumpf minderwertig. Sie berichtet davon, wie die frühen Begegnungen mit negativen Darstellungen von Schwarzen Menschen in der imaginären Welt ihrer Kinderbücher und Kinderlieder ein Gefühl von Scham und Andersartigkeit in ihr weckten.[9] Vielleicht hatte May Ayim wie ich als junges Mädchen davon geträumt, eine richtige Prinzessin zu sein. Eine müßige Vorstellung für ein Schwarzes Mädchen in einer *weißen* Märchenwelt. Immer dann, wenn ich es wagte, diesen Traum laut auszusprechen, lachten mich meine Schulfreundinnen aus: Prinzessinnen seien schließlich nicht »braun wie Kaka«, sagten sie abfällig und tanzten weiter.

Und das glaubte ich ihnen auch, ohne zu wissen, dass es lange vor den *weißen* europäischen Monarchien afrikanische Königinnen gegeben hatte: Königin Nzinga von Ndongo, Königin Malan Alkuma von Akan, Königin Pokou von Baule, Königin Tassin Hangbe von Dahomey, Königin Ndete Yalla von Walo oder Königin Ranavalona III. von Madagaskar.[10] Mir war damals nicht klar, dass *weiße* europäische Prinzessinnen meist lediglich repräsentative Zwecke zu erfüllen hatten und keine Kriegerinnen waren. Königin Nzinga beispielsweise wurde vor allem dadurch bekannt, dass sie gegenüber der portugiesischen Kolonialherrschaft einen längeren Zeitraum erfolgreich Widerstand leistete. Pippi hingegen war die fiktive Figur einer *weißen* Autorin. Ihre Aufgabe war und ist es, das europatriarchale Bild zu dekonstruieren und den jungen *weißen* Leserinnen aufzuzeigen, dass auch sie starke Mädchen oder Feministinnen sein können. Doch ihr Feminismus ist kolonial und klammert mich und andere aus. Heute wissen wir, dass auch Jungs und Männer Feministen sein und werden können.

Nachdem Maria Mandessi Bells zweiter Ehemann 1935 und ein Jahr später auch ihr Vater gestorben war, zog die Witwe und alleinerziehende Mutter 1938 mit ihren inzwischen fünf Kindern wieder nach Frankreich. Trotz der schwierigen Weltlage ließ sie sich nicht beirren. Wie auch meine Mutter wünschte sie sich eine gute Schulbildung für ihre Kinder, die sie nur in Europa bekommen würden. Damit ihr Sohn David das Gymnasium besuchen konnte, an dem der spätere Präsident Senegals Léoplad Sédar Senghor Griechisch und Latein unterrichtete, zog sie in die Nähe von Paris. Dort wurde die Prinzessin nicht nur zu einer zentralen Figur in der panafrikanischen Bewegung. Durch ihre transnationale Schwarze Identität war sie auch maßgeblich an der Entstehung der Bewegung beteiligt.

Der Begriff des Panafrikanismus beschreibt eine intellektuelle und politische Strömung, die von einer Gemeinschaft aller Afrikaner*innen und Menschen afrikanischer Herkunft ausgeht. Sie verbindet eine länderübergreifende Solidarität und das Bestreben, sowohl die Folgen von Kolonialismus und Versklavung in der afrikanischen Diaspora zu bekämpfen als auch die wirtschaftliche und politische Zusammenarbeit aller afrikanischen Staaten zu verstärken. Letzteres geht mit dem Anspruch auf politische und wirtschaftliche Unabhängigkeit einher und strebt eine Vereinigung aller afrikanischen Länder und der dort lebenden Menschen an. In diesem Sinne ist der Panafrikanismus bis heute sowohl eine Weltanschauung als auch eine politische Bewegung, die von Menschen aus Afrika und der Diaspora getragen wird.

An dieser Stelle seien weitere Schwarze Frauen namentlich erwähnt, die während des deutschen Kolonialismus im Kaiserreich lebten, aber in der Geschichtsschreibung häufig unerwähnt bleiben: Katharina Draghoener, Viytje Bank und Martha Kamatoto gehörten zur Gruppe der Herero und Nama, die während der ersten Kolonialschau im Treptower Park 1896 ausgestellt wurden. Dassi Creepy (auch bekannt als Dassi Comfort) war eine Ehefrau des Schaustellers Nayo Bruce, der für vier Monate in der Beusselstraße 12 in Berlin-Moabit wohnte. Sie war Teil einer angesehenen Handelsfamilie aus Aného in Togo und wird in Zeitungsberichten als »Togofrau« erwähnt. Bei der Kolonialschau ist sie noch keine 20 Jahre alt. Zwei Jahre später ziert ihr Porträt eine Postkarte. Dassi Creepys Tochter, Regina Bruce, wurde am 12. Dezember 1900 im Eden-Theater in Elberfeld geboren. Fünf Jahre später kam ihre zweite Tochter Lisa in Bordeaux zur Welt.[11] Amanoua Kpapo Albina und Ohui Creppy sind zwei weitere namentlich bekannte Ehefrauen von Nayo Bruce.[12] Ihrer wird in der Dauerausstellung »zurückgeschaut | looking back« im Museum Treptow-Köpenick gedacht. [13]

Zu erwähnen ist auch Katharina (Nnomo) Atangana, die häufig neben Maria Mandessi Bell in den Mittelpunkt der kolonialen Ereignisse gestellt wurde. Ihre Lebensgeschichte wird oft als repräsentativ für die Beziehungen zwischen der kamerunischen Bevölkerung und Deutschland zu Ende des deutschen Kaiserreiches dargestellt[14], ohne dabei jedoch frauenpolitische Fragestellungen zu reflektieren.

Katharina (Nnomo) Atangana wurde 1902 in Kamerun geboren. Mit neun Jahren wurde sie nach Deutschland geschickt, um eine katholische Hauswirtschaftsschule in Boppard am Rhein zu besuchen. Dort lernte sie Deutsch, bis sie vor Ausbruch des Ersten Weltkriegs nach Kamerun zurückgeschickt wurde. Ende 1915 war sie als »deutsche Europäerin« gezwungen, von dort zu fliehen, und schaffte es mithilfe von Missionarinnen zurück nach Deutschland, wo sie die Kriegsjahre in einem Konvent in Limburg an der Lahn verbrachte. 1921 kehrte sie nach Kame-

run zurück, wo sie gegen ihren Willen verheiratet wurde. Die Ehe scheiterte, weshalb Katharina bis zum Tod ihres Vaters 1943 bei ihm lebte. Ihre Deutschkenntnisse konnte sie durch ihren Kontakt zu Schweizer Missionar*innen erhalten. In den 1960er-Jahren arbeitete sie für das Goethe Institut in Youandé, Kamerun.

Esther Sike Bilé und Bertha Ebumba Mbenge sind zwei weitere Beispiele für Schwarze Frauen, die bei der Aufarbeitung deutscher Kolonialgeschichte wenig Aufmerksamkeit erhalten. Sie gehören zu der langen Liste von Schwarzen Frauen, die im Zuge der Kolonialisierung nach Deutschland kamen, bislang aber nur wenig Forschungsinteresse erregen konnten. 1899 kamen beide aus Douala nach Berlin, um an der Bethel Mission ausgebildet zu werden. Unter der Leitung von Eduard Scheve hatte die Mission die Ausbildung vieler Kameruner*innen zu verantworten. Von Esther wissen wir, dass sie nach 13 Jahren nach Kamerun zurückkehrte, um an der Missionsschule für Mädchen in Bonamuti zu unterrichten. Über Bertha ist bislang wenig bekannt.[15]

Esther und Bertha blieben kinderlos, warum ist ebenfalls nicht bekannt. Möglich ist, dass sie keinen Ehemann fanden, der nach damaliger Haltung derselben ethnischen Gruppe hätte angehören müssen. Ehen zwischen Afrikanerinnen und *weißen* deutschen Männern waren zu dieser Zeit in Deutschland zwar nicht per Gesetz verboten, wie dies in den Kolonien der Fall war, allerdings moralisch verwerflich. Gleichzeitig wurde es in der traditionellen kamerunischen Gesellschaft als erhebliches Versagen einer Frau angesehen, kinderlos zu sein, da ihre primäre Aufgabe in der Reproduktion der ethnischen Volksgemeinschaft bestand.[16] An diesem Beispiel wird erneut die doppelte Stigmatisierung deutlich, der Schwarze Frauen während der Kolonialzeit ausgesetzt waren.

Dennoch bleibt das politische Engagement von Schwarzen Frauen im Zuge der Kolonialisierung bislang ein offenes Forschungsfeld. Die junge postkoloniale Forschung in Deutschland hat bislang nur sehr wenig über die politische Rolle von

Schwarzen Frauen hervorgebracht. Aus Schwarzer feministischer Perspektive fehlen Analysen gänzlich. Aus *weißer* feministischer Perspektive berichtet die Afrikanistin Marianne Bechhaus-Gerst in ihrem Aussatz »Schwarze Eva« von der Konstruktion der afrikanischen Frauen in das von der *weißen* Feministin Frieda von Bülow um 1890 begründete Genre der Kolonialliteratur und kommt zu dem Schluss, dass ihnen keine politische Rolle zukam. Vielmehr wurden sie von den *weißen* Kolonialschriftstellerinnen auf ihre Körperlichkeit reduziert und als Konkurrentinnen um die Gunst des *weißen* deutschen Mannes porträtiert.[17] Ihre Rolle im politischen Weltgeschehen mussten sich Schwarze Frauen hart erkämpfen.

Mit dem Ende des Ersten Weltkrieges endete auch die deutsche Kolonialherrschaft. Parallel zur Friedenskonferenz in Versailles fand im Februar 1919 der von W. E. B. Du Bois organisierte Erste Panafrikanische Kongress in Paris statt. Delegierte aus Afrika, der Karibik und den USA nahmen teil. Doch die internationale Zusammenkunft vermochte keinen Einfluss auf die in Versailles geführten Verhandlungen über das Schicksal der ehemaligen deutschen Kolonien und die ehemals Kolonialisierten zu nehmen. Anstatt in die Unabhängigkeit entlassen zu werden, wurden sie an die Alliierten abgegeben. Bis heute wird die panafrikanische Idee, Afrika von *weißer* Vorherrschaft zu befreien und mit seiner Diaspora zu vereinen, von zahlreichen Organisationen und Initiativen weiterverfolgt – auch in Deutschland.

Allerdings sind Schwarze Frauen aus der Geschichte des Panafrikanismus sowie aus der deutschen Kolonialgeschichte weitgehend herausgeschrieben worden, obwohl es zahlreiche Schwarze Feministinnen gab, die sich in diesen Kontexten engagierten. In der Geschichtsschreibung des späten 19. und frühen 20. Jahrhunderts wurden sie hinter den männlichen Vertretern der Bewegung zurückgedrängt: Kwama Nkrumah (der erste Präsident Ghanas), Jomo Kenyatta (der erste Präsident Kenias) und nicht zuletzt Leopold Sédar Senghor (der erste Präsident Senegals). Deshalb ist es wichtig, an dieser Stelle darauf hinzuweisen, dass der Panafrikanismus von Anfang an auch durch aktive Schwarze Frauen geprägt wurde. Zu nennen sind neben Maria Mandessi Bell unter anderem die Schwestern Paulette (Journalistin) und Jeanne (Autorin) Nardal aus Martinique, die Journalistin und Schriftstellerin Mabel Dove Danquah aus Ghana und die Journalistin Claudia Jones aus Jamaika.[18] Paulette und Jeanne Nardal waren zudem maßgeblich an der Begründung der Negritude beteiligt.[19]

Ebenso wenig sichtbar im öffentlichen Raum sind Schwarze panafrikanische Organisationen der Gegenwart, wie PAWLO-Masoso e. V. um Marianne Ballé Moudoumbou, die seit vielen Jahren transnationale feministische Arbeit für Afrikanerinnen in Deutschland machen. Die panafrikanische Frauenbefreiungsorganisation wurde 1994 während des 7. Panafrikanischen Kongresses in Kampala, Uganda, gegründet und hat heute ihren Sitz in Potsdam. PAWLO verfolgt das Ziel, das öffentliche Bewusstsein über den Panafrikanismus, insbesondere die Rolle der Frauen in afrikanischen Befreiungsprozessen, aus einer intersektionalen Perspektive zu stärken.[20] Als Verband ist PAWLO bundes- und weltweit aktiv und führt die Arbeit jener Schwarzen panafrikanischen Feministinnen fort, die früher oft in der geschützten Umgebung der eigenen vier Wände stattfinden musste, während die öffentlichen Kongresse überwiegend von Männern besucht wurden.

Während der häufigen Zusammenkünfte und Gespräche mit Gleichgesinnten in ihrer Pariser Wohnung beispielsweise übertrug Maria Mandessi Bell Grundsätze einer Schwarzen Politik aus dem Deutschen ins Französische. Diese Ansätze wurden nicht zuletzt vom *weißen* Frankfurter Ethnologen Professor Leo Frobenius beeinflusst, der die afrikanische Kultur als der europäischen gleichwertig ansah, was für einen Gelehrten seiner Zeit sehr ungewöhnlich war. Geleitet von der liberalen humanistischen Idee der Négritude-Bewegung, die im Unterschied zum anglofon orientierten Panafrikanismus den frankofonen Diskurs über Afrika reflektierte, vertrat Maria Mandessi Bell darüber hinaus auch eine intersektionale Frauenpolitik, die schon früh die komplexe Verwobenheit von Race, Class und Gender berücksichtigte. In ihren Ausführungen machte sie stets deutlich, dass die Befreiung Afrikas nicht ohne die Unterstützung Schwarzer Frauen möglich gewesen wäre, auch wenn ihre Aufgaben häufig in einfachen Bürotätigkeiten lagen.[21]

Über Generationen hinweg wurden Marias Ideen von der *weißen* deutschen Mehrheitsgesellschaft vernachlässigt und müssen deshalb neu eingeordnet werden. Bis heute gibt es über die erwähnte temporäre Ausstellung »Hey Hamburg, kennst Du Rudolph Duala Manga Bell?« hinaus kein offizielles Ehrenmal für Maria Mandessi Bell – weder in Paris noch im Senegal, weder in Kamerun noch in Deutschland. Zudem sollte ihre Lebensgeschichte Eingang in unsere Kinder- und Schulbücher finden. Denn auf diesem Weg wäre es möglich, ein empowerndes Bild von Afrika und der Afrikanischen Diaspora aus Schwarzer feministischer Perspektive an junge Menschen zu vermitteln. Hätte ich als Kind schon von Maria Mandessi Bell, dem Panafrikanismus und der Négritude-Bewegung erfahren, wäre mein politisches Bewusstsein schon früh geprägt worden. Bis heute sind die vielen Gespräche, die ich am Küchentisch oder in den Wohnzimmern meiner Schwestern führe, für die Entwicklung meines Schwarzen feministischen Bewusstseins so wichtig, weshalb es mir ein Anliegen ist, diese zu dokumentieren und für die junge Generation von Schwarzen Deutschen bereitzustellen.

27
Auf den Spuren der Familie Diek

Berlin ist eine Stadt, die niemals schläft. Wer morgens um halb acht die U-Bahn nimmt, kann beobachten, wie die junge Pflegekraft, die gerade von der Nachtschicht nach Hause fährt, den verschwitzten Bankangestellten abfällig beäugt, der wahrscheinlich gerade auf dem Weg ins Büro ist. Beim Bremsen des Waggons schwappt er seinen Coffee to go über sich. Er flucht. Beim Versuch, sein Hemd zu trocknen und vom Kaffeefleck zu befreien, verliert er seine Schulkinder aus den Augen, die sich lauthals um die Eisenstange drehen und mit ihren Tornistern die Türen versperren.

Ich fahre täglich mit der U-Bahn und beobachte die Menschen, die ein- und aussteigen. Mir gegenüber setzt sich eines Tages eine junge Schwarze Frau und holt ein Buch aus ihrer Tasche: »Farbe bekennen«. Beim Blick auf das Cover muss ich wieder an meinen Klassenlehrer denken und an meine anfängliche Verweigerung, das Buch zu lesen. Aber auch daran, wie viel ich beim Lesen gelernt habe, auch über mich selbst. Ich tauche ab in teils schmerzhafte, teils freudige Erinnerungen. Als an der nächsten Haltestelle zwei junge Schwarze Frauen einsteigen, frage ich mich, ob sie das Buch auch schon gelesen haben: Was ist wohl ihre Geschichte? Sie sehen einander so ähnlich und sind so intim miteinander: Sind sie Schwestern? Sie sprechen deutsch, was mich nicht verwundert, aber mir mehr über sie verrät, als ihnen vielleicht selbst lieb ist: Wie weit ihre Familiengeschichte wohl zurückreicht?

In »Farbe bekennen« hatte ich bereits von Familie Diek gelesen. Sie zählen zu den ältesten Schwarzen Familien Deutschlands. Ihre Familienchronik wurde von Katharina Oguntoye tiefgehend recherchiert und 1997 unter dem Titel »Eine Afro-Deutsche Geschichte: Zur Lebenssituation von Afrikanern und Afro-Deutschen in Deutschland von 1884 bis 1950« veröffentlicht; 2020 erschien die überarbeitete Neuauflage mit dem Titel »Schwarze Wurzeln« im Orlanda Verlag. Die Familiengeschichte weist viele historische Verwicklungen auf, die sich auch bei anderen Schwarzen Familien in Deutschland wiederfinden lassen. Und sie zeigt, wie auch die Lebensgeschichte von Maria Ngambe, dass Kolonialismus und Nationalsozialismus Hand in Hand gingen.

Die Diek'sche Familiengeschichte begann allerdings nicht in Berlin. Sie nahm ihren Anfang in Hamburg. Mandenga Diek war schon 1891 mit der Woermann-Linie in die Hafenstadt gekommen, wo er nach einer Lehre als Schuster tätig war. Erika und Doris, seine Töchter aus zweiter Ehe, berichten davon, dass ihr Vater die Ausbildung frühzeitig beendet habe, weil er nicht länger arbeitend im Schaufenster des Schuhmacherbetriebes ausgestellt werden wollte. In kolonialer Manier sollte er so die Schaulust der Pasant*innen befriedigen. Um dieser Erniedrigung zu entkommen, erwarb er 1896 für 50 Goldmark die deutsche Reichsbürger*innenschaft und siedelte nach Danzig über, wo er seine zweite Frau kennenlernte, sie heiratete und später Großhandelsvertreter bei einer Export-Import-Firma wurde.[1]

Mit ihrem »kaisertreuen« Vater, der deutscher als viele gebürtige Deutsche gewesen sein soll, sind Erika und Doris behütet aufgewachsen; sie erhielten eine gutbürgerliche Schulausbildung und berichten davon, wie die Familie gelegentlich Besuch von afrikanischen Freund*innen aus Berlin bekam. Einige von ihnen waren Zirkusartist*innen, die mit dem Schiff nach Danzig reisten. Bei geselligen Zusammenkünften wurde mit den »Landsleuten« (eine gängige Selbstbezeichnung für

Schwarze Menschen der damaligen Zeit) im afrikanischen Stil gekocht, was nach ihrer Beschreibung in etwa Gulasch mit Reis entsprach. Nicht wenige dieser Zusammenkünfte führten auch zu politischem Handeln. So war Erikas und Doris' Vater Mitglied des Afrikanischen Hilfsvereins, einem der ersten Vereine, die sich für die Belange Schwarzer Menschen in Deutschland einsetzten. Mandenga Diek war auch einer von etwa 20 Unterzeichner*innen einer Petition zur Anerkennung der Rechte der Afrikaner*innen in den deutschen Kolonien, die 1919 von Martin Dibobe verfasst wurde und hier später noch einmal beleuchtet werden wird.[2]

Aus den Erzählungen von Erika und Doris lässt sich schließen, dass es schon damals eine Schwarze Community gab, die sozial und politisch wirkte und das Leben der Schwestern direkt beeinflusste. Obwohl es sich um eine kleine Minderheit gehandelt haben muss, pflegten sie untereinander einen regelmäßigen Kontakt. Mehr noch: Schwarze Deutsche heirateten untereinander, so auch Erika, die später Louis Brody (geboren Ludwig M'bebe Mpessa) ehelichte. Der gebürtige Kameruner bekam 1915 im Alter von 23 Jahren seine erste Hauptrolle »auf den Leib geschrieben« und wurde zum gefeierten Kolonialfilmdarsteller.[3]

Doch das Leben im Nationalsozialismus gestaltete sich für die beiden Schwestern zunehmend schwieriger. Im Vergleich zu anderen Schwarzen Frauen, denen laut den Akten des Bundesarchivs eine Unfruchtbarmachung durch die »Sonderkommission 3« attestiert wurde, hatten Erika und Doris mehr Glück. Sie blieben von der nationalsozialistischen Politik der Zwangssterilisierung Nationalsozialist*innen verschont. So wurde Erikas und Louis' Tochter Beryl, die Mutter von Abenaa und Roy Adomako, 1939 geboren. Die Geschwister durfte ich 2007 mit ihren Kindern beim jährlichen »Bundestreffen« kennenlernen. Dabei handelt es sich um eine von der ISD organisierte bundesweite Versammlung von Schwarzen Menschen, die seit den 1980er-Jahren einmal im Jahr zusammenkommen, um die Vorteile eines *safer space* zu genießen[4].

Abenaa gehört zu den Gründungsmitglieder*innen der ISD. Als sie Mitte der 80er-Jahre darum gebeten wurde, ihre Familiengeschichte für »Farbe bekennen« aufzuschreiben, wusste sie nicht, welche historische Bedeutung ihre Familie haben würde. Viele Details erfuhr sie selbst erst während des Buchprozesses. Schon ihr Großvater Louis Brody hatte als einer der ersten Schwarzen deutschen Schauspieler Geschichte geschrieben. Doch er starb, bevor sie auf die Welt kam. Mit ihrer Großmutter hingegen pflegte Abenaa über ihre Kindheit und Jugend hinaus eine enge, vertraute Bindung; einen Großteil ihrer Kindheit verbrachte sie sogar bei ihr, weil ihre Mutter viel arbeitete, zum Teil auch nachts.[5]

Abenaa Adomako wird 1962 in Berlin-Tempelhof geboren und wächst in Berlin-Schöneberg auf. Sie hat zwei Berufe erlernt – Reisekauffrau und Fremdsprachensekretärin –, die sie an interessante Orte der Welt führten. Mit ihrer biografischen Aufzeichnung sind drei Frauen derselben Familie in »Farbe bekennen« vertreten. Aber trotz Abenaas familiären Beziehungen und der Mitarbeit am Buch fehlten ihr weitere Schwarze Vorbilder und Biografien, weshalb sie sich als junge Schwarze Frau im Alter von 20 Jahren nach London aufmachte. Nach weiteren Stationen als Au-pair in Paris, mit dem Deutschen Entwicklungsdienst in Ghana/Accra und als Kauffrau in Hamburg lebt sie heute wieder in Berlin Schöneberg. Sie ist Mutter einer Tochter.

In einem Interview, das ich 2015 für die erste Ausgabe meines Sammelbandes »Sisters and Souls. Inspirationen durch May Ayim« mit Abenaa führen durfte, erinnert sie sich zurück: »Berlin ist nicht mehr dieselbe Stadt wie früher«, sagte sie damals am Küchentisch ihrer Schöneberger Wohnung. Bis zur Wende konnte Abenaa trotz ihrer Rassismuserfahrungen angstfrei in Westberlin leben. Die Wiedervereinigung 1989/90 gab ihr allerdings Grund, 1993 Stadt und Land zu verlassen und nach Ghana zu gehen, wo die Familie ihres Vaters lebt.

Aufgrund der »Baseballschlägerjahre« fühlte sie sich hier nicht mehr sicher, egal ob tags oder nachts; sie konnte nicht mehr ausgehen, nirgendwo hinfahren, ob mit der U-Bahn, mit dem Bus oder Fahrrad. Als sie nach mehr als zwei Jahren wieder nach Berlin zurückkehrte, war der Wiedervereinigungstaumel noch immer zu spüren: »Berlin hatte sich sehr verändert und war unter anderem eine einzige Baustelle«, berichtete sie. Das neue Berlin sei ihr sehr fremd gewesen. Also zog sie nach der Wende erst einmal nach Hamburg, wo sie einige Jahre lebte, bevor sie an ihren Geburtsort in die Hauptstadt zurückkehrte.

In der Unterhaltung mit Abenaa erschien mir Berlin plötzlich nicht mehr so groß und anonym, sondern erhielt durch ihre Erzählung eine »Schwarze Seele«, um es mit den Worten von W. E. B. Dubois zu sagen.[6] Als ich ihr beim Reden zuhörte, tauchte ich tief in eine vergangene Realität ein, die anfangs surreal schien. Am Ende ihrer Erzählungen hatte Abenaa allerdings meine zahlreichen Wissenslücken und Leerstellen gefüllt. Ihre Familie überlebte den Kolonialismus, den Nationalsozialismus und den Rassismus der deutschen Nachkriegszeit und erzählt über fünf Generationen Schwarze deutsche Geschichte.

Nach langem Kampf wurden Abenaas Großeltern als Verfolgte des NS-Regimes offiziell anerkannt. Im März 2023 wurden in der Gaudystraße 5 am Prenzlauer Berg in Berlin, wo sie später lebten, zwei Stolpersteine für sie verlegt.[7] Unter dem Titel »Auf den Spuren der Familie Diek. Geschichten Schwarzer Menschen in Tempelhof-Schöneberg« wurde die Familiengeschichte von Januar bis Oktober 2023 in den Mittelpunkt einer Ausstellung im Museum Schöneberg gestellt und erhielt dadurch für mich etwas Royales.

28
Die Wissensfabrik

Wer in Berlin-Mitte entlang des wiederbelebten Prachtboulevards Unter den Linden spazieren geht, kommt an der Humboldt-Universität zu Berlin (HU) vorbei. Der Namensgeber, Wilhelm von Humboldt (1767–1835), schrieb als aktiver politischer Mitgestalter des Bildungswesens eurozentrische Wissenschaftsgeschichte. Gemeinsam mit seinem Bruder Alexander verfolgte er das Ziel, mit der Gründung der damaligen Berliner Universität 1809 Forschung und Lehre miteinander zu verbinden – ein Vermächtnis, dem die HU bis heute treu geblieben ist.[1] Als ich 2010, mehr als 200 Jahre später, am Zentrum für transdisziplinäre Geschlechterstudien meine Stelle als wissenschaftliche Mitarbeiterin antrat, wurden Forschung und Lehre auch zu meinem Berufsfeld. Ich war neugierig, wissbegierig und im Weltverbesserungsmodus: Wo sollten mein Wissensdurst und meine Handlungswut besser gestillt werden als an einer deutschen Eliteuniversität, die sich als fortschrittlich und weltoffen verstand? Da ich mich dazu noch mit feministischen Fragestellungen beschäftigen konnte, hatte ich das perfekte Los gezogen – so glaubte ich damals zumindest.

Entgegen meinen Erwartungen fand ich mich jedoch relativ schnell in den seelenlosen Hallen einer Wissensfabrik wieder, in der zahlreiche menschenverachtende Verquickungen von Forschung und Lehre, Kunst und Kultur und nicht zuletzt von Politik und Gesellschaft stattgefunden hatten. Während des Nationalsozialismus wurden nahezu 250 jüdische Professor*innen sowie Tausende »nicht arische« Studierende ins Exil gejagt oder in Konzentrationslager deportiert. Unbekannt ist, ob sich darunter auch Schwarze Menschen befanden. Das Mahnmal gegenüber dem Hauptgebäude auf dem Bebelplatz erinnert an die Bücherverbrennung vom 10. Mai 1933, die an dieser Stelle stattgefunden hatte. Wenn ich daran denke, wie viele Bücher Schwarzer Autor*innen wohl von den Nazis verbrannt worden sein könnten, steigt Wut in mir auf. Einzig die basisdemokratische Wisseneinrichtung »Amo Books«[2] mahnt aus Schwarzer Perspektive an dieses Verbrechen und bietet bis heute eine alternative Plattform zu den gängigen, *weißen* universitären Bibliotheksbeständen. Benannt nach Anton Wilhelm Amo leistet die unabhängige Bücherei einen kleinen, oft unsichtbaren Beitrag dazu, Schwarzes Wissen in das *weiße* Wissenschaftssystem einzubeziehen und ihm zu wissenschaftlicher Relevanz zu verhelfen.[3]

Darüber hinaus hängt es bis heute von individuellen Wissenschaftler*innen ab, ob und inwieweit Schwarzes Wissen gelehrt wird. Denn Black Studies existieren nicht. Erst die deutschen Genderstudies, die sich aus den Frauenstudien der 70er-Jahre entwickelten und erstmals 1997 institutionalisiert wurden, beschäftigten sich mit Schwarzen feministischen Ansätzen, so gesehen war ich am Genderinstitut schon richtig aufgehoben. Allerdings geschah dies nur in Abgrenzung zur »*weißen* Weiblichkeit«. Wie Bechhaus-Gerst in ihren Analysen zur Kolonialliteratur des 18. und 19. Jahrhunderts aufzeigt, wurden Afrikanerinnen stets als »die Anderen« porträtiert, was nicht zuletzt eine identitätsstiftende Funktion für *weiße* deutsche Frauen hatte.[4] Die *weiße* Literaturwissenschaftlerin und Genderforscherin Susan Arndt zeigt zudem, wie eine antithetische Beschreibung von *weiß* und Schwarz bereits in Wolfram von Eschenbachs »Parzival« zu Beginn des 13. Jahrhunderts durch die Kontrastierung der beiden weiblichen Hauptfiguren, Frau Herzeloyde, die zukünftige Ehefrau von Parzivals Vater, und Belacane, seiner Geliebten, erfolgte.[5] Das *Othering* war also schon immer eine beliebte Strategie, um *Weiß*sein aufzuwerten und deutlich über das Schwarzsein zu stellen, was ungehindert am Genderinstitut der HU fortgeführt wurde.

Das Schwarzsein an sich reichte allerdings nie für eine eigenständige Forschungseinrichtung im deutschsprachigen Kontext, im feministischen Kontext schon gar nicht. Es dauerte daher nicht lange, bis »Amo Books« für mich zu einem von wenigen geschützten Räumen an der HU wurde, an denen ich die Geschichte von Schwarzen Menschen in Deutschland, besonders von Schwarzen Frauen, theoretisch und politisch ergründen konnte, ohne mittelbar oder unmittelbar mit Rassismus konfrontiert zu werden. Andernorts fühlte ich mich an der HU unterrepräsentiert.

Erst im Laufe meiner Forschung würde ich erfahren, dass auch W.E.B. Du Bois zwischen 1892 und 1894 an der HU studiert hatte. In deutschen akademischen Diskursen werden seine Arbeiten überwiegend in der Amerikanistik verhandelt. Er wird meist auf seine Expertise zur Entwicklung US-amerikanischer Gesellschaften reduziert, aber selten als Soziologe wahrgenommen, der den Panafrikanismus mitbegründete und Anti-Schwarzen-Rassismus als transnationales Phänomen entlarvte. Darüber hinaus wird selten zur Sprache gebracht, dass W.E.B. Du Bois ein bekennender Schwarzer Feminist war. In seinen Essays »Woman Sufferage« (1915) und »The Damnation of Woman« (1920) machte er aktiv (pro-)feministische Politik, indem er Schwarze Frauen, die maßgeblich zur Befreiung der Schwarzen weltweit beigetragen haben, in den Mittelpunkt seiner Analysen stellte.[6]

Du Bois hatte es sich zur Lebensaufgabe gemacht, das soziale Konzept Race zu erarbeiten und verwob es schon früh mit der Kategorie Gender. Doch die von ihm erklärte »rassische Wende« *(racial turn)* wurde im deutschen Wissenskanon bislang noch nicht strukturell manifestiert, obwohl sie im deutschsprachigen Raum mit den Selbstbezeichnungen »Schwarze Deutsche« und »Afrodeutsche« bereits Mitte der 1980er-Jahre eingeleitet wurde. Unabhängig davon wurde dem Schwarzen Soziologen 1958 vom Rat der wirtschaftswissenschaftlichen Fakultät der HU die Ehrendoktorwürde »für sein Lebenswerk, das der Befreiung der Völker Afrikas gewidmet ist«[7], verliehen. Es dauerte allerdings bis Januar 2022, bis eine Gedenktafel für W. E. B. Du Bois im Hauptgebäude der Universität aufgestellt wurde.[8]

In den USA hingegen führten die Lehren und Theorien von W. E. B. Du Bois bereits in den späten 1960er-Jahren zur Institutionalisierung der Black Studies, die außerhalb der historischen Schwarzen Universitäten (HBCU) gelehrt werden konnten. Dieser Entwicklung waren Protestwellen von Schwarzen Studierenden und ihren Verbündeten vorausgegangen. Sie forderten, dass ihre Erkenntnisinteressen in den traditionellen akademischen Strukturen vertreten würden. Dieselbe Forderung könnte in Deutschland nicht aktueller sein. Hierzulande müssen wir Schwarze Wissenschaftler*innen uns der epistemischen Gewalt, also jener Gewalt, die im Zusammenhang mit der Produktion, der Verbreitung und der Anerkennung von Wissen durch *weiße* Wissenschaftler*innen ausgeübt wird, aussetzen, weil die Black Studies als »ein wenig ernst zu nehmendes Untersuchungsfeld und keine eigenständige Disziplin«[9] dargestellt wird. Im selben Atemzug eignen sich ebendiese Wissenschaftler*innen Schwarzes Wissen an, wie das Beispiel der Universität Bremen aus dem Jahr 2015 zeigt.

Denn dort hatten *weiße* Wissenschaftler*innen den Versuch unternommen, ohne die direkte Beteiligung von Schwarzen Wissenschaftler*innen Black Studies als Forschungseinheit zu implementieren. Doch Black Studies untersuchen Schwarze Erfahrungen aus einer Schwarzen Perspektive. Sie wurden in den USA institutionalisiert, um die *weiße* Perspektive auf Schwarze Lebensrealitäten und die damit einhergehende Objektifizierung abzulösen. Wenn diese Grundvoraussetzung in Deutschland nicht gegeben ist, können die altbewährten Strukturen nicht aufgebrochen werden, und es kann keine gleichberechtigte Partizipation am Universitätsalltag erfolgen. Im Interesse einer Wissenschaft, die ihrem Anspruch gerecht werden will, müssten akademische Strukturen geschaffen werden, die gewährleisten, dass Wissen aus Schwarzen Perspektiven an deutschen Universitäten Eingang findet und als wissenschaftlich anerkannt wird.

Wie wichtig Bildung und damit einhergehend Wissen ist, wurde mir von klein auf eingehämmert. Intellektualität wurde bei uns zu Hause hoch gehandelt. Doch wie sollte ich mich weiterbilden und Schwarzes Wissen erwerben, wenn es keinen Zugang dazu gab? Ich hatte zwar das Privileg, an einer deutschen Universität zu studieren und zu arbeiten, aber Wissen aus Schwarzer Perspektive wurde hierzulande nicht vermarktet. In meiner Funktion als Schwarze lehrende Forscherin wollte ich diesen Umstand ändern und nahm Themen rund um Rassismus und Kolonialismus in meine Seminare auf. Damit begann ein Kampf gegen Windmühlen, den ich zu verlieren drohte. Denn um eine Institutionalisierung von Schwarzem Wissen zu gewährleisten, müssen Strukturen dafür geschaffen und Ressourcen dafür freigegeben werden. Wenn die Thematisierung von meiner persönlichen Anstellung abhängt, kommt und geht sie mit mir. Nachhaltigkeit ist so ausgeschlossen.

Bereits im Mai 1992 hatte der akademische Senat der Alice-Salomon-Fachhochschule für Soziale Arbeit (ASFH) in Berlin einen Beschluss verabschiedet. Es sollten in Zukunft alle Stellen der Fachhochschule vorrangig mit Angehörigen »ethnischer Minderheiten«[10] besetzt werden, bis ihr Anteil mindestens dem der Bevölkerung entsprach. Er lag damals bei acht bis zehn Prozent. Motiviert durch diesen Beschluss und die wachsende rassistische und antisemitische Gewalt sowie den Mangel an Reaktionen seitens der Hochschulen, beschlossen May Ayim und Ika Hügel-Marschall mit anderen Professor*innen und Student*innen, an drei Berliner Hochschulen (FU Berlin, TU Berlin und ASFH Berlin) im Wintersemester 1992/93 eine Befragung zu Rassismus, Antisemitismus und Ethnozentrismus in Forschung, Lehre und Personalpolitik durchzuführen. Ziel war es, etwas über die Anstellung und Praxis von Hochschullehrer*innen zu erfahren und die Notwendigkeit einer ethnischen Quotierung zu ermitteln.

Hintergrund der Umfrage war die Idee, sich praktisch mit den Themen Rassismus, Antisemitismus und Ethnozentrismus auseinanderzusetzen, statt sich nur in der Theorie damit zu befassen. Nach Meinung der Studierenden befanden sich Professor*innen in einer Position, in der sie Handlungsmöglichkeiten zum Beispiel zur Veränderung der universitären Strukturen besitzen, sie aber nicht nutzten. Die scheinbar progressive Haltung der sozialwissenschaftlichen Fachbereiche sollte daher hinterfragt werden. Die Studie zeigte, dass niemand explizit zu diesen Themen forschte und dass es kaum Angebote zu Rassismus gab.[11]

Fast 20 Jahre später hatte sich das Bild an deutschen Universitäten nicht wirklich geändert. Es verging kaum ein Tag, an dem nicht mindestens ein*e Schwarze Student*in oder Student*in of Color in meinem Büro saß und aufgrund eines rassistischen Vorfalls Unterstützung suchte. Ihre Anliegen reichten von Mikroaggressionen bis zu gewaltvollen Anfeindungen. Unfreiwillig rutschte ich in eine Rolle zwischen antirassistischer Beraterin, Psychologin, solidarischer Schwester im Geiste und Widerstand und manchmal sogar in die Rolle der (Ersatz-)Mutter. Und da es wie so häufig kaum deutsche Vorreiter*innen in der mir zugeschriebenen Verantwortung gab, folgte ich nach dem Prinzip »Learning by Doing« der feministisch-pädagogischen Anleitung der Schwarzen US-amerikanischen Wissenschaftlerin und Aktivistin bell hooks.

bell hooks wurde 1952 im Süden der USA als Gloria Jean Watkins geboren, nahm aber sehr früh den Namen ihrer indigenen Großmutter an, den sie bewusst und konsequent kleinschrieb. Als queere Feministin gehörte die Autorin und Literaturwissenschaftlerin zu den führenden und formenden Stimmen des Schwarzen Feminismus. Ihre Schriften wurde bereits in den 1990er-Jahren ins Deutsche übersetzt, weshalb sie schon früh Einfluss auf die Schwarze deutsche Bewegung nahm. Als Kulturkritikerin beschäftigte sie sich besonders mit der Darstellung von Schwarzen Frauen in den Medien und forderte stets, dass sie sich aus der ihnen zugeschriebenen Opferrolle befreien und eine selbstbestimmte Subjektposition herausbilden sollten. bell hooks starb 2021 im Alter von 69 Jahren. Sie bleibt über ihren Tod hinaus eine wegweisende Schwarze Feministin und ein Vorbild für viele junge Schwarze Frauen weltweit.

In Anlehnung an den brasilianischen Pädagogen Paolo Freire trat bell hooks für die ganzheitliche Methode der »Praxis der Freiheit« ein. Aufgabe des Lehrpersonals ist es nach diesem Prinzip, nicht nur Wissen zu teilen, sondern zum intellektuellen und spirituellen Wachstum der Lernenden beizutragen. Dabei müssten ihre Gefühle und Erfahrungen in Wechselwirkung mit den Gefühlen und Erfahrungen der Lehrenden in den Unterricht eingebunden werden. Damit rückte bell hooks die Einheit von Körper, Geist und Seele ins Zentrum des Unterrichtens und betonte stets, dass die Persönlichkeit, Haltung und gesundheitliche Verfassung jeder im Klassenzimmer anwesenden Person für eine ganzheitliche Pädagogik unumgänglich seien.[12]

Diesem Ganzheitsprinzip, auf dem der Schwarze Feminismus fußt, und meinem ausgeprägten Gerechtigkeitssinn folgend, sah ich mich also gezwungen, den institutionellen Rassismus an der HU zu bekämpfen, und schrieb 2013 ein umfassendes Strategiepapier. Darin forderte ich neben einer Professur für Black Studies die Stelle einer Antidiskriminierungsbeauftragten, die sich mit Erfahrungs- und Fachwissen explizit für den Schutz von Schwarzen Mitarbeiter*innen und Studierenden sowie Mitarbeiter*innen und Studierenden of

Color einsetzen solle. Diese Person wäre gleichermaßen Beraterin der Leitung und der zentralen Gremien der HU.

Die Etablierung der Stabstelle sollte auf Präsidialebene und nicht auf studentischer Ebene erfolgen, um die Distanz zwischen einzelnen Statusgruppen wahren zu können. Auf diese Weise könnten auch Professor*innen, die sich ihren Studierenden gegenüber diskriminierend verhielten, sanktioniert werden, ohne dass die Studierenden durch eine Beschwerde Nachteile befürchten müssten. Viele von ihnen hatten ohnehin durch die Last der Differenz eine schwere Bürde zu tragen. Ich führte diesbezüglich mehrere Gespräche mit dem damaligen Präsidenten, der mein Anliegen sehr ernst nahm. Mein erfolgreicher Vorstoß wurde aber nicht von allen gefeiert. Schlimmer noch: Es wurde sogar anonym gegen den Aufbau einer Antidiskriminierungsstelle interveniert. Was im Einzelnen dazu geführt hat, dass das Projekt gestoppt wurde, weiß ich bis heute nicht.

Wenige Monate später lief mein Vertrag aus. Er wurde nicht mehr verlängert. Es folgte für mich eine Zeit der finanziellen Unsicherheit, gepaart mit psychischer Instabilität und Selbstzweifeln. Als ich nach einem halben Jahr meine Kräfte wieder gesammelt hatte, machte ich mich dran, meine Dissertation zu »Afrokultur als Wissenskultur« an der Universität Münster zu Ende zu schreiben. Einige Monate später trat ich mit letzter Kraft zur mündlichen Verteidigung meiner Dissertation an. Im Prüfungsraum hatte sich eine Gruppe alter *weißer* Männer um mich versammelt. Ich wurde ihnen mit den Worten »Heute ist Frau Kellys schwarzer Tag« vorgestellt. In meiner Fantasie holte ich wie die Youruba-Göttin der Winde, Stürme und Flüsse Oyá mein Schwert aus der Scheide und zog in den bevorstehenden Kampf gegen die Ungerechtigkeit. Was meine Kommission sah, war, wie ich mir ein Lächeln ins Gesicht pinnte und mit den Wimpern schnell auf und nieder schlug, um mir nicht anmerken zu lassen, wie rassistisch diese Worte waren. Ich werde sie nie vergessen!

Nachdem mir ein Jahr später der Doktorhut aufgesetzt worden war, hangelte ich mich von einem Lehrauftrag zum nächsten. So reiste ich einige Jahre von Universität zu Universität, quer durch Deutschland und Österreich. Ich unterrichte gerne, so viel ist sicher. Doch irgendwann fand ich mich in einer Schleife wieder, aus der es kein Entrinnen gab. Ich hatte das Gefühl, nicht weiterzukommen, und steckte fest. Zwar nahm die Zahl der Einladungen zu Gastvorträgen, Panelgesprächen und Workshops sowie die Anzahl meiner Publikationen stetig zu, allerdings sind die Deutschen nicht für ihre Gastfreund*innenschaft bekannt. Für gewöhnlich werden Gäst*innen eingeladen, um irgendwann wieder zu gehen, weshalb eine Festanstellung mit den Jahren immer unwahrscheinlicher wurde. Als ich eine Anfrage bekam, um für ein Semester in den USA zu unterrichten, zögerte ich nicht lange. Meine Tochter hatte inzwischen das Abitur bestanden und war ausgezogen, also packte ich meine Koffer und flog über den Großen Teich, wo ich seitdem in regelmäßigen Abständen Gastprofessuren innehabe oder mit akademischen Vorträgen aktiv dazu beitrage, die Institutionalisierung von Black German Studies in den USA voranzutreiben.

29
Transatlantische Wissenstransfers

Seit der englischsprachigen Übersetzung von »Farbe bekennen« (»Showing Our Colors. Afro-German Women Speak Out«) 1992 erfreute sich Schwarze deutsche Geschichte in den USA großer Beliebtheit und entwickelte sich zu einem geachteten Forschungsfeld innerhalb der German Studies. Thematisch sind vor allem die Zeitspanne zwischen den frühen 1980er-Jahren, als Audre Lorde nach Deutschland kam, bis zu den Ereignissen der gesamtdeutschen Gegenwart von großem Interesse. Die Forschung reicht selten weiter zurück. Dabei gab es einen transatlantischen Austausch Schwarzer Feministinnen schon zu Ende des 19. Jahrhunderts, als Schwarze US-amerikanische Aktivistinnen und Feministinnen wie Mary Church Terrell wichtige gesellschaftliche Veränderungen in den USA einleiteten und diese mit einem deutschen Publikum teilte:

Mary Church Terrell wurde 1863 in Memphis, Tennessee, als Tochter wohlhabender ehemaliger Versklavter geboren. Als sie sechs Jahre alt war, schickten ihre Eltern sie zur Früherziehung nach Ohio. Später besuchte sie dort das Oberlin College, das als erste US-amerikanische Hochschule regelmäßig Schwarze und Studentinnen aufnahm. Zwischen 1888 und 1890 studierte sie in Frankreich, der Schweiz, Deutschland und Italien und kehrte 1904 auf Einladung der internationalen Organisatorinnen nach Berlin zurück, wo sie auf dem Internationalen Frauenkongress sprach. Zurück in den USA, war sie bis zu ihrem Tod 1954 in der Frauen- und Bürger*innenrechtsbewegung aktiv. 1896 gehörte Mary Church

Terrell zu den Mitbegründerinnen der National Association of Colored Women (NACW) und 1909 zu den Mitbegründer*innen der National Association for the Advancement of Colored People (NAACP), die heute noch aktiv ist.

Begeistert davon, etwas über das politische, wissenschaftliche und literarische Leben in Deutschland lernen zu können, kam Mary Church Terrell im Frühjahr 1889 erstmals als Studentin nach Berlin. Um ihre Fremdsprachenkenntnisse zu verbessern, führte sie während ihres Aufenthalts Tagebuch auf Deutsch. Für Mary Church Terrell dienten Deutschland und Europa als persönlicher Zufluchtsort vor dem Rassenhass und der Unterdrückung von Schwarzen Frauen in ihrer Heimat. Sie wurde von ihren deutschen Kommiliton*innen zwar herzlich empfangen, von Rassismus in Deutschland blieb sie allerdings nicht verschont. Sie berichtet davon, wie zwei *weiße* männliche US-amerikanische Medizinstudenten aufgrund ihrer vermeintlichen Rassenzugehörigkeit ihren Auszug aus der gemeinsam bewohnten Pension forderten. Da ihre Vermieterin sie für eine Spanierin hielt, wurde dieser Forderung nicht entsprochen.[1]

Inwieweit Mary Church Terrell auch von Deutschen Rassismus erlebte, ist nicht überliefert. Vielmehr erhielt sie während ihres mehrjährigen Aufenthalts in Europa mehrere Heiratsanträge, darunter einen von einem deutschen Baron, die sie aber alle ablehnte. Kurzzeitig überlegte sie sogar, in Europa zu bleiben. In ihrer Autobiografie »A Colored Woman in a White World« (1940) schrieb sie später, dass sie sich lieber dafür einsetzen wollte, das Wohlergehen ihrer Community in ihrer Heimat zu fördern, also kehrte sie in die USA zurück. Dort unterrichtete sie Deutsch und Latein an einer High School für Schwarze Schüler*innen in Washington, D. C., bis sie 1891 den Schwarzen Anwalt und späteren Richter Robert H. Terrell heiratete und den Schuldienst quittierte.

1904 kehrte Mary nach Europa zurück, wo sie am 13. Juni beim Internationalen Frauenkongress in Berlin eine Rede mit dem Titel »Die Fortschritte der Schwarzen Frauen« vor einem großen internationalen Publikum hielt:

> *»Wenn jemand vor 50 Jahren den Mut gehabt hätte vorauszusagen, dass eine Frau mit afrikanischem Blut in ihren Adern von den Vereinigten Staaten nach Berlin reisen würde, um im Jahr 1904 vor einem Internationalen Frauenkongress zu sprechen, wäre er entweder ausgelacht worden, oder er wäre sofort in eine Anstalt für hoffnungslos Verrückte eingesperrt worden.«*[2]

Da Mary Church Terrell die einzige Schwarze Frau auf dem Kongress war, vertrat sie nach eigenen Angaben nicht nur ihr Land, sondern den ganzen afrikanischen Kontinent und die afrikanische Diaspora, wie sie später in ihrem Tagebuch anmerkt. Ihre tiefe Hingabe an den Schwarzen Feminismus stand im Mittelpunkt ihrer internationalen Arbeit. Bei ihren häufigen Besuchen von Vorlesungen am Victoria-Lyzeum und der Humboldt-Akademie war Mary Church Terrell während ihres ersten Aufenthalts in Deutschland bereits *weißen* Feministinnen wie Helene Lange und Minna Cauer und der jüdischen Feministin Alice Solomon begegnet, die später als deutsche Delegierte am Kongress teilnahmen und in der ersten Reihe saßen, als Mary ihre Ansprache hielt.

Diese Frauen wurden über die soziale Realität Schwarzer Frauen und die Art und Weise, wie sich Rassismus auf ihr Leben auswirkte, schon früh unterrichtet und dazu eingeladen, Gespräche über Rasse zu führen.[3] Aber es erwies sich wohl als schwierig, eine internationale Schwesternschaft zu praktizieren, besonders wenn es um Rassenfragen ging, obwohl – oder gerade weil – sie historisch und strukturell eng mit Fragen zu Geschlecht und Nation verwoben sind. Denn auch wenn sich die Vorstellungen der kolonialistischen Frauenverbände und der Frauenbewegung stark voneinander unterschieden, hatten *weiße* deutsche Frauen eine klar definierte Aufgabe im Kontext der Kolonialisierung, die darin lag, die Kolonien zu stabilisieren und die »*weiße* Rasse« vor dem Verfall zu schützen.[4]

Selbst radikalen *weißen* Feministinnen wurde mit der Partizipation am Kolonialprojekt eine Emanzipation in Form von besseren Arbeitsbedingungen versprochen. Und im Kontext der Debatten um die sogenannten Mischehen in den deutschen Kolonien prangerten sie die unverantwortliche und unkontrollierte Sexualität *weißer* Männer an, die, wie sie glaubten, zum »Schaden der Kultur«[5] führen würde. Demnach war es die Aufgabe der *weißen* Frauen, nach rassifizierter Maßgabe die »deutsche Kultur« in die Kolonien zu bringen und den Zivilisierungsauftrag durchzuführen. Der *weißen* Frau kam somit eine entscheidende Rolle bei der Etablierung von Rassismus im deutschen In- und Ausland zu. Fragen zu Race, wie sie im US-amerikanischen Kontext als soziale Kategorie bereits verhandelt wurden, fielen bei dem Kongress vermutlich ehr hinter Faktoren des sozioökonomischen Status und des Bildungshintergrunds zurück.

Für eine Schwarze US-Amerikanerin genoss Mary Church Terrell um die Wende zum 20. Jahrhundert dennoch eine ungewöhnlich gute gesellschaftliche Position. Als Tochter einer der ersten Schwarzen Millionärsfamilien des Südens genoss sie eine sehr privilegierte Erziehung. Sie besuchte eine rassisch-integrierte Sekundarschule, erwarb postsekundäre Abschlüsse und studierte zwei Jahre im Ausland. Mary Church Terrell gehörte zu einer Generation von Schwarzen Frauen, die berufliche Karrieren anstrebten und Schwarze Männer in Führungspositionen herausforderten. Mit der Gründung von frauenpolitischen Organisationen wie der NACW wurden diese Frauen zu einer politischen Kraft, mit der international zu rechnen war.[6]

Und so ermöglichte Marys Zugang zu finanziellen Ressourcen es ihr, am Internationalen Frauenkongress in Berlin teilzunehmen und erfolgreich Schwarze feministische Themen auf die überwiegend *weiße Agenda* zu setzen. Ihre Beiträge zeugen davon, dass der Schwarze Feminismus schon während der Entstehung der transatlantischen feministischen Organisierung am Ende des 19. Jahrhunderts thematisiert wurde. Allerdings wurden die Stimmen von Schwarzen Feministinnen in der ersten Welle des deutschen Feminismus nahezu überhört. Erst Ende der 1970er-Jahre begann die Schwarze deutsche Autorin, Herausgeberin und Übersetzerin Marion Kraft sich mit der Literatur Schwarzer Frauen, vor allem aus den USA, und ihrer Rezeption in Deutschland zu beschäftigen. Sie hat maßgeblich dazu beigetragen, dass sich der *weiße* deutsche Literaturkanon entscheidend verändert hat.

Marion Kraft wurde 1946 in Gelsenkirchen geboren. Nach ihrem Studium der Anglistik/Amerikanistik, Germanistik und Philosophie in Köln und Frankfurt am Main arbeitete sie 1974 als Deutschlehrerin an der Ohio State University. Nach ihrer Rückkehr nach Deutschland legte sie ihr Staatsexamen für das Lehramt ab und unterrichtete zuerst an einem Gymnasium in Frankfurt und später am Goethe-Institut in Göttingen. Es folgte eine 30-jährige Tätigkeit als Lehrende für Literatur, Englisch und Frauenstudien am Oberstufen-Kolleg an der Universität Bielefeld, unterbrochen von einer Gastprofessur an der Universität Osnabrück, wo sie 1994 promovierte. Den Fokus ihrer Arbeit bilden die Analyse und Rezeption von Werken Schwarzer Autorinnen. Marion Kraft lebt heute in Berlin, ist Mutter einer Tochter und Großmutter.

Marion Kraft hat maßgeblich dazu beigetragen, dass sich der *weiße* deutsche Literaturkanon entscheidend verändert hat. Inspiriert von Audre Lorde, mit der sie eine lange Freundinnenschaft verband, setzt Marion sich noch heute mit verschiedenen Formen des Rassismus und der internationalen Frauenbewegung auseinander. Ihre Essaysammlung »Empowering Encounters with Audre Lorde« (2018) ist eine Hommage an diese großartige Schwarze Autorin, deren Gedichte Marion auch übersetzte. Als Schwarzes Kind der Nachkriegszeit gab Marion Kraft zudem das oben genannte Buch »Kinder der Befreiung: Transatlantische Erfahrungen und Perspektiven Schwarzer Deutscher der Nachkriegsgeneration« (2015) heraus, das sie auch ins Englische übersetzt hat.[7]

Während ihrer Zeit an der Universität Bielefeld war Marion die einzige Schwarze Dozentin in ihrem Kollegium. Sie machte es sich zur Aufgabe, transnationale feministische Sichtweisen auf Geschichte und Kultur aufzuzeigen und damit eine differenzierte Weltsicht zu vermitteln. Entsprechende Traditionen und Vorbilder fehlten weitestgehend in Deutschland, weshalb es wenige Austauschmöglichkeiten gab. In einem Essay zum 30. Jubiläum der Initiative Schwarze Menschen in Deutschland Bund e. V. (ISD) beschreibt sie, dass die *weiße* feministische Bewegung in Deutschland sich nur zufällig mit den Erfahrungen von Schwarzen Frauen und der Bedeutung vielfältiger kultureller Ausdrucksformen auseinandersetzte. Umso wichtiger waren ihre Begegnungen mit Audre Lorde und May Ayim, die beide auf unterschiedliche Weise transatlantische Beziehungen von Schwarzen Frauen gefördert haben.[8]

Im Audre-Lorde-Archiv der FU Berlin sind Dokumente des International Cross-Cultural Black Women's Studies Summer Institute zu finden. Auf der Konferenz, die von Marion Kraft initiiert wurde und vom 2. bis 23. August 1991 in Berlin stattfand, versammelten sich Schwarze Frauen aus 26 Ländern. Ziel war es, die geschichtliche, gegenwärtige, sozioökonomische, politische und kulturelle Situation von Schwarzen Frauen in Europa zu untersuchen. Die zitierten Frauen waren alle Teil einer Schwarzen feministischen, intellektuellen Bewegung, die in verschiedenen deutschen Städten einzog. Anhand ihrer Erfahrungsberichte forderten sie Intersektionalität, ohne sie damals überhaupt beim Namen zu nennen, und damit einhergehend die Anerkennung der Verwobenheit verschiedener Unterdrückungsformen. Die Dokumente zu dieser Konferenz zeigen, wie Schwarze Feministinnen damals ihre Mehrfacherfahrungen wieder aufgenommen und analysiert haben, sodass die seit Mitte der 1980er-Jahre hervorgebrachte Schwarze weibliche Subjektivität weitergetragen werden konnte.[9]

Denn mit der Publikation von »Farbe bekennen« hatten May Ayim und Katharina Oguntoye bereits begonnen, die Rezeptionslinien des Schwarzen Feminismus in Deutschland nachzuzeichnen. Auf diese Weise machten sie soziale Kategorien jenseits von Geschlecht zugänglich, die zu weiteren Analysen unserer Erfahrungen beitrugen. Marion Krafts literaturwissenschaftliche Arbeiten führen diese Tradition fort und schafften zudem einen transatlantischen Wissenstransfer. Begonnen mit Mary Church Terrell, haben Schwarze Feministinnen aus den USA entscheidende Beiträge zur Debatte um die Dekonstruktion der homogenen *weißen* Kategorie »Frau« geleistet, sodass wir uns als Schwarze deutsche Frauen heute darin wiederfinden können. Werke wie Gloria Josephs Sammelband »Schwarzer Feminismus. Theorie und Politik afroamerikanischer Frauen« (1993) und der von mir herausgegebene Sammelband »Schwarzer Feminismus. Grundlagentexte« (2019) sind weitere Beispiele einer deutschsprachigen Kontextualisierung transnationaler Auseinandersetzungen mit Rassismus, Sexismus und deren Überschneidungen, die in Zeiten von Deglobalisierung, Dekolonialisierung und Digitalisierung zunehmend an Bedeutung gewinnen.

30

Die Gegenwart des Schwarzen Widerstands

Der Widerstand gegen Kolonialismus ist so alt wie der Kolonialismus selbst. Häufig fällt er in der Erinnerung hinter den Gräueltaten des kolonialen Unterdrückungssystems zurück. Fakt ist, dass es keine Zeit in der Vergangenheit gab, in der Schwarze Menschen in Deutschland nicht für ihre Rechte gekämpft hätten, wenn auch auf ganz unterschiedliche Art und Weise. Dank der Bemühungen der Schwarzen deutschen Community sind heute einzelne Spuren des antikolonialen Widerstands in Berlin sichtbar. In der Wilhelmstraße 92 beispielsweise erinnert eine rund zwei Meter hohe Gedenktafel an den Ort, wo sich 1884/85 die *weißen* männlichen Regierungschefs trafen, um Afrika unter sich aufzuteilen.

Damals hatte der erste Reichskanzler, Otto von Bismarck, zum »Runden Tisch« geladen. Er war vom belgischen König Leopold II dazu überredet worden, die europäischen Mächte, das damalige Osmanische Reich und die USA zur »Kongokonferenz« nach Berlin einzuladen. Ziel war es, ein gemeinsames Handeln in Afrika zu forcieren und die willkürlichen Gebietsansprüche der an der Konferenz teilnehmenden Staaten zu regeln. Das Ereignis endete mit der Unterzeichnung der »Kongoakte«, die der Konferenz ihren Namen verlieh, der Kolonialisierung Afrikas und, damit einhergehend, dem Übergang des Kongo in den Privatbesitz des belgischen

Königs. Afrikanische Regierungschefs waren nicht anwesend.[1]

Im Jahr 2020 kamen an diesem historischen Ort 19 Schwarze Frauen zusammen, um in einem temporären Projektraum im Rahmen der »Dekolonialen Berliner Afrika Konferenz« darüber zu sprechen, welche Rolle Kolonialismus in ihren Biografien spielt und was sie aus ihren jeweiligen Positionen unter Dekolonialisierung verstehen. Unter den Konferenzteilnehmerinnen waren Politikerinnen, Wissenschaftlerinnen, Künstlerinnen und Aktivistinnen, die ein Schwarzes feministisches Gegennarrativ zum gängigen *weißen* kolonialen Herrschaftserinnern entwarfen. Ihre Beiträge sind online noch einsehbar, allerdings handelte es sich dabei um ein temporäres Projekt.[2]

Wenn ich mir Gedanken zu dieser Fragestellung mache, muss ich gestehen, dass ich lange Zeit gar nicht gewusst habe, dass Deutschland auch Kolonien hatte. Wenn ich mich richtig erinnere, gab es in den späten 1980er-Jahren in meinem Geschichtsbuch der 9. Klasse lediglich einen einzigen Absatz zum deutschen Kolonialismus. Darin wurde die deutsche Kolonialherrschaft zwar nicht verherrlicht, aber doch romantisiert und hinter dem britischen Imperialismus und französischen Kolonialismus zurückgestellt – schließlich seien die Engländer*innen und Französ*innen schlimmer gewesen, hieß es.[3] Mit keinem Wort wurde in meinem Umfeld erwähnt, dass die Deutschen sogar für die Aufteilung Afrikas verantwortlich waren. Dementsprechend war mein spätpubertäres Wissen um den deutschen Kolonialismus und den antikolonialen Widerstand begrenzt bis nicht vorhanden. Dennoch spüre ich die Nachwirkungen des Kolonialismus jeden Tag: an der Art, wie ich von der *weißen* Mehrheitsgesellschaft angesehen werde, an den Fragen, die mir gestellt werden, und an der Sprachlosigkeit, die meine verwobene Identität bei mir selbst und auch bei vielen anderen Menschen auslöst.

In Berlin angekommen, begab ich mich erst einmal auf

Spurensuche, um meine eigenen Wissenslücken zu füllen, und stellte ziemlich schnell fest, dass im Berliner Stadtbild weitere Spuren des deutschen Kolonialismus zu finden sind. Einige Häuser weiter steht in der Wilhelmsstraße 77 eine weitere Gedenktafel an der Stelle, wo das ehemalige Reichskolonialministerium stand. Vor mehr als hundert Jahren wurde dort die »Dibobe-Petition« übergeben, eines der ersten und bedeutendsten Dokumente des Schwarzen Widerstands in Deutschland. Benannt nach dem Schwarzen Aktivisten Martin Dibobe, Berlins erstem Schwarzen U-Bahnfahrer, unterzeichneten 17 weitere Schwarze Deutsche die 1919 an die Weimarer Nationalversammlung gerichtete Petition sowie ein dazugehöriges Forderungspapier, das ans Reichskolonialamt gerichtet war.

In der Petition wurde zum Ausdruck gebracht, dass die Unterzeichnenden den Verlust der deutschen Kolonien nach dem Ersten Weltkrieg als »Diebstahl« empfanden, eine besondere Treue zu Deutschland verspüren und daher deutsch seien und in Deutschland bleiben wollten. Es wird jedoch vermutet, dass die Petent*innen, zu denen auch vier Schwarze Frauen gehörten, nicht alle von dem Forderungspapier gewusst haben, da sie nicht alle in Berlin ansässig waren und daher nicht zwingend an dem Papier mitgearbeitet hatten.[4]

Zudem bekannten sich die Unterzeichnenden – mit oder ohne ihr Wissen – zu den kolonialen »Schutzverträgen« von 1884, welche die Übernahme der Herrschaftsgewalt in Kamerun durch das Deutsche Reich besiegelten und die Hinrichtung des Königs Rudolf Duala Manga Bell zur Folge hatten. Auch wurde die Forderung laut, den inzwischen arbeitslos gewordenen Dibobe zum politischen Vertreter der afrikanischen Menschen im Lande zu ernennen.[5] Es sollte allerdings noch hundert Jahre dauern, bis die ersten Schwarzen Abgeordneten, Dr. Karamba Diaby (SPD) und Charles Huber (CDU/CSU), in den deutschen Bundestag gewählt wurden.[6]

Die Schwarze Historikerin Paulette Reed-Anderson sieht das Schriftstück dennoch als eines der wichtigsten politischen Dokumente, die von Schwarzen Menschen in Deutschland in der ersten Hälfte des 20. Jahrhunderts geschrieben wurden. Sie verweist auch darauf, dass es ein Versuch der Schwarzen Community war, auf die Friedensverhandlungen in Versailles Einfluss zu nehmen. Denn weder Afrikaner*innen noch Schwarze Deutsche waren daran beteiligt. Das Schreiben war somit eine der wenigen verbleibenden Möglichkeiten, politisch zu intervenieren.[7]

Als der Versailler Vertrag 1919 in Kraft trat, wurde das Ende des Ersten Weltkriegs besiegelt. Das unterlegene Deutschland verlor infolgedessen seine Kolonien. Somit ging jede Hoffnung der Schwarzen Widerstandskämpfer*innen auf aktive Partizipation und Teilhabe an der damaligen deutschen Gesellschaft verloren. Ihre Lebenssituation verschlechterte sich daraufhin zunehmend. Zwei Jahre später reiste Martin Dibobe mit seiner *weißen* deutschen Ehefrau Helene Noster nach Liberia, nachdem ihnen die Einreise nach Kamerun von der neuen französischen Verwaltung verweigert worden war. Grund dafür war die feindselige Haltung der neuen Regierung gegenüber deutschen Kameruner*innen. In Liberia verliert sich seine Spur. Das Paar soll zwei Kinder gehabt haben, ihr Aufenthaltsort ist heute allerdings unsicher.[8]

Inzwischen hat sich Martin Dibobe einen Platz in der deutschen Geschichte zurückerobert, wenn auch unverhofft: Ein Foto, das ihn in seiner Uniform als Zugführer zeigt, hängt im U-Bahnhof »Hallesches Tor« in Berlin-Kreuzberg und gehört zu den bekanntesten Darstellungen von Schwarzen Deutschen aus der Kolonialzeit.[9] Nachdem Schwarze Organisationen seine Biografie rekapitulierten, wurde 2016 an seinem ehemaligen Wohnhaus in der Kuglerstraße 44 im Prenzlauer Berg eine Gedenktafel für ihn angebracht.[10] Damit wird ein weiteres Kapitel der Geschichte des Schwarzen Widerstands in der deutschen Hauptstadt gewürdigt.

Auch am Eingang des »Afrikanischen Viertels« in Berlin ist eine vergleichbare Chronik zu finden. Sie geht im Vergleich zu den Gedenktafeln an der Wilhelmstraße im Umfeld der gewaltvollen Gegenwart der kolonialen Vergangenheit des Kiezes beinahe unter und ist ein weiteres Zeugnis des gegenwärtigen Widerstandes Schwarzer Menschen in Deutschland. Nach meiner Ankunft in Berlin erfuhr ich zwar relativ schnell, dass es ein Viertel mit diesem Namen im Norden der Stadt gibt. Aufgrund meines vermeintlichen »Migrationsvordergrunds« wurde ich dort sehr schnell wohnlich verortet. Was ich aber lange nicht wusste, ist, dass das »Afrikanische Viertel« nicht so heißt, weil dort so viele Menschen mit afrikanischen Wurzeln wohnen. Vielmehr ist das Viertel auch ein Relikt des deutschen Kolonialismus.

Der Hamburger Kaufmann und Tierhändler Carl Hagenbeck plante 1900 im ganzen Viertel eine Völkerschaukulisse. Die Umsetzung scheiterte jedoch am Ausbruch des Ersten Weltkrieges. Zurück bleiben Straßen, die wie ehemalige deutsche Kolonien und Kolonialherren heißen: Die Lüderitzstraße wurde 1902 nach dem Bremer Kaufmann und Landenteigner Adolf Lüderitz benannt. Er hatte 1884 den Chief des Volks der Nama, Joseph Fredricks, um Land betrogen, indem er ihn glauben ließ, die im Vertrag angegebenen Meilen seien englische. Dabei hatte er aber mit deutschen Meilen gemessen, die viereinhalb Mal länger waren. Auch später zeigte er wenig Skrupel: Mit Beteiligung an der Einführung von Konzentrationslagern in Deutsch-Südwestafrika (dem heutigen Namibia), dem Genozid an Herero und Nama sowie Vergewaltigungen afrikanischer Frauen kann er heute zweifelsohne als Kolonialverbrecher bezeichnet werden.[11]

1910 wurde der zentrale Platz des »Afrikanischen Viertels« nach dem kolonialen Militärarzt Gustav Nachtigal benannt. Zwischen 1868 und 1875 wurde er im Auftrag der preußischen Regierung nach Zentralafrika geschickt (heute Tschad, Nigeria, Kamerun, Sudan), um diese Region zu erforschen, die den

Deutschen bis dahin unbekannt war. Nach seiner Rückkehr und den gefeierten Ergebnissen seiner Forschungsreise wurde er zum stellvertretenden Vorsitzenden der »Afrikanischen Gesellschaft von Deutschland« ernannt. 1879 wurde er auch von der »Berliner Gesellschaft für Erdkunde« zu ihrem Präsidenten berufen. Doch seine kolonialen Dienste waren alles andere als ehrenhaft.

Zum einen legitimierte er in seiner Rolle als Reichskommissar für Westafrika den Schwindel von Adolf Lüderitz. Zum anderen versuchte Nachtigal im Juli 1884 in Togo, den ersten vermeintlichen »Schutzvertrag« vom einheimischen König Lawson III. zu erpressen. Auch in Kamerun war die Kolonialherrschaft mit militärischer Gewalt durchgesetzt worden. Dabei wurden von deutschen Kolonialbeamten auch zum ersten Mal wertvolle Kulturschätze geplündert: Bis heute befindet sich der von Nachtigals Stellvertreter Max Buchner geraubte königliche Schiffsschnabel Tangué, die kunstvoll aus Holz geschnitzte Spitze eines königlichen Kanus, im Münchner Museum Fünf Kontinente.[12] Alles gute Gründe, um den Nachtigalplatz im Afrikanischen Viertel umzubenennen.

Doch eine Umbenennung ist gar nicht so einfach. Nach den Ausführungsbestimmungen des Berliner Straßengesetzes darf eine Straße nur nach einer Person mit herausragender Persönlichkeit und Interesse an der gesamten Stadt (um-) benannt werden. Außerdem muss diese Person seit mehr als fünf Jahren verstorben sein. Die Regeln besagen zudem, dass der historische Kontext nicht verändert werden darf und dass Frauen stärker berücksichtigt werden sollen.[13] Eine langjährige Suche nach geeigneten Namensgeber*innen begann. Auf Drängen der Schwarzen Communitys beschloss der Bezirksrat im April 2019 schließlich die lang überfällige Umbenennung einiger Straßen – fast zehn Jahre nach der Umbenennung des May-Ayim-Ufers in Berlin-Kreuzberg:

Die Petersallee erinnert trotz Versuchen der Umwidmung bis heute an den Kolonialverbrecher Carl Peters. 1896 hatte er den Beinamen »Hänge-Peters« bekommen, nachdem bekannt geworden war, dass er sein Schwarzes Dienstmädchen Jagodia sexuell missbraucht und erhängt und seine afrikanische Magd Mabruk gefoltert und ermordet hatte. Nachdem die einheimische Bevölkerung mit einem Aufstand darauf reagiert hatte, ließ er ihr Dorf abbrennen. Diese Untaten waren selbst der hartgesottenen Kolonialregierung zu viel: 1892 wurde Carl Peters aus Deutsch-Ostafrika abberufen und aus dem Dienst entlassen.[14]

Im März 1939 hatten die Nazis im Zuge des Versuchs, die deutschen Kolonien zurückzugewinnen, die damalige Londonerstraße in »Petersallee« umbenannt, um nachträglich den Kolonialoffizier Carl Peters zu ehren. 1986 wurde sie umgewidmet: Fortan wurde Hans Peters geehrt, der gegen das NS-Regime aktiv gewesen war und nach dem Zweiten Weltkrieg die Berliner Landesverfassung mitbegründete. Offiziell eingetragen wurde die Umwidmung jedoch nie – es wurden lediglich kleine Schilder angebracht, die den Hintergrund des Namensgebers erläutern.[15]

2019 wurde die Petersallee schließlich zweigeteilt: Der Abschnitt zwischen Müllerstraße und Nachtigalplatz wurde in »Anna-Mungunda-Allee« umbenannt.

Anna Mungunda wurde 1932 als Tochter eines Herero-Wanderarbeiters in Namibia geboren. Ende der 1950er-Jahre wurden die Anwohner*innen der Old Location in Windhoek gezwungen, in neue, nach rassistischen Kriterien getrennte Vororte zu ziehen. Vor allem die namibischen Frauen gingen dagegen auf die Straße. Am 10. Dezember 1959 nahm auch Anna Mungunda an einer Demonstration teil, bei der zahlreiche Menschen vom südafrikanischen Apartheidregime verletzt oder getötet wurden. Als die Widerstandskämpferin Benzin über das Auto eines hochrangigen Beamten goss, wurde sie erschossen. Sie war die einzige Frau unter den Opfern. Seit Namibias Erlangung der Unabhängigkeit am 21. März 1990 gilt Anna Mungunda als Heldin der Unabhängigkeitsbewegung. Heute wird an ihrem Todestag im ganzen Land an sie erinnert. 2003 wurde auch ein Patrouillenschiff nach ihr benannt.

Mit dieser Umbenennung wurde zum ersten Mal eine Herero-Aktivistin in das Berliner Stadtbild und damit in deutsche Geschichte eingeschrieben.

2017 reichten Nachfahren der Genozid-Opfer und Vertreter*innen von Herero- und Nama-Verbänden aus Namibia und den USA vor dem U.S. District Court of New York eine Sammelklage gegen Deutschland ein. Bei dem Zivilprozess ging es um eine Aufarbeitung der deutsch-namibischen Geschichte, die offizielle Anerkennung der deutschen Schuld sowie um ein Mitspracherecht der Betroffenen bei den Verhandlungen.[16] Erst 2021 erkannte die Bundesregierung die deutschen Gräueltaten an den Volksgruppen der Herero und Nama an und verpflichtete sich zu Entschädigungszahlungen in Höhe von 1,1 Milliarden Euro. Doch diese Entscheidung wurde nicht überall begrüßt, denn eine offizielle Anerkennung als Genozid blieb aus juristischen Gründen aus. Vielmehr sieht Deutschland diese Zahlung als »moralische Verpflichtung« und nicht als Reparation. Eine Einigung, mit der beide Seiten leben können, ist noch nicht gefunden.[17]

Ein weiterer Kolonialkrieg, der nicht in Vergessenheit geraten darf, ist der Maji-Maji-Aufstand gegen die deutsche Kolonialherrschaft in Tanganjika (1905–1907), auf dem ehemaligen Gebiet von Deutsch-Ostafrika.[18] Zwischen Nachtigalplatz und Windhuker Straße wurde die Petersallee zum Gedenken daran in »Maji-Maji-Allee« umbenannt. Die Lüderitzstraße heißt heute »Cornelius-Fredericks-Straße«, benannt nach einem Nama-Chief, der zusammen mit Hendrik Witbooi, dem Anführer der Khoisan, aktiv Widerstand gegen die Deutschen in Namibia leistete. Und der Nachtigalplatz heißt heute »Manga-Bell-Platz«, benannt nach König Rudolf Duala Manga Bell.

Nach einem langen Prozess, an dem auch die Zivilgesellschaft beteiligt war, wurde im Frühjahr 2021 die Wissmannstraße in Berlin-Neukölln nach Lucy Lameck benannt.

Lucy Lameck wurde 1934 in einer tansanischen Bauernfamilie geboren. Nach ihrem Schulabschluss machte sie zuerst eine Ausbildung zur Krankenschwester, bevor sie mit einem Stipendium das Ruskin College in Oxford besuchte. Während ihres Studiums begann sie sich in der Politik zu engagieren und setzte sich für Frauenrechte und das panafrikanische Ideal ein. Sie trat erstmals 1960 in die Nationalversammlung von Tanganjika ein und wurde fünf Jahre später als erste Frau zur Ministerin in die Nationalversammlung von Tansania gewählt. Mit Ausnahme von 1975 bis 1980 blieb sie bis zu ihrem Tod 1993 Regierungsmitglied und arbeitete ihr Leben lang daran, die Bedingungen für Frauen in Tansania zu verbessern. 1993 starb Lucy Lameck in Moshi, einer Stadt im Nordosten von Tansania am Südhang des Kilimandscharo.

Neben seinen Expeditionen für den berüchtigten König und Kolonialherrscher Leopold von Belgien machte sich der ursprüngliche Namensgeber Hermann von Wissmann, ehemaliger Gouverneur von Deutsch-Ostafrika, mit der gewaltvollen Niederschlagung von Aufständen einen Namen. Dabei nutzte er die militärische Überlegenheit seiner »Wissmann-Truppe«, plünderte Dörfer und setzte sie in Brand.[19] Die Umbenennung von »Wissmannstraße« in »Lucy-Lameck-Straße« kann zwar nur symbolisch als Wiedergutmachung der Kolonialverbrechen Wissmanns gesehen werden. Dennoch ist sie ein wichtiges politisches Signal für Tansania, auch um die andauernden Aufarbeitungsprozesse des deutschen Kolonialismus im Land zu stärken. Zurück bleiben eine im Berliner Stadtbild eingeschriebene demokratische Haltung gegen Rassismus, Sexismus und Kolonialismus sowie eine weitere afrikanische Frau, die in die deutsche Geschichte eingeschrieben wird.[20]

2021 wurde auch entschieden, den nördlichen Teil der Manteuffelstraße in Berlin-Kreuzberg in »Audre-Lorde-Straße« umzubenennen. Statt den preußischen Demokratiegegner Otto Theodor von Manteuffel zu ehren, wird einer Schwarzen lesbischen Feministin gedacht, die für mehr Sichtbarkeit und Repräsentanz von Schwarzen queeren Personen im öffentlichen Raum sorgt.[21]

Das Herzensprojekt der Schwarzen Communitys bleibt jedoch die seit mehr als drei Jahrzehnten geforderte Umbenennung der M*-Straße und der gleichnamigen U-Bahn-Haltestelle in Berlin-Mitte. Letztere wurde erst nach der Wende 1991 so benannt und zeigt zum einen, dass die Schwarzen Communitys nicht in den vorrangig *weißen* Wiedervereinigungsprozess einbezogen worden waren. Dennoch kritisierten sie öffentlich die Umbenennung. In einem bekannten Video steht May Ayim beispielsweise demonstrativ vor der U-Bahn-Haltestelle und isst einen *weißen* Schaumkuss (der damals noch mit dem N-Wort betitelt wurde). Bis heute wird die rassistische Bedeutung des Wortes allerdings nicht anerkannt.

Seit 2004 wird eine Änderung des Straßennamens zugunsten von Anton Wilhelm Amo gefordert. Der Afrikaner wurde zeit seines Lebens mit dem M.-Wort betitelt. Sein Name würde den historischen Bezug zur Geschichte der Versklavung und dem Leben in der afrikanischen Diaspora in Deutschland aufrechterhalten und eine Geschichtserzählung aus Schwarzer Perspektive ermöglichen. Dieser Forderung schlossen sich im Laufe der Zeit immer mehr Organisationen an. Seit 2014 findet jährlich zum Internationalen Tag zur Erinnerung an den Versklavungshandel und seine Abschaffung am 23. August das »Umbenennungsfest« statt, das von Vereinen der Schwarzen Communitys organisiert wird. Auf Reden, Poesie und Musik folgt die symbolische Umbenennung der Straße.

Im Juli 2020 gaben die Berliner Verkehrsbetriebe (BVG) schließlich öffentlich bekannt, den U-Bahnhof umbenennen zu wollen, und im Mai 2021 gab auch das Bezirksamt Mitte den Weg zur Umbenennung der Straße in »Anton-Wilhelm-Amo-Straße« frei. Doch seitdem gingen laut *taz* mehr als 1000 rechtliche Widersprüche dagegen ein. Lediglich 30 davon kommen von Anwohner*innen, weshalb vermutet wird, dass es sich um einen allgemeinen Widerstand gegen eine kritische Aufarbeitung der deutschen Kolonialgeschichte handelt. Damit wurde der Umbenennungsprozess erst einmal gestoppt, bis entsprechende Urteile gefallen sind. Es wird wohl noch lange dauern, bis Schwarze Menschen durch Berlins Straßen schlendern oder U-Bahn fahren können, ohne rassisch diskriminiert zu werden.[22]

31
Kraft meines Amtes

Eine meiner Lieblingsautorinnen ist Maya Angelou. Ihr Buch »Wouldn't Take Nothing for My Journey« (1993) liest sich wie eine Gebrauchsanleitung fürs Leben. Mit der Kraft ihrer Worte und ihrer ungeschminkten Wahrheit lehrte sie mich, mein Leben selbst in die Hand zu nehmen, auf mein Herz zu hören und meinen Verstand nie allein entscheiden zu lassen.

Maya Angelou wurde als Marguerite Johnson 1928 in St. Louis, Missouri, geboren. Sie war nicht nur gefeierte Literaturprofessorin, Autorin und Aktivistin, sondern arbeitete im Laufe ihres Lebens auch als Tänzerin, Sängerin, Schauspielerin, Theater- und Filmregisseurin und war die erste Schwarze US-amerikanische Straßenbahnschaffnerin San Franciscos. Die alleinerziehende Mutter war eine enge Vertraute von Martin Luther King jr. und Malcolm X und gehörte zwei Präsidialausschüssen an, 1975 für Gerald Ford und 1977 für Jimmy Carter. Im Jahr 2000 wurde Maya Angelou von Präsident Bill Clinton mit der National Medal of Arts ausgezeichnet. Zehn Jahre später wurde ihr von Präsident Barack Obama die Presidential Medal of Freedom verliehen, die höchste zivile Auszeichnung in den USA. 2014 starb Maya Angelou an den Folgen eines Herzleidens.[1]

Der oben genannte Titel ihres Essaybandes weist darauf hin, dass wir das Recht dazu haben und die Verantwortung dafür übernehmen müssen, auf der »Straße des Lebens« umzukehren. Wenn der Weg bedrohlich oder wenig vielversprechend erscheint, können wir an anderer Stelle abbiegen als geplant. Dazu müssen wir lediglich unsere Entschlossenheit sammeln und die Straße in eine andere Richtung verlassen, nur mit dem nötigsten Gepäck beladen. Wenn der neue Pfad ebenso unbequem ist, müssen wir auch dann bereit sein, einen anderen Weg einzuschlagen.

Was ich daraus für mich mitnahm, war, dass ich die Dinge verändern musste, die ich nicht hinnehmen wollte. Wenn ich hinfiel, musste ich aufstehen, meine Kleider abklopfen, die Krone richten und weitergehen. Als Aktivistin lebte ich dieses Mantra tagtäglich. Scheute nie davor zurück, Ungerechtigkeiten anzusprechen, klagte Gesellschaft und Politik an. Ich blieb mir dabei immer treu und verfolgte die Route, die für mich vorbestimmt war. Eines Tages führte mich mein Weg auch in die Politik, obwohl ich selbst nie auf diese Idee gekommen wäre. Politiker*innen waren aus meiner antirassistischen und feministischen Perspektive korrupt, verdienten unverschämt viel Geld und hatten nur ihre eigene Karriere im Sinn. Die Politik war kein Ort für mich, dachte ich lange, bis ein Freund mich überredete, mich zur Wahl für den Berliner Landesbeirat für Integrations- und Migrationsfragen (heute: Landesbeirat für Partizipation) aufstellen zu lassen.

Dieses Gremium hatte sich bereits 2003 auf Basis des damaligen Partizipations- und Integrationsgesetzes (heute: Partizipationsgesetz) konstituiert, um der fehlenden politischen Partizipation von sogenannten Migrant*innen in Berlin entgegenzuwirken und Menschen ohne deutsche Staatsbürger*innenschaft eine unmittelbare Einflussmöglichkeit auf die Landespolitik zu geben. Der Beirat setzt sich aus 13 ehrenamtlichen Mitgliedern zusammen, darunter Menschen mit Migrationsgeschichte, Migrant*innenorganisationen, Expert*innen sowie weitere Vertreter*innen der Verwaltung und der Politik. Die Mitglieder werden für drei Jahre gewählt. Aufgabe des Beirats ist es, bestehende juristische, politische sowie gesellschaftliche Mängel zu thematisieren und Lösungsvorschläge zu empfehlen. Diese Empfehlungen werden den zuständigen Senatsverwaltungen, dem Abgeordnetenhaus oder anderen

Einrichtungen zugeleitet in der Hoffnung, dass sie umgesetzt werden. Eine Verpflichtung zur Umsetzung der Empfehlungen gibt es allerdings nicht.[2]

Zu meiner großen Überraschung wurde ich 2012 mit einfacher Mehrheit gewählt. Bevor ich mein Amt antrat, nahm mich besagter Freund mit in das Bundesjustizministerium. Ich weiß nicht mehr genau, was eigentlich Grund des Treffens war, an dem auch zahlreiche Vertreter*innen weiterer unterrepräsentierter Gruppen teilnahmen. Ich machte mich mit aufgeladener Batterie und reichlich Optimismus im Gepäck auf den Weg. Doch als ich die ersten Seiten des Tischdokuments las, schlug meine Zuversicht in Verzweiflung um. Unter den gelisteten Betroffenen von Rassismus waren alle erdenklichen »Minderheiten« aufgeführt, nur Schwarze Menschen nicht.

Wie konnte es sein, dass nach 600 Jahren Versklavung und Vertreibung Schwarze Menschen als Betroffene von Rassismus »vergessen« wurden, fragte ich mich. Glaubte Deutschland im Jahr 2012 noch immer, sich von seiner Beteiligung am globalen Versklavungshandel freisprechen zu können? Sollten wir politisch nicht schon viel weiter sein? Waren wir immer noch nicht wichtig genug, um in juristischen Fragen mitgedacht zu werden? Fragen über Fragen rasten durch meinen Kopf. Ich meldete mich schließlich zu Wort und machte zögerlich auf den Widersinn aufmerksam. Es handle sich um ein »Missverständnis«, wurde mir schamhaft von Regierungsseite entgegnet. Worauf hatte ich mich bloß eingelassen? Ich warf meinen Stift auf den Tisch. Die verbliebenen 40 Seiten brauchte ich nicht mehr zu lesen – wenn wir auf der ersten Seite schon nicht mitgedacht wurden, dann im weiteren Verlauf des Dokuments sicherlich auch nicht.

In den folgenden Landesbeiratssitzungen lief mein ganzes Leben wie ein Film vor meinem inneren Auge ab. Es wunderte mich nicht mehr, dass Schwarze Menschen weder in deutschen Schulbüchern vorkamen noch von der *weißen* Wissenschaft geachtet wurden. Schwarze deutsche Geschichte war für Politik und Behörden inexistent. Der deutsche Kolonialismus wurde nicht thematisiert. Wir waren weder in der Wissenschaft noch im öffentlichen Dienst oder in Führungspositionen vorhanden. Genau genommen war Schwarz für die *weiße* Mehrheitsgesellschaft nicht einmal ein politischer Begriff. Ich verbrachte Stunden damit, den Mitgliedern des Beirats zu erklären, warum Schwarz großgeschrieben wird und Race und Gender nie voneinander getrennt werden können. Mein Versuch, eine Arbeitsgruppe für marginalisierte Frauen und Schwarze feministische Themen auf die Agenda zu bringen, scheiterte kläglich.

Dennoch war ich gewillt, den Weg des Widerstandes, den schon meine Schwestern vor mir gegangen waren, weiterzugehen und den nächsten Schritt in Richtung Freiheit zu gehen. Doch die Mühlen der Verwaltung mahlen langsam, also tat ich mit viel Anstrengung und Not das bisschen, was meine Position hergab, und initiierte strukturelle Veränderungen, wo dies möglich war. Es war mir (immer schon) ein großes Anliegen, beispielsweise den Abbau von Rassismus im deutschen Bildungssystem anzustoßen, vom Kindergarten bis zur Hochschule. Ich entwickelte also einen Schlachtplan, der auch das Lehramtsstudium berücksichtigte. Um einen Praxisbezug herzustellen, lud ich eine Schwarze Lehrerin in meine Arbeitsgruppe ein. Im Rahmen der AG trafen wir uns mit den zuständigen Senator*innen und führten zahlreiche Gespräche über die Notwendigkeit von Beschwerdestellen, über verpflichtende Module zu Antirassismus in Ausbildung und Studium und vieles mehr.

Nach einem einjährigen Pilotprojekt wurden die Stelle der Antidiskriminierungsbeauftragten im Bereich (Schul-)Bildung und wenig später die Stabstelle der Antidiskriminierungsbeauftragten für Berliner Schulen eingerichtet. Wie selbstverständlich schrieben sich die zuständigen Senator*innen diese Erfolge auf ihre eigenen Fahnen, weshalb die Presse gar nicht auf die Idee kam, über den Landesbeirat zu berichten. Doch für die Community war diese Stelle ein Gewinn, und so war ich auch ein bisschen stolz, dass es eine Schwester aus meinem Kampf heraus in eine gehobene politische Position schaffte und später sogar als Staatssekretärin für Antidiskriminierung tätig war.

Im Bereich Wissenschaft ließ sich hingegen nicht viel bewegen. Auf den Studiengang Black Studies warten wir bis heute. Einen kleinen, aber sehr bedeutenden Erfolg feierte ich, als auf meine Empfehlung hin der Hochschulzugang für Geflüchtete in Berlin geöffnet wurde. Doch auch in diesem Fall wurde unsere Arbeit im Landesbeirat nicht anerkannt. Die verantwortlichen Politiker*innen feierten sich lediglich selbst.

Zu meinen größten politischen Gefechten und menschlichen Herausforderungen gehörten allerdings die Ereignisse um die Gerhart-Hauptmann-Schule in Berlin-Kreuzberg. Nachdem eine Gruppe von Geflüchteten aus Protest gegen die Unterbringung in Lagern, die räumliche Beschränkung der Residenzpflicht und das Arbeitsverbot in Bayern nach Berlin gelaufen war und auf dem Oranienplatz ein Protestcamp errichtet hatte, besetzten im Dezember 2012 mehrere Hundert Geflüchtete die unweit gelegene, leer stehende Hauptschule, wo sie vom Bezirksamt zunächst geduldet wurden. Die Lebensbedingungen dort waren unmenschlich. Insbesondere die fehlenden sanitären Einrichtungen waren ein Problem. Zahlreiche Versuche, die hygienischen Bedingungen dem Bedarf anzupassen, scheiterten.

Bevor es dazu kommen konnte, hatte im März 2014 ein Geflüchteter ohne die Zustimmung aller Bewohner*innen des Oranienplatzes (O-Platz) mit dem Senat ein »Einigungspapier« aufgesetzt. Dieses sah den Abbau des Camps und die Räumung der Schule vor. Im Gegenzug sicherte der Senat eine Einzelfallprüfung der Asylanträge zu. Anfang April wurde daraufhin das Camp geräumt. Einige der Geflüchteten beteiligten sich daran, andere wehrten sich. Die sudanesische Menschenrechtsaktivistin Napuli Paul Langa stieg aus Protest auf einen Baum, wo sie vier Tage lang ohne Essen und Trinken ausharrte. Wie sich später zeigte, wurde lediglich dreien von 540 Geflüchteten durch die Prüfung ein Aufenthaltsrecht zugesprochen.[3]

Als Ende April 2014 ein Geflüchteter in der Gerhart-Hauptmann-Schule in der einzig vorhandenen Dusche erstochen wurde[4], nahm die Politik dies zum Anlass, um in die Schule vorzurücken. Mit massivem Polizeieinsatz wurde das Gebäude geräumt, die umliegenden Straßen wurden abgesperrt. Kreuzberg war die nächsten zehn Tage im Ausnahmezustand. 40 Personen weigerten sich, die besetzte Schule zu verlassen, und verbarrikadierten sich in der obersten Etage. Für den Fall einer polizeilichen Stürmung kündigten sie an, sich vom Dach zu stürzen.[5]

Unter den Protestierenden befand sich auch die Widerstandskämpferin Sista Mimi, die als Stimme der Bewegung hervorgetreten war:

Sista Mimi kam 1997 mit 17 Jahren nach Deutschland. Desillusioniert von der deutschen Realität, wo sie sich mehr Frauenrechte als in Kenia erhofft hatte, landete sie in einem Lager für Geflüchtete. Sie lernte die Sprache, beschäftigte sich mit der Kultur und heiratete zwei Jahre später aus Liebe einen *weißen* Deutschen. Doch die Ehe scheiterte, weshalb Sista Mimi ausgewiesen werden sollte. In der Hoffnung, in Deutschland bleiben zu können, zog sie nach Berlin, wo sie zwölf Jahre lang mit unsicherem Aufenthaltsstatus lebte. Nachdem ihre Wohnung zwangsgeräumt worden war, zog sie zu den Geflüchteten in die Gerhart-Hauptmann-Schule und wurde Teil der Bewegung. Am 10. Dezember 2014 starb Sista Mimi an den Folgen einer Lungenentzündung.

Der Landesbeirat verurteilte die Räumung der Gerhart-Hauptmann-Schule schriftlich und solidarisierte sich mit den Geflüchteten, die sich noch in der Schule befanden. Darüber hinaus unterstützten wir die politischen Forderungen der noch in der Schule verbliebenen Geflüchteten und vermittelten zwischen Politik und Protestierenden. Als Vertreterin der Europäischen Union wurde mir als einziger Person der Zugang zur Gerhart-Hauptmann-Schule gewährt. Journalist*innen, Politiker*innen und vor allem die Polizei mussten draußen bleiben.

Während eines meiner häufigen Besuche sprach ich viel mit den verbliebenen Bewohner*innen, auch mit Sista Mimi. Sie fühlte sich nie wirklich in der deutschen Gesellschaft angekommen, erzählte sie mir. Dabei war sie sehr bemüht gewesen, Deutsch zu lernen, hatte sich die deutsche Sprache selbst beigebracht und auf eine Chance gehofft, eine Umschulung zur Tontechnikerin machen zu können. Nach ihrer Ankunft in Deutschland war sie allerdings wie viele Schwarze Frauen und Frauen of Color gezwungen worden, eine Ausbildung zur Altenpflegerin zu machen. Der Beruf gefiel ihr nicht. Sie schimpfte vor allem darüber, dass die Deutschen ihre Alten nur als Produkte ansahen, die am Fließband abgefertigt und zum Sterben auf das Abstellgleis gestellt würden. Sie selbst wolle so nie enden, betonte sie. Aus ihrer afrikanischen Heimat war sie es gewohnt, dass die jungen auf die älteren Menschen aufpassten, die sich mitten unter ihnen bewegten. Altersheime gibt es dort nicht.[6]

Sista Mimi sprach in diesem Kontext auch liebevoll über ihren verstorbenen Großvater. Er sei der einzige Mensch gewesen, der sie als junge afrikanische Frau mit einem ausgeprägten Drang nach Freiheit verstanden habe. Sie hatte als Kind viel Zeit mit ihm verbracht, alles, was sie über ihre Kultur wusste, lernte sie von ihm. Er hatte sie immer vor ihrem patriarchalen Vater und seiner ihm gehorchenden Ehefrau in Schutz genommen. Nach seinem Tod blieb Mimi keine andere Wahl, als zu fliehen. Sie war damals gerade 16 Jahre alt.

In Berlin fand sie Zuflucht in ihrer Musik, arbeitete als DJ und MC. Doch dann wurde ihre Kreuzberger Wohnung zwangsgeräumt. Ihr ehemaliger Vermieter stellte in ihrer Abwesenheit ihr Hab und Gut auf die Straße. Und wie in Berlin üblich, war binnen kürzester Zeit alles weg. Ihr Leben wurde in wenigen Minuten einfach ausgelöscht. Danach stand sie auf die Straße, schlief einige Nächte bei Freund*innen und schloss sich dann den Geflüchteten an, die gerade aus Würzburg angekommen waren. Als sie von der Schule hörte, die nicht weit von ihrer alten Wohnung war, zog sie dort mit ein. Es sollte ihre letzte Adresse werden.

Mimis Gesundheitszustand wurde mit jedem meiner Besuche schlechter, bis sie irgendwann nur noch Haut und Knochen war. Sie litt an einer chronischen Erkrankung und wusste, dass sie nicht mehr lange zu leben hatte. Ich gab die Hoffnung nicht auf, dass sie wieder auf die Beine kommen würde. Doch ihre Angst davor, ein Pflegefall zu werden, trieb sie in den Tod. Unter keinen Umständen wollte sie im deutschen Pflegesystem enden. Bevor sie uns verließ, musste ich ihr versprechen, dass sie nicht in Deutschland beerdigt werden würde. Neben dem Grab ihres Großvaters würde ihre letzte Ruhestätte in Kenia auf sie warten, verriet sie mir.

Aus sicherer Quelle erfuhren wir kurz darauf, dass die Polizei in der Nacht wieder den Versuch unternehmen würde, die Schule zu räumen. Einen weiteren Gewaltakt würde Sista Mimi nicht überleben, also veranlasste ich, dass sie aus der Schule abgeholt wurde, bevor die Polizei eintraf. Sie wurde zu einer gemeinsamen Freundin gebracht, wo sie einige Tage zur Ruhe kommen sollte. Am 10. Dezember 2014, dem Internationalen Tag der Menschenrechte, schlief Mimi ein und wachte nie mehr auf. In dieser Nacht verstarb sie friedlich im Schlaf.

Danach verabschiedete ich mich vorerst aus der deutschen Politik. Mein Versprechen löste ich ein und organisierte gemeinsam mit Freundinnen und Kameradinnen Mimis Rückführung nach Kenia. Wir sammelten Gelder für die Überführung ihres Leichnams und schickten sie auf ihre letzte Reise. Als Angela Davis zum zehnjährigen Jubiläum der Proteste 2022 eine Rede auf dem O-Platz hielt, war das enge Gefühl in meiner Brust wieder da. Doch es half mir zu wissen, dass nicht nur Mimis Porträt einen prominenten Platz bei der öffentlichen Jubiläumsfeier erhielt. Auch ihre Stimme war über Lautsprecher zu hören, mit demselben bedingungslosen Kampfgeist, mit dem sie die Bewegung angetrieben hatte.

32
Wie ich »Passdeutsche« wurde

Im Laufe der deutschen Geschichte gab es viele Fremdbezeichnungen für Schwarze Menschen, die zum Ausdruck brachten, dass wir nicht zu Deutschland gehörten und auch nicht als Deutsche gesehen wurden. Als Mitte der 1990er-Jahre berechtigte Kritik an dem Begriff »Ausländer*in« aufkam, wurden Schwarze Menschen und People of Color zu »Migrant*innen« stilisiert. Streng genommen verstand ich mich nicht als solche, da mein Gang durch das Tor der Militärbasis nicht mit einer Migrationsbewegung gleichzusetzen war. Da Deutschland sich nicht als Zuwanderungsland verstand, geriet auch diese Fremdbezeichnung schnell in die Kritik, und wir wurden zu «Menschen mit Migrationshintergrund«. Im Zuge des politischen Widerstandes wurde dieser Hintergrund zum »Migrationsvordergrund« erkoren, da unsere tragenden Merkmale (Haut- und/oder Haarfarbe) stets sichtbar sind. Heute sprechen Politik und Medien von »Migrationsgeschichten«. Doch auch damit kann ich mich nur schwer anfreunden. Denn es war nicht meine Geschichte, sondern die meiner Mutter, und irgendwann hörte sie auf zu »migrieren« und wurde mit uns Kindern sesshaft. Ab diesem Punkt begannen wir, deutsch zu werden. Nicht durch Geburt oder Abstammung, sondern durch Sozialisation.

Erst mit der Ermordung von George Floyd und der Welle an Black-Lives-Matter-Protesten, die im Sommer 2020 die Welt überrollten, wurde die sozialpolitische Selbstbezeichnung »Schwarze Deutsche« zunehmend in den deutschen Medien verwendet. Ganz nach dem Motto »Black is beautiful!« wurde die Werbeindustrie mit Schwarzen Models geflutet, was bald einer Tokenisierung gleichkam. Es schien, als ob die jahrzehntelange vermeintliche Farbenblindheit («Ich sehe keine Farbe«) durch eine Flut an Schwarzen Werbegesichtern ausgeglichen werden sollte. Doch mit dieser plötzlichen Sichtbarkeit sind die strukturellen Probleme nicht verschwunden. Mehr Schwarze Menschen in den Medien zu sehen bedeutete nicht, weniger Rassismus im Alltag zu erleben. Doch damit waren die deutschen Medien nicht allein.

Auch die britischen Medien wussten das Phänomen Rassismus zu instrumentalisieren. Meine karibische Familie wurde seit jeher von den britischen Medien, der Politik und der Gesellschaft rassistisch markiert, weshalb ich mich nie wirklich als Britin identifizieren konnte und wollte. Als Kind wurde ich schon »migrantisiert« und von Großbritannien wegverortet. Das änderte auch die Tatsache nicht, dass ich in London geboren wurde. Damals lebten wir unfreiwillig in einer Parallelgesellschaft im Osten Londons Tür an Tür mit anderen karibischen Immigrant*innen und hatten sehr wenig mit *weißen* Brit*innen zu tun. Erst als ich in Deutschland zur Schule kam, wurde mir meine britische Nationalität richtig bewusst. Meine Schulfreund*innen fanden es spannend, dass ich einen Pass hatte, auf dem vorne kein Adler, sondern eine Krone abgebildet war. Und als Schwarzes Mädchen schien ich in ihrer Vorstellungswelt ohnehin besser nach England zu passen als nach Deutschland.

Als ich 18 wurde, bekam mein britischer Pass eine andere Bedeutung. Damals durften EU-Angehörige weder an den Kommunalwahlen noch an den Bundeswahlen teilnehmen. Ich war froh darum, nicht wählen zu müssen, und versteckte mich immer hinter meinem nicht vorhandenen Wahlrecht. Es gab ohnehin keine Partei, die meine Belange als Schwarze Frau hätte vertreten können. Gleichzeitig war ich erleichtert, dass ich mich nicht mit dubiosen Parteiprogrammen auseinandersetzen musste. Von der deutschen Politik wurde ich nicht repräsentiert, von der britischen allerdings auch nicht. Dort hätte ich zwar das Wahlrecht gehabt, obwohl ich in Deutschland lebte. Dennoch wählte ich auch dort wegen fehlender Repräsentation nicht. Damals kam ich allerdings auch nicht auf die Idee, meinen britischen Pass abzugeben und einen deutschen Pass zu beantragen. Zu lange hatten meine Mutter und meine Großmutter während ihrer Ankunft in England für die britische Nationalität gekämpft.

Je länger ich in Deutschland lebte, desto weniger identifizierte ich mich allerdings mit meinem britischen Geburtsland. Mit jedem Jahr, das ich in Deutschland verbrachte, wurde ich ein Stückchen deutscher. Vor allem im Ausland konnte ich meine deutsche Sozialisation irgendwann nicht mehr verbergen: ich bewege mich inzwischen wie eine Deutsche, verhalte mich wie eine Deutsche und kleide mich wie eine Deutsche. Doch was ist deutsch? Es fällt mir viel leichter zu erklären, was Schwarz ist und welche Geschichte damit zusammenhängt, als zu erklären, was das Deutschsein für mich bedeutet.

Absurderweise erinnere ich mich immer an die Worte von W.E.B. Du Bois, wenn ich versuche, diese Frage zu beantworten. Der Schwarze Aktivist und Sozialwissenschaftler hatte während der Blütezeit des deutschen Kolonialismus in Berlin studiert und war im Laufe seines Lebens immer wieder zurückgekehrt. In seiner Autobiografie etikettierte er das damalige Deutschland als *»culture in search of a nation«*[1], was nicht nur Deutschlands soziale Struktur zu Ende des 19. Jahrhunderts beschreibt. Nach dem US-amerikanischen Bürgerkrieg und der Abschaffung der Versklavung waren auch die Vereinigten Staaten bemüht, eine Vereinigung der Nord- und Südstaaten zu erreichen. Du Bois hoffte durch seinen Aufenthalt in Deutschland, Wissen gewinnen zu können, um diese Wiedervereinigung voranzutreiben. Er hoffte, im Zuge dessen endlich als vollwertiger Mensch akzeptiert zu werden.[2]

Wie wir wissen, kämpfen die Schwarzen in den USA immer noch gegen Anti-Schwarzen-Rassismus. Hier in Deutschland äußert er sich aufgrund der Gesellschaftsstrukturen anders als in den USA. Allerdings ist die Ideologie, die rassistische Machtstrukturen hervorbringt, immer dieselbe, egal, wo wir uns auf der Welt befinden. Aufgrund seiner spezifischen rassistischen Geschichte könnte Deutschland heute beschrieben werden als eine Nation, die auf der Suche nach einer neuen Kultur ist. Eine Kultur, die dekolonialisiert werden muss. Diese Kultur beeinflusste mich von klein auf. Doch die Frage einer deutschen Nationalität wurde für mich erst mit dem »Brexit« wirklich wichtig.

Wie nicht anders zu erwarten war, wurden die Themen Rasse und Rassismus während des Brexit-Referendums 2016 als Wahlkampfthemen in der britischen Presse instrumentalisiert. Mehr noch: Rassismus wurde im Zuge der Brexit-Debatten sogar normalisiert.[3] Zahlreiche Medien berichteten von einem zunehmenden Maß an Rassismus, Fremdenfeindlichkeit und Intoleranz und erinnerten mich daran, warum meine Mutter nicht in das Vereinigte Königreich zurückwollte, nachdem sie das Militär mit uns Kindern hatte verlassen müssen. Plötzlich stieg eine Unsicherheit in mir auf: Werde ich als Halterin eines britischen Passes nun gezwungen, Deutschland nach Jahrzehnten zu verlassen und in ein Land zurückzukehren, das ich nicht mehr kannte und das mich auch nicht wollte?

Auf der Suche nach einer Antwort auf diese Frage wurde Deutschland für mich wichtiger als je zuvor. Hinzu kamen die Ereignisse um George Floyd, weshalb ich einen zweiten Anlauf in die deutsche Politik wagte. Ein Fehler, wie ich heute weiß. Denn Parteipolitik war mindestens genauso zermürbend wie meine ehrenamtliche parteilose Tätigkeit im Landesbeirat und machte mein Leben nicht angenehmer. Dennoch hatte mich für eine kurze Zeit der Drang befallen, Politikerin zu werden und die Machtstrukturen der Gesellschaft so zu verändern.

Zu diesem Zeitpunkt wusste ich nicht, dass ich als Politikerin weniger Einfluss auf Veränderung hatte als als Aktivistin.

Um mich in einer Bundespartei zur Wahl aufstellen lassen zu können, musste ich die deutsche Staatangehörigkeit besitzen. Diese Voraussetzung und der Brexit waren zwei gute Gründe, mich einbürgern zu lassen und Passdeutsche zu werden. Einen Integrationstest musste ich nicht machen – schließlich hatte ich meine Schul- und Ausbildung sowie Studium und Promotion in Deutschland absolviert. Vorbestraft war ich nicht, und mein eigenes Einkommen konnte ich auch nachweisen. Ich erfüllte also alle Kriterien, um eingebürgert zu werden, dennoch dauerte es noch ein ganzes Jahr, bis meine Einbürgerung genehmigt wurde. Der Grund: meine jamaikanischen Wurzeln. Nicht nur in der Praxis, sondern auch in der Theorie wurde ich daran gehindert, mich als Schwarz UND deutsch zu identifizieren.

Da meine beiden Eltern gebürtige Jamaikaner*innen sind, erhielt ich automatisch die jamaikanische Staatsangehörigkeit und hatte – ohne es zu wissen – von Geburt an die doppelte Staatsbürger*innenschaft: die britische und jamaikanische. Eine dritte, die deutsche, durfte ich demnach nur annehmen, wenn ich mich gegen eine der beiden anderen entschied. Keine einfache Wahl! Ich musste meine Optionen abwägen: Auf der einen Seite hatte sich Großbritannien mit dem Brexit gegen Europa entschieden. Doch ich bin Europäerin (und keine Afrikanerin), auch wenn Europa sich als *weiß* imaginiert und meine Geschwister an seinen Außengrenzen ertrinken lässt. Ein deutscher Pass erlaubte mir, nicht nur auf dem Papier Deutsche zu werden, sondern auch Europäerin zu bleiben.

Mein britischer Pass hingegen ist lediglich ein Relikt aus meiner Vergangenheit. Ein Andenken, das meine Kindheitserinnerungen vor dem Verblassen schützt und nach dem Brexit das Einzige an mir, was noch britisch ist. Gleichzeitig ist mein britischer Pass aber auch ein wichtiger Teil meiner Identität, der mich mit meiner Familie verbindet, und das wollte ich nicht ohne Weiteres aufgeben. Hinzu kam die Angst, dass der Rassismus in Deutschland wieder einen Punkt erreichen würde, an dem es für Schwarze Menschen nicht möglich sein würde, hier zu leben. Ein britischer Pass würde mir im Krisenfall eine Fluchtmöglichkeit bieten. Meine Wurzeln hingegen würden immer jamaikanisch sein, egal, wie viele Pässe ich besitze. Genau genommen war ich nach jamaikanischem Recht auch ohne jamaikanischen Pass eine Jamaikanerin. Das würde die Neutralisation, die ich unterschreiben musste, nicht ändern. Also entschied ich mich, den britischen Pass zu behalten und den deutschen hinzuzunehmen. Einen jamaikanischen Pass darf ich nur annehmen, wenn ich einen davon wieder abgebe. Damit bin ich offiziell »Mehrstaaterin« – ein neuer Begriff, den ich in mein Glossar an Fremdbenennungen aufnehmen kann.

Damit war ich vor dem Brexit sicher, und der Weg in die deutsche Politik war frei. Ich schloss mich »Die Urbane. Eine Hip-Hop-Partei« an und wurde ihre zweite Vorstandsvorsitzende im Glauben, mit Schwarzer Kultur auf der großen politischen Bühne globale Veränderungen herbeiführen zu können. Doch schon nach wenigen Monaten hatte sich meine Ablehnung erneut bestätigt: Die Politik ist starr und unbeweglich. Kein Ort für mich! Hinzu kommt, dass es sich bei der Politik wie auch bei der Wissenschaft nach wie vor um *weiße* männliche Räume handelt, die *weiß* und männlich gehalten werden sollen. In der Konsequenz bedeutete das für mich, dass ich keine Politik für Deutschland machen kann, bis Schwarzen Menschen, insbesondere Schwarzen Frauen, offiziell ein Platz auf der (frauen-)politischen Agenda eingeräumt wird. Also trat ich zurück und ging meinem politischen Aktivismus als Schwarze Feministin weiter nach.

33

Schwarze Frauen in der deutsch(sprachig)en Politik

Seit Ende des 19. Jahrhunderts sind *weiße* Frauen auf der Überholspur. Ziel der Frauenbewegung war es, *weißen* Frauen den Zugang zur Politik zu ermöglichen und das Wahlrecht für sie zu erkämpfen. Zuvor wurde der optimale Status der *weißen* Frau am *weißen* Mann gemessen und in der Ehe gesehen. Jede zweite Werbung im deutschen Fernsehen der 1950er-Jahre spiegelte eine heteronormative Kleinfamilie wider. Die Ehefrau stand, mit einer Schürze gekleidet und einem Kochlöffel in der Hand, am Herd und wartete vergnügt, bis ihr Ehemann von der Arbeit nach Hause kam. Beworben wurde gesalzene Butter oder im besten Fall ein neuer Kochtopf. Eine andere Rolle kam der *weißen* deutschen Frau lange nicht zu. Bis 1977 gab es sogar per Gesetz noch die sogenannte Hausfrauenehe. Sie erlaubte den Frauen das Arbeiten nur dann, wenn sie dabei Haushalt und Familie nicht vernachlässigten. Eine Haushälterin durfte sie gegen den Willen ihres Mannes durch ihre Berufstätigkeit nicht finanzieren. Wenn der Ehemann nicht genug verdiente, war sie aber verpflichtet mitzuarbeiten.[1]

Die Vorstellung davon, was »typisch Frau« oder »typisch weiblich« war, wurde selbstredend vom *weißen* Mann definiert. Wer mit 30 noch unverheiratet war, fiel aus dem Raster. In vielen Fällen bedeutete dies den gesellschaftlichen Abstieg.

Diese allgemeingültige Haltung sollte im Laufe der folgenden Jahrzehnte zunehmend aufweichen. Als Angela Merkel gegen den Willen vieler ihrer männlichen Parteikollegen 2005 Bundeskanzlerin wurde, war sie bereits einmal geschieden. Ihren zweiten Ehemann, den Chemieprofessor Joachim Sauer, hatte sie wenige Jahre zuvor geheiratet. Das Ehepaar hat keine gemeinsamen Kinder. Die Vorzeigefrau verkörperte Angela Merkel für die konservative CDU sicherlich nicht. Ihren kometenhaften Aufstieg hatte sie ihrer Beharrlichkeit und ihrem Durchsetzungsvermögen zu verdanken.

In der DDR aufgewachsen, war die promovierte Physikerin die erste Ostdeutsche, die das Kanzlerinamt jemals innehatte. Nach der Wende war sie der politischen Gruppierung »Demokratischer Aufbruch« (DA) beigetreten, die 1990 in der CDU aufging. Im Kabinett von Helmut Kohl bekleidete sie von 1990 bis 1998 die Posten der Familienministerin und der Umweltministerin, bevor sie weitere Positionen als CDU-Generalsekretärin, CDU-Vorsitzende und Oppositionsführerin übernahm. Ein Jahr nach ihrem Amtsantritt kürte das US-Wirtschaftsmagazin *Forbes* sie zum ersten Mal zur mächtigsten Frau der Welt. Diese Vorreiterinnenrolle nahm sie fast ununterbrochen bis 2020 ein. Nur im Jahr 2010 galt Michelle Obama als mächtiger.[2]

Da Angela Merkels Politik in der antifeministischen Tradition der CDU/CSU stand, hielt sie dennoch eine sichere Distanz zum Feminismus. Erst zu Ende ihrer Amtszeit zeigte sie 2019 in ihrer öffentlichen Rede zum hundertjährigen Jubiläum des Frauenwahlrechts wie selten zuvor eine klare feministische Haltung: »Das Ziel muss Parität sein, Parität überall!«[3], forderte sie und stimmte das mehrheitlich *weiße* weibliche Publikum kämpferisch ein. Danach gefragt, ob sie selbst Feministin sei, antwortete Angela Merkel nicht direkt. Sie wolle sich nicht mit fremden Federn schmücken, entgegnete sie. Umso authentischer war ihre Freude, als sie versicherte, dass niemand mehr ein junges Mädchen auslachen könne, das es wage, Ministerin oder sogar Bundeskanzlerin werden zu wollen.[4] Sprach sie da von ihren eigenen Erfahrungen? Gut möglich.

Keine Frau wird durch ihr Frausein automatisch zur Feministin. Dennoch gab es im Laufe der Geschichte zahlreiche Feministinnen, die sich selbst nie als solche bezeichnet haben. Angela Merkel gehört dazu. Ebenso wenig, wie Barack Obama der Präsident des Schwarzen Amerikas war, verstand sich Angela Merkel als Kanzlerin des weiblichen Deutschlands. Dennoch ließ ihre Politik feministische Ansätze nicht vermissen: 30 Jahre nach Abschaffung der »Hausfrauenehe« wurde 2007 das Elterngeld eingeführt, welches Familien eine gleichberechtigte Betreuung der Kinder ermöglichte.[5] Damit Frauen auf dem Arbeitsmarkt eine ähnliche Chance haben wie Männer, haben sie heute (theoretisch) auch einen rechtlichen Anspruch auf einen Kitaplatz. Es gibt nur einen Haken: den Mangel an Kitaplätzen und am entsprechenden Personal.[6]

Angela Merkels Politik war zudem von weiteren Neuerungen geprägt. Mit der Einführung des Integrationsgipfels 2006 lud sie jährlich Vertreter*innen aus Politik, Medien und Gesellschaft ein, um Probleme der Zuwanderung zu diskutieren. Auslöser für die Konferenzreihe waren unter anderem die erschütternden Ergebnisse der PISA-Studien: Herkunft und Hintergrund entscheiden maßgeblich über den schulischen Erfolg oder Misserfolg von Kindern in Deutschland. Während viele ihrer Parteikolleg*innen Menschen mit Migrationsgeschichte permanent als »Integrationsverweiger*innen« bezeichneten, waltete die Bundeskanzlerin ihres Amtes und setzte 2007 den Nationalen Integrationsplan auf, den sie 2012 in einen Aktionsplan umwandelte.[7] Von strukturellem Rassismus war darin allerdings nicht die Rede. So wurde der institutionelle Rassismus im Bildungssystem (noch) nicht erkannt.

Es sollte bis zum 11. Integrationsgipfel Anfang Mai 2020 dauern, bis das Thema Rassismus erstmals auf Angela Merkels Agenda rutschte. An ihrer Seite war damals ihre Schwarze Parteikollegin Dr. Sylvie Nantcha:

Sylvie Nantcha wurde 1974 in Maroua, Kamerun, geboren. Sie kam im Alter von 17 Jahren zum Studieren aus den USA nach Deutschland. Ihre Eltern stammten aus Kamerun und wanderten in die USA aus, wo ihr Vater 2013 verstarb. Ihre Mutter und vier ihrer Geschwister leben weiterhin dort. 2009 begann Sylvies politische Karriere als CDU-Stadträtin in Freiburg. Es folgte eine CDU-Landesvorstandsmitgliedschaft von 2009 bis 2013. Von 2015 bis 2021 realisierte sie als Initiatorin von »TANG – The African Network Germany« in Kooperation mit verschiedenen Bundesministerien Projekte zur Gestaltung der deutschen Integrationspolitik. Sie beriet zudem die Merkel-Regierung zu Themen um Flucht und Migration. 2018 promovierte Sylvie Nantcha in Germanistik. Sie ist verheiratete Mutter von zwei Söhnen und einer Tochter.

Angela Merkel verglich ihre eigene Familiengeschichte mit Sylvie Nantchas Migrationsgeschichte:

> *»Es wird immer wieder gefragt: Wie lange müssen wir Teil der Integration sein. Mein Urgroßvater war Pole. Wenn ich zähle Urgroßvater, Großvater, Vater, Kind, bin ich die vierte Generation. Mich fragt keiner, ob ich zu integrieren sei.«*[8]

Schwarze Menschen hingegen würden stets gefragt werden, woher sie denn kämen und ob sie integriert seien, führte die damalige Bundeskanzlerin fort.[9] Sie bezeichnete sich selbst nicht als *weiße* Frau, die das »Privileg der Unsichtbarkeit«[10] genoss und damit unmarkiert blieb, erklärte aber ihre Kollegin zur »Minderheit einer Hautfarbe«[11], womit eine rassistische Markierung einherging. Damit rief Merkel (sicherlich unbewusst) Rasse als biologisches Differenzmerkmal auf und reproduzierte Rassismus.

Ihr eigenes *Weiß*sein schloss Angela Merkel als Kehrseite des Rassismus aus. Dabei handelt es sich bei Rassismus um eine zweiseitige Medaille: Rassistische Unterdrückung entsteht durch *weiße* Vorherrschaft, und *weiße* Vorherrschaft führt zu rassistischer Unterdrückung. Diese Wechselbeziehung thematisierten die beiden Frauen nicht. Stattdessen nahmen sie unhinterfragt Gender als gemeinsamen Nenner an. Doch Gender ist weder eine homogene Kategorie, noch gibt es ein neutrales Außen von Rassismus. Auch die ehemalige Bundeskanzlerin ist Teil des rassistischen Systems. Stattdessen erhoben beide CDU-Frauen ihre Parteizugehörigkeit zum moralischen Kompass des Dialogs, setzten die christlichen Werte in den Mittelpunkt und machten die Rolle des Christentums in der Entstehung des Rassismus unsichtbar.

In einem Interview erzählt Sylvia Nantcha, dass sie als gläubige Christen gezielt zur CDU gegangen sei. Die christlichen Werte seien ihr sehr wichtig gewesen, fügte sie hinzu, vor allem die Vorstellung, dass alle Menschen gleich seien.[12] Auch Angela Merkel nimmt das christliche Menschenbild als Ausgangspunkt ihres Gleichheitsprinzips. Doch das ist nicht automatisch eine Absage an eine rassistische Ideologie. Im Gegenteil: Was beide Frauen auch nicht berücksichtigen, ist die Rolle der Missionierung während der deutschen Kolonialisierung Afrikas. Geleitet von der Vorstellung, dass afrikanische Seelen gerettet werden müssten, kooperierten christliche Missionarsfamilien häufig eng mit den Kolonialsoldaten und rechtfertigten den kolonialen »Zivilisationsauftrag«, der angeblich nur durch das Christentum erfüllt werden konnte.[13]

Die Christianisierung spielte also eine große Rolle bei der Unterdrückung afrikanischer Menschen und trug wenig zu ihrer Befreiung bei. Die Rheinische Missionsgesellschaft etwa war bereits 1842, lange vor Beginn des formalen deutschen Kolonialismus, in ehemals Deutsch-Südwestafrika aktiv.[14] Bis heute stehen viele namibische Schulen, Kranken- und Waisenhäuser unter kirchlicher Trägerschaft. Sie werben in Europa mit hungernden Schwarzen Kindern und fördern so ein Überlegenheitsdenken, das dem Kolonialismus entstammt und in der Gegenwart moralisch legitimiert wird.[15] Damit leben rassistische Stereotype fort, die nicht nur Europa von Afrika hat, sondern die Afrikaner*innen irgendwann auch über sich selbst haben.

Als »Entwicklungszusammenarbeit« getarnt, werden lediglich ökonomische Machtinteressen verfolgt, korrupte Strukturen gestärkt und die Dominanz der Industrieländer gefestigt. Die Folge: Afrikaner*innen werden in die Abhängigkeit gedrängt, fallen in Armut und fliehen. Die wenigsten von ihnen schaffen es nach Europa, und wenn doch, dann wartet hier schon der nächste Teufelskreis auf sie. Die Aufarbeitung der Missionsarbeit ist daher ebenso überfällig wie die Aufarbeitung der politischen und wirtschaftlichen Dimensionen des Kolonialismus sowie die Verwobenheit dieser Institutionen. Solange die Kirchen nicht dekolonialisiert werden und ungleiche Machtverhältnisse »im Namen Gottes« weiter aufrechterhalten werden, wird damit auch der Kolonialismus in der Form von Neokolonialismus weitergeführt[16] und mit dem Selbstverständnis der CDU ungebrochen weitervermittelt.

Im Gegensatz zu Deutschland wurde das Frauenwahlrecht in der Schweiz erst im März 1971 eingeführt. Im Herbst desselben Jahres zog die erste Schwarze Politikerin in das Bundeshaus:

Tilo Frey wurde 1923 in Maroua, Kamerun, als Tochter einer Schwarzen Mutter und eines *weißen* Vaters geboren. Nach der Schule und Ausbildung in Deutschland unterrichtete sie Stenografie. Später leitete sie die Höhere Töchterschule. Nachdem sie 1959 das kommunale Stimm- und Wahlrecht erhalten hatte, trat sie der FDP bei. 1964 schaffte sie den Sprung ins Stadtparlament und wurde fünf Jahre später als erste Frau ins Neuenburger Kantonsparlament gewählt. 1971 gehörte sie zu den ersten elf Frauen, die in den Nationalrat zogen und war die erste Schwarze Frau im Schweizer Bundeshaus. Sie war weder verheiratet, noch hatte sie Kinder. 2008 starb sie. 2019 wurde in Neuenburg ein Platz nach ihr benannt.

Tilo Freys Lebensgeschichte ist brüchig. Als sie fünf Jahre alt wurde, nahm ihr Vater sie mit in die Schweiz und adoptierte sie gemeinsam mit seiner *weißen* Ehefrau. Tilo Freys leibliche Mutter, Fatimé Bibabadanna, die dem Volk der Fula angehörte, blieb in Kamerun zurück. Unklar ist, welche Beziehung ihre leiblichen Eltern zueinander hatten, ob ihre leibliche Mutter mit Tilos Auswanderung einverstanden war und wie sie von ihrer Stiefmutter angenommen wurde. Bekannt ist, dass ihre leiblichen Eltern nicht verheiratet waren und Tilos Vater sie deswegen in die Schweiz mitnehmen konnte.[17]

So wuchs Tilo während des Nationalsozialismus als Schwarzes Mädchen im Bildungsbürger*innentum der vermeintlich »neutralen« Schweiz auf. Fotografien von sich als Kind, die sie während eines späteren Interviews zeigte, lassen eine weitestgehend unbeschwerte Kindheit vermuten. Nach Schule und Ausbildung startete sie in den klassischen Frauenberuf der Lehrerin und konnte später als Direktorin der Höheren Frauenschule sogar eine leitende Position einnehmen. Welche Erfahrungen sie als junge Schwarze Frau in einer von Rassismus geprägten Zeit in der Schweiz gemacht hat, ist nicht überliefert. Fakt ist, dass sie sich schon früh entschied, in die Politik zu gehen. Grund dafür war ihr Wunsch, Verantwortung für die neuen Frauenrechte zu übernehmen und sich von den traditionellen Frauenwerten loszusagen.[18]

Doch ihre Kandidatur für das Bundeshaus sorgte für viel öffentliche Aufregung. In Tageszeitungen, Zeitschriften und Fernsehbeiträgen wurden stets ihre afrikanischen Wurzeln hervorgehoben und herabgewürdigt. Im Februar 1971 deutete der *Tages-Anzeiger* ihre Kandidatur als »Zweifaches Beispiel für die Emanzipation« an. Tilo Frey war Schwarz und eine Frau. An dieser Kreuzung stehend, hätte sie viel in der Politik bewirken können. Doch einen Monat später wurden diese Schlagzeilen überschattet, als die *Neue Zürcher Zeitung* titelte: »Die Nationalratskandidatur aus Kamerun«. Das konservative Blatt bediente damit einen rassistischen Diskurs, der ihre

Doppelidentität zerlegte und versuchte, sie als Nichtschweizerin zu markieren. Der Fokus der Berichterstattung lag dabei auf ihrer Kindheit und der Beziehung zu ihren Eltern und weniger auf ihren politischen Inhalten.[19]

Dabei hatte sich Tilo Frey für Gleichstellung eingesetzt, für die Entkriminalisierung von Abtreibung und für eine stärkere Zusammenarbeit mit den sogenannten Entwicklungsländern. Sie wurde Präsidentin der kantonalen Frauengruppe und führte Kurse zur politischen Bildung von Frauen durch. Darüber, wie erfolgreich ihre Politik war, kann nur spekuliert werden. Nach vier Jahren verschwand sie von der politischen Bühne, zog sich weitgehend aus der Öffentlichkeit zurück und verbrachte viel Zeit in ihrem Haus in Südfrankreich.[20]

Erst 2019 konnte die Schwarze Historikerin Jovita dos Santos Pinto große Teile ihrer Biografie rekapitulieren und der breiten Öffentlichkeit zur Verfügung stellen. Indem Tilo Freys Geschichte erzählt wurde, konnte das kollektive Schweigen gebrochen und eine wichtige Verbindung zwischen kolonialer Vergangenheit und postkolonialer Gegenwart hergestellt werden. Als im selben Jahr in Neuenburg ein Platz nach ihr benannt wird, wird die Schwarze Politikerin in das kollektive Gedächtnis der Schweiz gerufen. Zuvor trug der Platz den Namen von David de Pury, dessen Verwicklungen in den Versklavungshandel seit Jahren bekannt waren. Damit ehrte auch die Schweiz eine Schwarze Frau, die sich zwar selbst nicht als Schwarze Feministin bezeichnet hat, aber heute durchaus so bezeichnet werden kann.[21]

Damit hat die Schweiz Deutschland etwas voraus, denn hierzulande sollte es noch 50 Jahre dauern, bis die erste Schwarze Frau in den deutschen Bundestag einzog:

Awet Tesfaiesus wurde 1974 in Asmara, damals Äthiopien, heute Eritrea, geboren. Mit zehn Jahren flüchtete ihre Familie aufgrund des Eritreischen Unabhängigkeitskrieges nach Deutschland und ließ sich in Heidelberg nieder. Awet lernte Deutsch, machte ihr Abitur und studierte Jura. Sie wurde Anwältin für Asyl-

recht. 2009 stieg sie bei den Grünen ein, wurde 2016 Sprecherin für Integration und Gleichstellung der Grünen-Fraktion im Kasseler Stadtparlament. Seit 2021 ist Awet Tesfaiesus Mitglied des Deutschen Bundestags und damit die erste Schwarze Frau in dessen Geschichte. Awet pendelt zwischen Kassel und Berlin. Sie ist verheiratet und Mutter eines Sohnes.

Nachdem in Hanau zehn Menschen getötet und vier schwer verletzt wurden, hat Awet Tesfaiesus beschlossen, für den Bundestag zu kandidieren. Für sie und andere seien die Morde in Hanau ein entscheidender Moment gewesen, etwas im Land zu verändern, erzählt sie in einem Interview mit der *New York Times.* Damals hat sie zuerst überlegt, ob sie mit ihrem Mann und ihrem Sohn das Land verlassen soll. Sie entschied dann aber zu bleiben und für eine bessere Zukunft zu kämpfen. Nach den rassistischen Anschlägen in Mölln und Solingen in den 90er-Jahren sei in der deutschen Politik nicht viel passiert, was den Rassismus aktiv bekämpft hätte. Das wollte sie sich gezielt zur Aufgabe machen und setzt sich heute im Bundestag für Chancengleichheit, Diversität und ein Asylgesetz ein. Sie hofft in und durch Politik, Rassismus und Diskriminierung nachhaltig bekämpfen zu können. Es sei ihr eine große Ehre, die erste Schwarze Frau im Deutschen Bundestag zu sein, erzählt Awet Tesfaiesus weiter. [22]

Als Kind konnte Awet sich genauso wenig wie ich vorstellen, dass es in Deutschland eine Schwarze Anwältin, Schwarze Ärztin oder Schwarze Politikerin geben könnte. Doch wir gehören zu einer Generation, die nicht nur Durchhaltevermögen hat, sondern auch Biss. Inzwischen sind sogar zahlreiche Schwarze Frauen in der deutschen Politik angekommen: Aminata Touré (Grüne Ministerin in Schleswig-Holstein), Doreen Denstädt (Grüne Ministerin in Thüringen), Sarah-Lee Heinrich (Bundessprecherin der Grünen Jugend) oder Pierrette Herberger-Fofana (Abgeordnete der Grünen im Europaparlament). Sie alle sind Mitgliedsfrauen bei Bündnis 90/Die Grünen, die seit 2018 in ihrem Grundsatzprogramm dafür werben, einen Feminismus zu fördern, »der verschiedene Diskriminierungsformen auch in ihrer Verschränkung erkennt und an ihrer Beseitigung arbeitet«.[23] Diese Schwarzen Frauen tragen zweifelsohne dazu bei, dass dieses politische Selbstverständnis umgesetzt wird. Allerdings bezahlen sie dafür einen hohen Preis, denn die Politik ist kein rassismusfreier Ort. Genaugenommen gibt es keinen Ort, der frei ist von Rassismus.

34
Kunst und Propaganda

Laut dem Schwarzen Aktivisten und Autor Maulana Karenga muss Schwarze Kunst drei grundlegende Eigenschaften besitzen. Sie muss funktional, kollektiv und verpflichtend sein: Ihre Funktion liegt darin, zu informieren, anzuleiten und zu inspirieren. Kollektiv ist sie, wenn sie für alle zugänglich und verständlich ist. Und schließlich muss sie sich dem historischen Projekt der Befreiung Schwarzer Menschen verpflichten.[1]

Als im Zuge der Industrialisierung des frühen 20. Jahrhunderts ca. sechs Millionen Schwarze Menschen aus den ländlichen Regionen des Südens in den Norden der USA wanderten und viele sich im New Yorker Stadtteil Harlem niederließen, entstand dort eine Kunstbewegung, die erstmals über Einzelwerke hinaus zur geistigen und kulturellen Befreiung der Schwarzen Menschen beitrug. Jenseits der *weißen* Strukturen konnten Schwarze US-Amerikaner*innen durch ihre Kunst eine eigene politische Identität entwickeln, die stark von afrikanischen Kunstformen geprägt war und eigene Ausdrucksformen hervorbrachte.[2]

Obwohl Schwarze Frauen ihren Platz innerhalb der Bewegung behaupten mussten, gehörte Josephine Baker, die auch in Deutschland künstlerisch und politisch aktiv war, zu den bekanntesten Vertreterinnen der Harlem Renaissance. Ihr Einflussbereich reichte weit über die Grenzen von New York City hinaus:

Josephine Baker wurde 1906 in St. Louis, Missouri, geboren und wuchs in ärmlichen Verhältnissen auf. Nach kleineren Auftritten erhielt sie mit 16 ein Engagement in New York und startete bald darauf ihre internationale Karriere, die sie nach Paris führte. Froh, den rassistischen Unruhen in den USA zu entkommen, die ihr Leben von früh an prägten, avancierte sie in den Folgejahren zu einer der erfolgreichsten Schwarzen Entertainer*innen ihrer Zeit. Beeinflusst vom Zweiten Weltkrieg, dem andauernden Rassismus in den USA und den Dekolonialisierungsprozessen auf dem afrikanischen Kontinent, wurden ihre Performances zunehmend politischer. Auch ihr Privatleben wurde von den politischen Ereignissen ihrer Zeit geprägt. Am 12. April 1975 starb Josephine Baker an ihrem Wohnort in Paris. 2021 erhielt sie als erste Schwarze bisexuelle Frau einen Gedenkort im Pariser Panthéon.

1926 machte Josephine Baker in New York Bekanntschaft mit dem deutschen Dichter Karl Gustav Vollmöller, der als Talentvermittler aktiv war. Während ihrer Auftritte in Berlin war sie häufig sein Gast und feierte ausgiebig, meist nackt, in seiner Berliner Wohnung am Pariser Platz, wie der anwesende Publizist Harry Graf Kessler in einigen Tagebucheinträgen festhielt.[3] Gemäß den kolonialen Vorstellungen der Zeit wurde sie in der deutschen Presse gleichermaßen erotisiert und exotisiert, noch bevor sie sich ihren weltberühmten Bananenrock überzog. In ihren Memoiren[4] schrieb sie ein Jahr später von ihrer Begeisterung für die deutsche Hauptstadt.

Im Gegensatz zu ihren Schwarzen Zeitgenossinnen Martha Ndumbe oder Marie Hegner war Josephine Baker ein gefeierter Star, bekam Blumengeschenke, Liebesbriefe und Heiratsanträge. Doch ihr Ruhm wurde alsbald von rassistischen Protesten überschattet: In Wien wurden Gottesdienste gegen ihre »Moralverstöße« abgehalten. Zusätzlich demonstrierten rechte Gruppen gegen ihre Auftritte. In Budapest und Zagreb flogen Stinkbomben und Knallkörper auf die Bühne. 1929 wurde ihr Auftritt in München sogar verboten.[5] Doch davon ließ Josephine Baker sich nicht unterkriegen. Im Gegenteil. Die Kriegsjahre brachten ihren politischen Aktivismus hervor.

Als Inhaberin eines Pilot*innenscheins trat sie den »fliegenden Krankenschwestern« bei, einer Einheit, die zum Französischen Roten Kreuz gehörte. Nach der Besetzung Frankreichs 1940 wurde sie Spionin für den französischen Geheimdienst und schmuggelte in ihrer Unterwäsche Nachrichten von Frankreich nach England. Vier Jahre später schloss sie sich als Unterleutnant der Luftwaffe des Freien Frankreichs an und kämpfte aktiv gegen Nazideutschland. Nach dem Zweiten Weltkrieg verschrieb sie sich dem Kampf gegen Anti-Schwarzen-Rassismus in den USA und lief 1963 beim »Marsch auf Washington« an der Seite von Martin Luther King jr.[6]

Stark von den Entwicklungen der Harlem Renaissance beeinflusst, war in den späten 1920er-Jahren im frankofonen Raum die literarisch-philosophische Négritude-Bewegung aufgekeimt, zu der Josephine Baker in Paris einen direkten Draht unterhielt. In der Rückbesinnung auf präkoloniale afrikanische Kulturtraditionen wehrten sich primär Schwarze Literat*innen und Journalist*innen (darunter auch Maria Mandessi Bell) gegen ihre Angleichung an und Integration in die europäische Kultur und traten für eine kulturelle Selbstbehauptung aller Menschen afrikanischer Herkunft ein. Die Bewegung wuchs zur Leitkultur der Schwarzen Pariser Szene der 30er-Jahre heran.[7]

Vor dem Hintergrund kollektiver Erfahrungen, die eng mit einer Politik der Versklavung, Kolonialisierung und Nationalisierung verknüpft waren, trug die Négritude-Bewegung dazu bei, das kollektive Denken zu fördern und die panafrikanische Idee zu vermitteln. Durch den Austausch von Schwarzen Kunst-, Kultur- und Wissensproduktionen entstand eine spezifische Form der Schwarzen Ästhetik, die von der Harlem Renaissance beeinflusst wurde, sich aber stark davon unterschied. Für den deutschsprachigen Raum gilt es noch, eine eigenständige, vielseitige und gleichberechtigte Form der Schwarzen Ästhetik herauszuarbeiten und zu institutionalisieren. Diese Entwicklung wurde schlichtweg historisch verhindert.

Zu Beginn des 20. Jahrhunderts hatte der deutsche Kolonialismus alle Gesellschaftsbereiche, einschließlich Kunst und Kultur, durchzogen. Damals waren Schwarze Menschen gezwungen, in der Entertainmentindustrie zu arbeiten, wenn sie in den Haushalten der Bourgeoisie keine Anstellung fanden; andere legale Einnahmequellen hatten sie kaum. In der *weißen* Vorstellungswelt wurden ihre Körper zum Objekt stilisiert, an das widersprüchliche kolonialisierte Imaginationen geheftet wurden. Versuche, diesen Strukturen entgegenzuwirken, wurden vom kamerunisch-deutschen Schauspieler Louis Brody mit seinem Theaterstück »Sonnenaufgang im Morgenland« unternommen.

Inspiriert von Schwarzen Theaterproduktionen aus den USA und Frankreich, wurde das Stück im Dezember 1930 im Kleims-Ballsaal in Berlin-Neukölln von 30 Schwarzen Männern, acht Schwarzen Frauen und drei *weißen* Personen inszeniert. Wer die Schwarzen Frauen waren, ist bislang nicht bekannt. Im März 1930 berichtete *The Crisis,* das offizielle Magazin der National Association for the Advancement of Colored People, dass die Revue, begleitet von einem 14-köpfigen Orchester, Schwarze Geschichte in Deutschland feiere. Die Inszenierung trug dazu bei, transnationale Verbindungen, in denen Schwarze Deutsche aktiv waren, sichtbar zu machen, und kann sowohl als Ausdruck einer im Entstehen begriffenen afrodiasporischen Identität als auch als Ausdruck des Widerstands gegen die global verbreitete Ideologie des Rassismus gesehen werden.[8]

Ungeachtet der antikolonialen Bemühungen der Schwarzen deutschen Community, betrachteten *weiße* deutsche Künstler*innen, wie die deutschen Expressionist*innen um Ernst Ludwig Kirchner, Afrikaner*innen und Schwarze Deutsche in erster Linie als »menschliche Vehikel«, mit denen sie ihre Idee des Primitivismus transportieren konnten. Beeinflusst von den kolonialen Rassismen und Exotismen dieser Ära, konnten sie ihre Grundidee von Vereinfachung und Reduktion schnell mit ihren afrikanischen Motiven und Modellen verknüpfen. Da Schwarze Körper als »kindlich«, »naturgebunden« und »ahistorisch« konstruiert wurden, verkörperten sie in der Vorstellungswelt der Expressionist*innen die reinste Form der Authentizität.[9]

Während meiner Recherche zu den Schwarzen Modellen der Brücke-Künstler fiel mir sehr schnell auf, dass es mehr kunsthistorische Analysen über die schwarze Katze »Bobby« gibt als über die Schwarzen Frauen in ihren Werken. Tatsächlich wird in der Forschung der soziale Kontext von Kirchners Schaffen mit Blick auf den deutschen Kolonialismus großzügig ignoriert, wenngleich in seinen Werken sichtbar ist, wie biologistische Vorstellungen von Rasse und Geschlecht das vermeintlich fortschrittliche Leben im deutschen Kaiserreich strukturiert haben. Denn anders als andere Kolonialmaler wie Emil Nolde oder Paul Gauguin reiste Kirchner nie in die deutschen Kolonien – weder in die Südsee noch nach Afrika oder Asien. Durch die anhaltende Kolonialmigration wurde die Schwarze Bevölkerung in Deutschland zunehmend sichtbar, weshalb Kirchner seine Schwarzen Modelle, die er häufig als »Milli« bezeichnete, persönlich getroffen oder gekannt haben könnte.

Bekannt ist, dass er Personen und Dinge abbildete, die er zu seiner Zeit in den Völkerkundemuseen, Völkerschauen, Zirkusarenen und Kabaretts deutscher Großstädte zu sehen bekam. Inwieweit Kirchner den Namen »Milli« als Synonym für »die Schwarze Frau« verwendete, habe ich in der Intervention »Wer war ›Milli‹?« (2022/23) in der Kunsthalle Bremen thematisiert. In diesem Sinne könnte der Name auch eine »Metapher für Grenzen und andere Beziehungen« sein, wie die Schwarze Kulturwissenschaftlerin Dr. Mahret Ifeoma Kupka im Katalog der anschließenden Gruppenausstellung »I AM MILLI« vorschlägt.[10]

Aufgrund seiner Verherrlichung von afrikanischer Kunst, Kultur und Körpern wurden Kirchners Arbeiten in der NS-Diktatur als »entartete Kunst« diffamiert. Was der nationalsozialistische Kultur-Apparat korrekt erkannte, war die zentrale

Rolle, die das angeblich Primitive in seinen Werken spielte. Die wahre Absicht, die diesem Primitivismus zugrunde lag, waren jedoch Protest, Auflehnung und Widerspruch der Künstler*innen gegen die bürgerliche Klasse. Wie bei vielen Revolten künstlerischer Eliten wandten sich die gesellschaftlichen Außenseiter*innen vorsätzlich dem Fremden zu und wählten einen revolutionären Zugang zu den psychologischen Ursprüngen der Kunst. Kunst um der Kunst willen existierte nach Vorstellung der Brücke-Künstler nicht.[11]

Zu Beginn des 20. Jahrhunderts bestätigte W.E.B. Du Bois diese These: Kunst sei Propaganda und müsse es immer sein, schrieb er in dem Versuch, seinen Schwarzen künstlerischen Ausdruck mit seinem politischen Engagement in Einklang zu bringen.[12] Zuvor hatte Du Bois Schwarze Kunst, Literatur und Kultur lediglich als Selbstzweck und als Teil eines vielschichtigen politischen Programms verstanden. Zu einer Zeit, als Schwarze Personen selten in Mainstream-Magazinen vorgestellt wurden (und wenn, dann häufig in rassistischen Darstellungen), wurde die Förderung der Schwarzen Kunst mehr als nur eine Möglichkeit, eine starke Schwarze kulturelle Identität aufzubauen. Sie wurde zum politischen Sprachrohr einer Bewegung.

In einem Interview von 2019 mit dem Senior-Kurator des Oakland Museum of California, René de Guzman, erzählt Angela Davis, wie sie sich schon im Studium intensiv mit der politischen Beziehung zwischen Ästhetik und Politik beschäftigt hat, und verweist darauf, dass politische Bewegungen oft von Musik, Poesie und visueller Kunst angetrieben wurden. Sie glaubte, dass Kunst in der Lage sei, Menschen zu erreichen, wie es Dialoge oder politische Reden oft nicht können, da sie eine Vorstellungskraft beinhalte, die weit über das Gesagte hinausreiche. Wenn Revolutionen also durch Kunst möglich seien, dann müssten wir auch in der Lage sein, uns verschiedene soziale Realitäten und soziale Bewegungen durch Kunst vorzustellen, betont sie. In diesem Sinne verortete sie Kunst an der Spitze des sozialen Wandels, da sie Dinge erfassen kann, die in der Theorie und politischen Praxis nicht verstanden werden können.[13]

Auch bell hooks hebt in ihren Essays und Interviews in »Art on my Mind: Visual Politics« (1995) das gesellschaftsverändernde Potenzial hervor, das die Kunst in sich birgt. Durch Kunsterziehung in Grundschulen, visuelle Kultur in Schwarzen Haushalten oder die Entdeckung des Ästhetischen im Alltag beschreibt sie, wie intersektionale Gerechtigkeit erzielt werden kann. Maya Angelou geht sogar noch einen Schritt weiter: In einem Interview mit David A. Dillon von *Perspectives* fordert sie die »Demystifizierung der Kunst«. Denn Kunst sollte ihrer Meinung nach für jeden Menschen zugänglich sein und demnach auch ungehindert Eingang in beispielsweise Klassenzimmer finden.[14]

Auch in meinen Lehrveranstaltungen nutzte ich Kunst, um soziale Bewegungen zu thematisieren. Obwohl Schwarze Kunst im deutschen Kontext häufig als Unterhaltung und damit als Nebensache abgetan wird, beinhaltet sie die nötige Vorstellungskraft, um komplexe politische Sachverhalte aus einer Schwarzen feministischen Perspektive materialisieren und veranschaulichen zu können. 2011 entstand beispielsweise die Wanderausstellung »EDEWA – Der Postkolonialwarenladen«[15] in meinem Seminar an der Humboldt-Universität zu Berlin. In dem nachgebildeten Supermarkt, in dem die Produktpalette aus künstlerischen Objekten der Studierenden besteht, konnten wir durch Kunst Themen wie Rassismus, Sexismus und Postkolonialismus kritisch adressieren.

Ziel des Projekts war es, den Alltagsrassismus in Deutschland aufzuzeigen, aber auch Strategien zu entwickeln, um mit unterschiedlichen Formen von Rassismus und mit den eigenen Rassismuserfahrungen umgehen zu können. Gleichzeitig bot der Raum eines Supermarktes die Möglichkeit, antirassistischen und antisexistischen Widerstand einzelner Gruppen wahrnehmbar und ihre historischen Kämpfe durch Porträts feministischer Widerstandskämpferinnen erlebbar zu machen. Denn obwohl Supermärkte kaum trivialer sein könnten, spiegeln sie wie kein anderer Ort die Alltäglichkeit von Rassismus und Sexismus in Deutschland wider, sei es in der Art, wie Produkte beworben werden, auf welchen Wegen sie nach Deutschland kommen, oder aufgrund der bloßen Tatsache, dass Menschen gleich welcher Hautfarbe oder Herkunft tagtäglich Supermärkte aufsuchen.[16]

Auf diese Weise wurde die Kunst für mich Flucht- und Zufluchtsort zugleich. Im Gegensatz zur Politik ist sie wie Balsam für meine Seele. Mehr noch: Sie nimmt sowohl eine politische wie auch eine soziale Dimension in meinem Leben ein, repräsentiert mich, formt mein politisches Bewusstsein und stärkt, wie am Beispiel des »Milli«-Projektes dargestellt, meinen Feminismus. Kunst ist nicht mehr aus meinem Leben wegzudenken. Abhängig von Material und Medium bietet sie mir eine Vielzahl an Zugängen zu meiner spirituellen Welt, wo meine Kreativität entspringt. Darüber hinaus ist und bleibt Kunst Propaganda, denn sie bietet mir auch die Möglichkeit, mich in das politische Geschehen einzumischen und aus meiner Schwarzen feministischen Perspektive Rassismus, Sexismus und ihre Verwobenheit auf verdauliche Weise zu thematisieren.

Nicht zuletzt ist Kunst für mich ein Medium, durch das Wissen vermittelt und Schwarze feministische Geschichte und Geschichten erzählt werden können. Geschichten, die bislang in der deutschen Wissenschaft und Politik nicht genügend Raum, Zeit oder Ressourcen bekamen. Damit sich das langfristig ändert, habe ich die letzten zwei Jahre damit verbracht, ein Institut für Schwarze Kunst, Kultur und ihre Wissenschaften zu gründen. Ziel ist es, eine neue Grundlage zu schaffen, auf der sich Schwarze Ästhetik im deutschsprachigen Raum formen kann, ohne dabei in ein eurozentrisches Weltbild gepresst oder in eine oppositionelle Rolle gedrängt zu werden. Zudem trete ich im Herbst 2023 eine Professur an der Universität der Künste in Berlin an und mache damit meine Leidenschaft zum Beruf.

35
Der Blick zurück nach vorn

Mein Weg in den Feminismus war lang und steinig, vielleicht ein Weg, den ich mir selbst nicht ausgesucht habe, sondern ein Weg, der durch meine Biografie ein Stück weit vorbestimmt war. Vieles, was ich über den Schwarzen Feminismus gelernt habe, lernte ich von meiner Mutter, Großmutter und Tante sowie von meinen älteren Schwestern, die mir alle schon früh vorgelebt haben, was es bedeutete, eine Schwarze Frau in dieser von *weißen* Männern dominierten Welt zu sein. Was sie mir alle immer wieder unmissverständlich zu verstehen gaben, war, dass Schwarze Frauenkörper immer auch politische Körper sind. Ein feministischer Lebensweg schien mit dieser Erkenntnis unumgänglich.

Von *weißen* Frauen lernte ich wenig, wenn es um Weiblichkeit ging. Genau genommen passte ich nie in ihr Schema des Frauseins hinein. Ich war entweder nie genug: nicht hell genug, nicht hübsch genug, nicht klug genug. Oder zu viel von allem: zu dunkel, zu sexy, zu temperamentvoll. Der Rassismus, den sie mir streckenweise entgegenbrachten, schmerzte sehr viel mehr als der Sexismus, den ich von Schwarzen und *weißen* Männern gewöhnt war. Also lernte ich früh, *weißen* Frauen aus dem Weg zu gehen. Feministische Solidarität ließen sie ohnehin vermissen, vor allem dann, wenn es darum ging, ihre eigenen Forderungen durchzusetzen. Ihr Schlachtruf »Gleicher Lohn bei gleicher Arbeit« führte nicht dazu, dass sich die rassistischen, patriarchalen und kapitalistischen Strukturen veränderten. Im Gegenteil. Sie wurden dadurch nur verstärkt und verkehrt. Anstelle des *weißen* Mannes sollte wohl die *weiße* Frau an der Spitze der Pyramide stehen – zumindest machte es häufig den Anschein.

Da es in meiner Jugend weder im Film noch im Fernsehen Schwarze Vorbilder gab, fing ich irgendwann an, an mir selbst zu zweifeln und mir die Frage zu stellen, was denn mit mir nicht stimme. In der *weißen* deutschen Mehrheitsgesellschaft ist es nicht einfach, Schwarz und weiblich zu sein. Wenn dir dann noch ständig das Deutschsein abgesprochen wird, bohrt sich das zermürbende Gefühl des Nichtdazugehörens tief in deine Seele und frisst dich irgendwann von innen auf. Die Pubertät lieferte dafür den perfekten Nährboden. Ich wurde nicht nur zu einer Fremden gemacht, sondern entfremdete mich zunehmend von mir selbst.[1]

Lange glaubte ich, was die *weiße* deutsche Mehrheitsgesellschaft mir von der Grund- bis zur Hochschule erfolgreich verkaufte: dass Deutsche *weiß* seien und das Schwarzsein nicht zu Deutschland gehöre. Ich fühlte mich aufgrund meiner Hautfarbe in der Position der »Migrantin« verhaftet. Ein Ankommen in Deutschland schien aussichtslos. Dabei migrierte meine Familie seit Jahrzehnten nicht mehr und lebt inzwischen in der dritten Generation in Deutschland. Damals gab es jedoch keine Worte, mit denen ich meine Erfahrungen als Schwarze Frau in Deutschland beschreiben konnte. Also zog ich es vor, nicht über meinen Kummer zu sprechen – nicht wissend, dass mein Schweigen mich nicht beschützen würde, wie Audre Lorde zu sagen pflegte.[2]

Erst durch die Worte von May Ayim und Katharina Oguntoye fand ich zu einer Identität, die ich nicht nur mit anderen Schwarzen deutschen Frauen teilen konnte. Ich fand auch eine Community. Doch bald lernte ich, dass der Rassismus nicht vor ihr haltgemacht hatte und viele meiner Geschwister im Kampf und Geiste nicht nur den Rassismus internalisiert hatten. Auch der *Colorism* fand als US-amerikanischer Exportschlager seinen Weg nach Deutschland und ist auch hierzulande ein großes Problem in den Schwarzen Communitys.

Als Ende der 1980er-Jahre das Konzept der Intersektionalität von der Schwarzen US-amerikanischen Juristin Kimberlé Crenshaw geprägt wurde,[3] sollte mein Schweigen endgültig ein Ende haben. Warum es mir so schwergefallen war, das Gelebte zu artikulieren, lag nicht zuletzt an der Gleichzeitigkeit meiner Diskriminierungserfahrungen, die nun durch eine intersektionale Linse sichtbar wurden. Und so begann ich, für intersektionale Gerechtigkeit zu kämpfen, die nicht nur uns Schwarzen Frauen, sondern allen diskriminierten Gruppen gerecht werden soll.

Ich richtete meinen Blick zurück nach vorne und erkannte, entgegen der eurozentrischen Vorstellung der Linearität, dass Zeit zirkulär ist. Wie uns die Sankofa-Philosophie lehrt, ist es nie zu spät, in die Vergangenheit zu gehen, sie in die Gegenwart zu holen und daraus neue Visionen für die Zukunft zu entwickeln. Begleitet vom panafrikanischen Gedanken, begann ich also, meine Welt zu dekolonialisieren. Zu lange war ich den vielen Schicksalen Schwarzer Frauen jenseits meiner eigenen Familie gegenüber ignorant gewesen. Der Kummer und die Sorgen, der historische Schmerz und auch das Leid, das sie uns vererbt haben, trafen auch mich. Sie schwingen in jedem Namen mit, der hier geschrieben steht.

Auf der Suche nach mir selbst stieß ich auch auf ihre Geschichten, die im Detail noch im Verborgenen liegen. Dennoch sind sie auch Teil meiner Geschichte, ein Teil Schwarzer deutscher und feministischer Geschichte, der sichtbar gemacht werden muss. Weil Rassismus transgenerational ist und traumatisierend wirkt.[4] Heute besteht ein wachsender Konsens darüber, dass Rassismus sich auf die Gesundheit der Betroffenen auswirkt. Er wird zum »Stressfaktor«, der sich nicht nur auf Körper, Geist und Seele auswirkt, sondern auch in den sicheren Tod führt. Erst wenn wir diesen Kreislauf durchbrechen können, haben wir eine Aussicht auf ganzheitliche Heilung.

Das Wissen um die vielen Schicksale der Schwarzen Frauen in diesem Buch kann einen Weg aufzeigen, Leid zu mindern, die gewaltvolle koloniale, nationalsozialistische und rassistische Vergangenheit aufzuarbeiten und vergangene Zukunftsvisionen aufzuspüren, zurückzuerobern und neue zu entwickeln. Mir persönlich hilft dabei die Kunst, nicht zuletzt die Kunst des Schreibens. Sie erlaubt mir, die gängigen kolonialtradierten Stereotype zu überwinden, meine persönlichen Erfahrungen mit Mehrfachdiskriminierung zu verarbeiten und meine kollektive Identität als Schwarze Frau innerhalb der *weißen* deutschen Mehrheitsgesellschaft mit meiner Leser*innenschaft zu teilen.

Dieses Buch ist also eine Reflexion verschiedener Episoden meines Lebens. Beim Schreiben habe ich die Kraft entwickelt, mir selbst zu begegnen, meine teils sehr schmerzhaften Erfahrungen zu verarbeiten und erhobenen Hauptes weiterzugehen. Inzwischen habe ich ein Alter erreicht – gemessen weniger an Lebensjahren und mehr an Lebenserfahrungen, – in dem ich zu den *Elders* der Community zähle. Dies geht mit einer Verantwortung einher, Wissen zu vermitteln, Tradition weiterzugeben und der Community zu stärken. Dieses Buch ist daher auch ein Geschenk – an mich selbst. Ich habe lange gebraucht, aber in meinem 50. Lebensjahr kann ich mit Stolz behaupten, dass ich Schwarz, deutsch und weiblich bin. Drei Eigenschaften meiner Identität, die individuell, aber nie getrennt voneinander betrachtet werden können.

Meinen Schwarzen Leser*innen, insbesondere meinen jungen Schwestern, wünsche ich, dass sie sich an der ein oder anderen Stelle wiederfinden, innehalten und die Liebe spüren, die zwischen den Zeilen schwingt. Und meinen *weißen* Leser*innen wünsche ich, dass sie die Erkenntnis gewinnen, dass Gender nie getrennt von Race und Class gesehen werden kann und zudem von vielen anderen Faktoren beeinflusst wird, die hier nur rudimentär angesprochen werden. Es ist daher auch eure Aufgabe, dafür zu sorgen, dass Feminismus mehr als Geschlechtergerechtigkeit fordert.

Dank

Es ist geschafft: Die letzte Seite ist erreicht, der letzte Satz geschrieben und jenen Schwarzen Frauen ein Denkmal gesetzt, die Schwarze deutsche Geschichte schreiben und geschrieben haben. Dieses Buch ist ein Zeichen meiner tiefen Anerkennung und Dankbarkeit für die Opfer, die sie gebracht haben, die Herausforderungen, die sie gemeistert haben, und die Wege, die sie gegangen sind, damit ich heute hier sein kann.

Es war eine unglaubliche Reise, dieses Werk zu schaffen, die mich durch Einfall und Zweifel, durch produktive Phasen und Schreibblockaden geführt hat. Ich bin allen Personen dankbar, die mir mit ihrer fachlichen Kompetenz zur Seite gestanden haben, insbesondere Patricia Vester, die mir wertvolle Hinweise zur Geschichte von »Machbuba« gegeben hat. Von unschätzbarem Wert waren darüber hinaus die Hinweise meiner *Sensitivity Readerin*, die namentlich nicht genannt werden möchte. Ihr kritisches Auge hat nicht nur dazu beigetragen, mich auf meine »weißen Flecke« hinzuweisen. Insgesamt hat ihre Arbeit die Qualität und Lesbarkeit dieses Buches gesteigert.

Meine Mutter, Tante, Großmutter und Schwestern haben mir schon in frühen Jahren gezeigt, was es bedeutet, eine Schwarze Frau zu sein. Sie haben mich das Kämpfen gelehrt, meine Vorstellungskraft genährt und mich dazu gebracht, immer wieder den Weg zurück zu mir selbst zu finden; dafür bin ich sehr dankbar. Der Mensch, der ich heute bin, wäre ich allerdings nicht ohne meine Tochter: Durch Dich habe ich gelernt, was bedingungslose Liebe wirklich bedeutet. Du bist meine Inspiration und mein Antrieb. Es gibt keine Worte, die ausdrücken könnten, wie dankbar ich bin, Dich in meinem Leben zu haben. Ich wachse für Dich und mit Dir – jeden Tag!

Anmerkungen

1 So viel vorab

1 Crenshaw, Kimberlé W. (2019): Das Zusammenwirken von Race und Gender ins Zentrum rücken. Eine Schwarze feministische Kritik des Antidiskriminierungsdogmas, der feministischen Theorie und antirassistischer Politiken (1989). Übersetzt von Céline Barry; In: Kelly, Natasha A. (Hg.) (2019): Schwarzer Feminismus. Grundlagentexte, Münster: Unrast Verlag, 145–186.
2 Crenshaw 2019.
3 Oyěwumí, Oyerónkẹ́ (1997): Invention of Women: Making an African Sense of Western Gender Discourses. University of Minnesota Press.
4 Amesberger, Helga und Brigitte (2008): Das Privileg der Unsichtbarkeit. Rassismus unter dem Blickwinkel von Weißsein und Dominanzkultur. Wien: Braumüller Verlag.
5 Gunda-Werner-Institut in der Heinrich-Böll-Stiftung und dem Center for Intersectional Justice (Hg.) (2019): »Reach Everyone on the Planet…« – Kimberlé Crenshaw und die Intersektionalität. Texte von und für Kimberlé Crenshaw, https://www.boell.de/sites/default/files/crenshaw_-_reach_everyone_on_the_planet_de.pdf (10.06.2023).

2 »Bin ich etwa keine Frau?«

1 Truth, Sojourner (1851): Bin ich etwa keine Frau*? In: Kelly, Natasha A. (Hg.) (2019): Schwarzer Feminismus. Grundlagentexte. Münster: Unrast Verlag, 16.
2 The Sojourner Truth Project: https://www.thesojournertruthproject.com/ (12.06.2023).
3 Minister, Meredith (2012): Female, Black and Able: Representati-

ons of Sojourner Truth and Theories of Embodiment. In: *Disability Studies Quarterly,* Vol. 32, No. 1, https://dsq-sds.org/article/view/3030/3057 (13.01.2023).

3 Das Tor zur weißen Welt

1 Kraft, Marion (Hg.) (2015): Kinder der Befreiung. Transatlantische Erfahrungen und Perspektiven Schwarzer Deutscher der Nachkriegsgeneration. Münster: Unrast Verlag.

4 Eine von vielen – mein Sinn für Community

1 Single and super! (2009). In: *The Gleaner,* 12. Juli, http://old.jamaica-gleaner.com/gleaner/20090712/lead/lead1.html (06.06.2023).
2 Landy, Thomas M. (2018): Realities of Family Life Contrast with Jamaicans' Professed Ideals. In: *Catholics and Cultures,* https://www.catholicsandcultures.org/jamaica/family-marriage-gender-roles#footnote2_srn9m2x (06.06.2023).
3 Wirtschaftlicher Kamikaze: Staatshomophobie kostet Jamaika jährlich zehn Milliarden Euro: https://www.queer.de/detail.php?article_id=34790, (08.06.2023).
4 Vassell, Olive (2023): Black London. In: Kelly, Natasha A. and Olive Vassell (Hg.) (2023): Mapping Black Europe: Monument, Markers, Memories. Bielefeld: transcript verlag/New York: Columbia University Press, 69–91.
5 Macfarlane, Jenna (2021): Windrush Scandal: Who is the Windrush Generation in the UK and Windrush History explained. In: *The Scotsman,* 22. Juni/24. November, https://www.scotsman.com/news/politics/what-is-the-windrush-scandal-3282065 (06.06.2023).
6 Brixton riots 1981: What happened 40 years ago in London? (2021). In: https://www.bbc.co.uk/newsround/50035769, 12. April (06.06.2023).
7 Dunn, Hopeton S. und Leith Dunn (2013): Women's Rights, Gender and ICTS: Empowering Household Workers in Jamaica. In: *Global Information Society Watch,* https://giswatch.org/en/country-report/womens-rights-gender/jamaica (06.06.2023).
8 Amnesty International (2001): Jamaica: Killings and violence by Police: How many more victims? In: AI Index: AMR 38/007/2001, https://www.ohchr.org/sites/default/files/lib-docs/

HRBodies/UPR/Documents/Session9/JM/JFJ_Jamicansforjustice_Annex16.pdf (25.01.2023).

5 Der Garten meiner Oma

1 Walker, Alice (1974): Auf der Suche nach den Gärten unserer Mütter. Über Kreativität von Schwarzen Frauen im Süden. In: Annas, Max und Baltes, Martin (Hg.) (2003): absolute Black Beats. Freiburg: orange-press, 172–183.

2 Im Zuge des Schreibens erfuhr ich, dass meine Großmutter verstorben ist. Möge ihre Seele in Frieden ruhen und meine Erinnerungen an sie und ihren Garten immerzu in mir weiterleben.

6 »Jung, giftig und Schwarz«

1 *Jung, giftig und Schwarz* ist der Titel eines Theaterstücks von Thandi Sebe und Amina Eisner, das 2015 am Ballhaus Naunynstraße in Berlin uraufgeführt wurde. In dem Zweifrauenstück blicken die beiden Schwarzen Protagonistinnen mit viel Humor auf den Alltagsrassismus. Angelehnt ist der Titel an das englischsprachige Lied »Young, Gifted and Black«, das erstmals 1969 von Nina Simone gesungen wurde. Der Titel des Theaterstücks wird nicht vollständig übersetzt. Das englische Wort »gifted« wird zu »giftig« und spielt auf die Reaktion der Figuren auf den Rassismus an. https://ballhausnaunynstrasse.de/play/jung_giftig_und_schwarz/ (25.01.2023).

2 Kohlmaier, Matthias (2018): Viele Kinder mit Migrationshintergrund sind unglücklich an deutschen Schulen. In: *Süddeutsche Zeitung*, 19. März, https://www.sueddeutsche.de/bildung/pisa-migranten-deutsche-schulen-1.3912112 (26.01.2023).

3 Arndt, Susan und Ulrike Hamann (2011): »Mohr_in«. In: Arndt, Susan und Ofuatey-Alazard, Nadja (Hg.) (2011): Wie Rassismus aus Wörtern spricht. (K)Erben des Kolonialismus im Wissensarchiv deutsche Sprache. Ein kritisches Nachschlagewerk. Münster: Unrast Verlag, 649.

4 Arndt, Susan (2021): Rassismus begreifen. München: Verlag C.H. Beck.

5 Arndt, Susan (2011): »N*in«. In: Arndt, Susan und Ofuatey-Alazard, Nadja (Hg.) (2011): Wie Rassismus aus Wörtern spricht. (K)Erben des Kolonialismus im Wissensarchiv deutsche Sprache. Ein kritisches Nachschlagewerk. Münster: Unrast Verlag, 653 ff.

6 Lorde, Audre (2021): Die Verwandlung von Schweigen in Sprache und Handeln. In: Lorde, Audre (2021): Sister Outsider. »Nicht Unterschiede lähmen uns, sondern Schweigen«. München: Hanser Verlag.
7 Fanon, Frantz (1952): Black Skin, White Masks. London: Pluto Press.

7 »Vom Nutzen der Erotik«

1 Zitiert nach Lorde, Audre (2021): Vom Nutzen der Erotik: Erotik als Macht. In: Lorde, Audre (2021): Sister Outsider. »Nicht Unterschiede lähmen uns, sondern Schweigen«. München: Hanser Verlag.
2 hooks, bell (1996): Sehnsucht und Widerstand. Kultur, Ethnie, Geschlecht. Berlin: Orlanda Verlag, 87.
3 Lorde 2021.

8 Schwarze Aushängeschilder weißer (Fernseh-)Kultur

1 Antidiskriminierungsstelle des Bundes (2021): Wohnungsmarkt. Diskriminierung auf dem Wohnungsmarkt ist weit verbreitet, https://www.antidiskriminierungsstelle.de/DE/ueber-diskriminierung/lebensbereiche/alltagsgeschaefte/wohnungsmarkt/wohnungsmarkt-node.html (29.01.2023).
2 Attentat auf Arabella Kiesbauer: So leidet die Moderatorin noch heute unter den Folgen: https://www.mopo.de/news/attentat-auf-arabella-kiesbauer-so-leidet-die-moderatorin-noch-heute-unter-den-folgen-36811130/ (12.06.2023).
3 Eidenberger, Barbara (2015): Vor 20 Jahren: Briefbombe an Kiesbauer, https://www.nachrichten.at/panorama/chronik/Vor-20-Jahren-Briefbombe-an-Kiesbauer;art58,1842764 (12.06.2023).
4 »War wie gelähmt«: Arabella Kiesbauer über Briefbombenanschlag vor 25 Jahren (2020). In: *Frankfurter Allgemeine,* 6. Juni, https://www.faz.net/aktuell/gesellschaft/menschen/war-wie-gelaehmt-arabella-kiesbauer-ueber-briefbombenanschlag-vor-25-jahren-16803024.html (06.06.2023).
5 Richter, Christian (2012): Der Fernsehfriedhof: Arabellas kleine Tierschau. In: *Quotenmeter,* 12. September, https://www.quotenmeter.de/n/59107/der-fernsehfriedhof-arabellas-kleine-tierschau (06.06.23).
6 Richter, Christian (2022): Das Fernseharchiv: Der Fall Arabella.

In: *mediendiskurs online,* https://mediendiskurs.online/beitrag/das-fernseharchiv-der-fall-arabella-beitrag-1024/ (22.04.23).

7 Usslar, Maria von (2022): Tic Tac Toe: Zickenkrieg statt Street-Credibility, https://www.derstandard.de/story/2000140982822/tic-tac-toe-zickenkrieg-statt-street-credibility (13.06.2023).

8 ME-Redaktion (2022): Never Forget: Vor 25 Jahren fand die legendäre Pressekonferenz von Tic Tac Toe statt. In: *musikexpress,* 21. November, https://www.musikexpress.de/tic-tac-toe-presse konferenz-1997-video-jazzy-lee-ricky-1157549/ (06.06.23).

9 Shary Reeves wird in der deutschen Ausgabe von »Little Leaders. Mutige Schwarze Frauen der Schwarzen Geschichte« von Vashti Harrison, 2022 im Zuckersüß Verlag herausgegeben, porträtiert.

10 Schmidt, Siegfried J. (1994): Grundlagen der Medienkommunikation: Die Wirklichkeit des Beobachters. In: Klaus Merten, Siegried J. Schmidt, Siegfried Weischenberg (Hg.) (1994): Die Wirklichkeit der Medien. Eine Einführung in die Kommunikationswissenschaft. Opladen: Westdeutscher Verlag, 3–19, 14.

9 Das Spiel mit der Angst

1 Schwarzmaier, Nicola (2013): Schwarz ist keine Farbe. In: *taz,* 10. Februar, https://taz.de/Rassismus-Debatte/!5073662/ (31.01.2023).

2 Wigger, Iris (2004): Wenn »Wilde wie Herren im Herzen Europas hausen«. Das Dogma weißer Überlegenheit in der Kampagne gegen die »Schwarze Schmach«. In: Martin, Peter und Alonzo, Christine (Hg.) (2004): Zwischen Charleston und Stechschritt. Schwarze im Nationalsozialismus. München: Dölling und Galitz Verlag, 137–141.

3 Švarcerová, Dagmar (2006): Entwürfe der Neuen Frau im Roman der Weimarer Republik untersucht an Texten von Vicki Baum, Irmgard Keun und Marieluise Fleißer, https://theses.cz/id/jxbs2m/ (04.04.2023).

4 Killius, Rosemarie (2004): »Die Blitzmädchen« oder die weibliche Seite des Krieges. Zeitzeuginnen berichten: Wehrmachthelferinnen im Zweiten Weltkrieg. Forschung Frankfurt 1/2004, https://www.forschung-frankfurt.uni-frankfurt.de/36050321/forschung-frankfurt-ausgabe-1-2004-die-blitzmaedchen-oder-die-weibliche-seite-des-krieges-zeitzeuginnen-berichten-wehrmachthelferinnen-im-zweiten-weltkrieg.pdf (11.02.2023).

5 Kraft, Marion (Hg.) (2015): Kinder der Befreiung. Transatlantische

Erfahrungen und Perspektiven Schwarzer Deutscher der Nachkriegsgeneration. Münster: Unrast Verlag.
6 Fanon, Frantz (1952): The Man of Color and the White Woman. In: Fanon, Frantz (1952): Black Skin, White Masks. London: Pluto Press, 63–108.
7 Esters, Sonja (2017): Schwarz-Weiß im Dunkeln. Zur Aushandlung von Gender, Hautfarbe und Ethnizität in Kölner Tanzclubs. In: Michael J. Casimir (Hg.) (2017): Kölner Ethnologische Beiträge, https://kups.ub.uni-koeln.de/8067/1/Heft50_Esters.pdf (31.01.2023).

10 Der Preis der Liebe

1 Hill Collins, Patricia (2004): Black Sexual Politics. African Americans, Gender, and the New Racism. New York: Routledge.
2 Willis, Deborah (Hg.) (2010): Black Venus 2010. They Called Her »Hottentot«. Philadelphia: Temple University Press.
3 Fanon 1952, 41–62.
4 El-Tayeb, Fatima (2003): Begrenzte Horizonte. Queer Identity in der Festung Europa. In: Steyerl, Hito und Gutiérrez Rodriguez, Encarnación (Hrsg.): Spricht die Subalterne deutsch? Migration und postkoloniale Kritik. Münster: Unrast Verlag, 129–145.
5 Kramm, Robert (2016): (Post)kolonialismus und Globalgeschichte: Geschlecht und Sexualität. Bundeszentrale für politische Bildung, https://www.bpb.de/themen/kolonialismus-imperialismus/postkolonialismus-und-globalgeschichte/219143/geschlecht-und-sexualitaet/ (31.01.2023).
6 Davis, Angela (1989): Women, Culture and Politics. New York: Random House.

11 In Abwesenheit unserer Unterdrücker*innen

1 Kelly, Natasha A. (2016): Afrokultur. »der raum zwischen gestern und morgen«. Münster: Unrast Verlag.
2 Kokits, Maja Joleen und Thuswald, Marion (2015): gleich sicher? sicher gleich? Konzeptionen (queer) feministischer Schutzräume. In: *Feminina Politica,* https://www.budrich-journals.de/index.php/feminapolitica/article/view/21890/19151 (01.05.2023).
3 Das ungekürzte Interview ist zu finden in: Natasha A. Kelly (2018): Millis Erwachen. Schwarze Frauen, Kunst und Widerstand. Berlin: Orlanda Verlag.

4 Dietrich, Anette (2007): Weiße Weiblichkeiten. Konstruktion von »Rasse« und Geschlecht im deutschen Kolonialismus. Bielefeld: transcript Verlag.
5 Dietrich 2007.
6 Kokits; Thuswald 2015.

12 »Farbe bekennen«

1 Generation Adefra, http://adefra.com/index.php (01.02.2023).
2 Hügel-Marshall, Ika (2015): ADEFRA – Die Anfänge. Ein Gespräch mit Ria Cheatom, Jasmin Eding und Judy Gummich. In: Kraft, Marion (Hg.) (2015): Kinder der Befreiung. Transatlantische Erfahrungen und Perspektiven Schwarzer Deutscher der Nachkriegsgeneration, Münster: Unrast Verlag, 322–336.
3 Fatoba, Kemi (2019): Weil Sichtbarkeit das Wichtigste ist: Die Initiative Adefra zeigt Schwarzen Frauen* in Deutschland, was Mut bedeutet, https://www.vogue.de/lifestyle/artikel/interview-adefra-frauen-die-mut-zeigen (10.06.2023).
4 Kundi, Malin (2021): Ge/Hören oder: Wo man gehört wird gehört man hin. In: Gutiérrez Rodriguez, Encarnación und Tuzcu, Pinar (Hg.) (2021): Migrantischer Feminismus in der Frauenbewegung In Deutschland (1985–2000). Münster: edition assambalage, 175–188.

13 »Weißer Streß und Schwarze Nerven - Streßfaktor Rassismus«

1 Zitiert nach Ayim, May (1995): Weißer Streß und Schwarze Nerven. Streßfaktor Rassismus. In: Ayim, May (1995): Grenzenlos und unverschämt. Berlin: Orlanda, 111–132.
2 Ayim, May (1997): aufbruch. In: Ayim, May (1997): grenzenlos und unverschämt. Berlin: Orlanda Verlag, 13–19.
3 Zitat von Ayim, May: auskunft (1995). In: Ayim, May (1997a): nachtgesang. Berlin: Orlanda Verlag, 15.
4 Zitat von Ayim, May zwischen avenui und kreuzberg (1993). In: Ayim, May (1997a): nachtgesang. Berlin: Orlanda Verlag, 19.
5 Ayim, May (1997): auskunft (1995). In: Ayim, May (1997a): nachtgesang. Berlin: Orlanda Verlag, 15.
6 Kelly, Natasha A. (2016): Afrokultur. »der raum zwischen gestern und morgen«. Münster: Unrast Verlag.
7 Schultz, Dagmar (2021): May Ayim. »durch liebe, mut und wut bin ich gewachsen«. In: Hügel-Marshall, Ika; Prasad, Nivedita und

Schultz, Dagmar (Hg.) (2021): May Ayim. Radikale Dichterin, Sanfte Rebellin. Münster: Unrast Verlag, 47–59.

8 Ayim, May (1997): aufbruch. In: Ayim, May (1997): grenzenlos und unverschämt. Berlin: Orlanda Verlag, 13–19.

9 Kessé, Emily Ngubia (2015): Seelenmord: Suizid als Effekt von Rassismus in der Schwarzen Community. In: Kelly, Natasha A. (Hg.) (2015): Sisters and Souls. Inspirationen durch May Ayim. Berlin: Orlanda Verlag, 224–238.

10 Kilomba, Grada (2008): Plantation Memories. Episodes of Everyday Racism. Münster: Unrast Verlag.

11 Ayim, May (1997a): Weißer Streß und Schwarze Nerven. Streßfaktor Rassismus. In: Ayim, May (1997a): grenzenlos und unverschämt. Berlin: Orlanda Verlag, 111–132.

12 Lorde, Audre (1988): Lichtflut. Neue Texte. Berlin: Orlanda Verlag.

13 Die Anthologie »Sisters and Souls. Inspirationen durch May Ayim« habe ich 2015 zum 20. Todestag von May Ayim herausgegeben. Darin zeigen Schwarze Frauen verschiedener Generationen in zahlreichen lyrischen, essayistischen und wissenschaftlichen Beiträgen, wie sie von der Poetin, Aktivistin und Wissenschaftlerin inspiriert worden sind, zu welchen Projekten sie motiviert wurden und welche Zukunftsvisionen daraus entstanden sind. Zum 25. Todestag habe ich 2021 den Folgeband mit neuen Inspirationen junger Generationen veröffentlicht.

14 Der Titel der Theaterreihe stammt von der jungen Schwarzen Poetin Janine Fuentes, die ein gleichnamiges Gedicht in der ersten Ausgabe von »Sisters and Souls« (2015) veröffentlichte.

14 Schatten der Vergangenheit

1 Alonzo, Christine und Martin, Peter (Hg.) (2004): Zwischen Charleston und Stechschritt. Schwarze im Nationalsozialismus. Einleitung. München: Dölling und Galitz Verlag, 11.

2 Zitiert aus Hitler, Adolf: Mein Kampf. In: Hondius, Dienke (2004): Ein Vergleich der Feindbilder »Schwarze« und »Juden« in Nazi-Deutschland. In: Alonzo, Christine und Martin, Peter (Hg.) (2004): Zwischen Charleston und Stechschritt. Schwarze im Nationalsozialismus. München: Dölling und Galitz Verlag, 383–391.

3 Wigger, Iris (2004): »Wenn Wilde wie Herren im Herzen Europas hausen«. Das Dogma weißer Überlegenheit in der Kampagne gegen die »Schwarze Schmach«. In: Alonzo, Christine und Martin,

Peter (Hg.) (2004): Zwischen Charleston und Stechschritt. Schwarze im Nationalsozialismus. München: Dölling und Galitz Verlag, 137–141.

4 Aitken, Robbie (2022): Black Germany. Zur Entstehung einer Schwarzen Community in Deutschland, https://www.bpb.de/shop/zeitschriften/apuz/schwarz-und-deutsch-2022/506169/black-germany/ (15.05.2023).

5 Massaquoi, Hans-Jürgen (1999): N*, N*, Schornsteinfeger! Meine Kindheit in Deutschland. Bern: Fretz und Wasmuth Verlag; und Massaquoi, Hans-Jürgen (2004): Hänschen klein, ging allein … Mein Weg in die Neue Welt. Frankfurt am Main: Fischer Verlag.

6 Theodor Wonja Michael zitiert in: Hielscher, Hans (2019): Afrodeutsche unterm Hakenkreuz: »Besondere Kennzeichen: N*«, https://www.spiegel.de/geschichte/afrodeutsche-im-national sozialismus-a-1270980.html, (14.06.2023).

7 Michael, Theodor W. (2013): Deutsch sein und schwarz dazu. Erinnerungen eines Afro-Deutschen. München: Deutscher Taschenbuch Verlag.

8 Nagl, Tobias (2004): »Sieh mal den Schwarzen Mann da!« Komparsen afrikanischer Herkunft im deutschsprachigen Kino vor 1945. In: Alonzo, Christine und Martin, Peter (Hg.) (2004): Zwischen Charleston und Stechschritt. Schwarze im Nationalsozialismus. München: Dölling und Galitz Verlag, 81–91.

9 Der Kolonialfilm »Die Reiter von Deutsch-Ostafrika« ist in voller Länge auf YouTube zu finden: https://www.youtube.com/watch?v=MoSLJU_dN0Y (09.02.2023).

10 »Auf den Trümmern des Paradieses« von Nathalie Anguezomo Mba Bikoro: http://www.anguezomo-bikoro.com/on-the-ruins-of-paradise.html (09.02.2023).

11 Schramm, Gert (2011): Wer hat Angst vorm Schwarzen Mann. Mein Leben in Deutschland. Berlin: Aufbau-Verlag.

12 Während des Ersten Weltkrieges wurden auf beiden Seiten afrikanische Soldaten, genannt »Askaris« (Kisuaheli »Wächter«, »Krieger«), als Träger der Ausrüstung der Offiziere, Waffen, Geschütze und Zelte zwangsverpflichtet. Nach Schätzungen kamen auf Seiten der Deutschen mehr als 100.000, bei den Allierten ca. 250.000 ums Leben. Siehe dazu: Recherche International e. V. (Hg.) (2008): Die Dritte Welt im Zweiten Weltkrieg. Unterrichtsmaterialien zu einem vergessenen Kapitel der Geschichte. Köln: Rheinisches JournalistInnenbüro, 39–42.

13 Bechhaus-Gerst, Marianne (2007): Treu bis in den Tod. Von

Deutsch-Ostafrika nach Sachsenhausen. Eine Lebensgeschichte. Berlin: Links-Verlag.

14 Stolpersteine in Berlin: https://www.stolpersteine-berlin.de/de/brunnenstr/193/mahjub-bayume-mohamed-bin-adam-mohamed-husen (12.06.2023).

15 Lauré al-Samarai, Nicola (2004): Schwarze Menschen im Nationalsozialismus. In: Bundeszentrale für Politische Bildung, https://www.pb.de/themen/migration-integration/afrikanische-diaspora/59423/schwarze-menschen-im-nationalsozialismus/ (09.02.2023).

16 Memarnia, Susanne (2021): Stolpersteine für Schwarze Deutsche: »Sterilisiert und in Lager gesteckt«, *taz*-Interview mit dem Historiker Robbie Aitken: https://taz.de/Stolpersteine-fuer-Schwarze-Deutsche/!5791607/ (22.4.2023).

17 Bendel, Carolin (2007): Die deutsche Frau und ihre Rolle im Nationalsozialismus. Zukunft braucht Erinnerung. Das Online-Portal zu den historischen Themen unserer Zeit: https://www.zukunft-braucht-erinnerung.de/die-deutsche-frau-und-ihre-rolle-im-nationalsozialismus/ (09.02.2023).

18 Pommerin, Reiner (2004): Die Sterilisierung der »Rheinlandbastarde«. In: Alonzo, Christine und Martin, Peter (Hg.) (2004): Zwischen Charleston und Stechschritt. Schwarze im Nationalsozialismus. München: Dölling und Galitz Verlag, 532–535.

19 Koordinierungsstelle Stolpersteine Berlin, https://www.stolpersteine-berlin.de/de/max-beer-str/24/martha-ndumbe (09.02.2023).

20 Trüper, Ursula (2009): »Ich bin ein Ausländer und werde ausgewiesen«, Die Ängste der Marie Hegner. In: Bechhaus-Gerst, Marianne und Leutner, Mechthild (Hg.) (2009): Frauen in den deutschen Kolonien. Berlin: Ch. Links Verlag, 111–121.

21 Akeri, Winnie (2021): Über Befreiungsschläge, Bleaching Creme und den afrikanischen Weihnachtsmann. Ein Essay über Colorism. In: Obulor, Evein (Hg.) (2021): Schwarz wird großgeschrieben. München: &Töchter, 66–73.

22 Trüper 2009.

23 Trüper 2009.

24 Trüper 2009.

25 Teege, Jennifer (2014): Amon. Mein Großvater hätte mich erschossen. Hamburg: Rowohlt.

26 In »Stricken« von Magda Korsinsky erzählen Schwarze deutsche Frauen, was sie über die nationalsozialistische Vergangenheit ihrer Großmütter denken, https://magdakorsinsky.com/entry/stricken-

die-installation/#:~:text=Die%20Basis%20des%20Projektes%20 STRICKEN,Was%20f%C3%BCr%20Werte%20werden%20 weitergeben%3F (09.02.2023).

27 Schwarz Rot Gold TV, https://www.youtube.com/watch?v=O6j5OjXuq5w&t=103s, (09.02.2023).

28 Lewerenz, Susann (2018): Between »Africa« and »America«. Performance Identities of an Afro-German Circus Family (1909–1954). In: BDG Network (Hg.) (2018): The Black Diaspora and Germany. Deutschland und die Schwarze Diaspora. Münster: edition assemblage, 101–117.

29 KZ-Gedenkstätte Neuengamme (Hg.) (2019): Verflechtungen. Koloniales und rassistisches Denken und Handeln im Nationalsozialismus: Voraussetzungen, Funktionen, Folgen. Materialien für die Bildungsarbeit.

Neuengammer Studienhefte 5, Hamburg Online: https://www.verflechtungen-kolonialismus-nationalsozialismus.de/files/PDF/M3/NG_Verflechtungen_Modul_3.pdf (03.03.2023), 97.

30 Lewerenz 2018.

15 »Kinder der Befreiung«

1 Zitiert nach Kraft, Marion (Hg.) (2015): Kinder der Befreiung: Transatlantische Erfahrungen und Perspektiven Schwarzer Deutscher der Nachkriegsgeneration. Münster: Unrast Verlag.

2 Martin, Peter (2004): …als wäre gar nichts geschehen. In: Alonzo, Christine und Martin, Peter (Hg.) (2004): Zwischen Charleston und Stechschritt. Schwarze im Nationalsozialismus. München: Dölling und Galitz Verlag, 700–710.

3 Zitiert nach Martin 2004, 705.

4 Kraft, Marion (2015): Spurensuche. Diskontinuität und Identität in afroamerikanisch-deutschen Autobiografien. In: Kraft 2015, 260–284.

5 Lemke Muniz de Faria, Yara-Colette (2002): Zwischen Fürsorge und Ausgrenzung. Afrodeutsche »Besatzungskinder« im Nachkriegsdeutschland. Berlin: Metropol Verlag.

6 Hügel-Marshall, Ika (2001): Daheim unterwegs: Ein deutsches Leben. Frankfurt a. M.: Fischer Verlag.

7 Kraft 2015.

8 Hügel-Marshall, Ika (2015): Überwindung von Grenzen. In: Kraft 2015, 158–167.

9 Kraft 2015.

10 Hügel-Marshall 2015.
11 Hügel-Marshall 2015.
12 Hügel-Marshall 2015, 158–167.
13 Hügel-Marschall 2015.
14 Mehr Infos zu Ikas Aktivitäten können auf ihrer Homepage gefunden werden: http://www.ika-huegel-marshall.com/ (10.02.2023).
15 Die Zeitschrift *afro look* erschien zwischen 1988 und 1999. Ursprünglich als Schwarzer Kulturkalender geplant, entwickelte sie sich schnell zum Sprachrohr der ISD. Mitglieder der Community veröffentlichten Geschichten, Aufsätze und Gedichte, oft auch anonym. Ebenso wurde über historische Fakten und Gesundheitsthemen berichtet und Hinweise zu Schwarzer Literatur gegeben. Mehr dazu in: Kantara, Jeannine (2004): Die Geschichte der *afro look*. In: AntiDiskriminierungsBüro (ADB) Köln; und cybernomads (cbN) (2004): The Black Book. Deutschlands Häutungen. Frankfurt am Main: IKO-Verlag, 160–162.
16 Die Zeitschrift *afrekete* wurde zwischen 1988 und 1990 herausgegeben. Sie gehörte dem Verein ADEFRA an und umfasste frauenpolitische Themen, die von Schwarzen, auch lesbischen Frauen, geschrieben wurden. https://www.das-feministische-archiv.de/wir-haben-sie-noch-alle/afrekete-zeitung-fuer-afro-deutsche-und-schwarze-frauen (14.02.2023).
17 Wiedenroth-Coulibaly, Eleonore (2015): Vera Heyer. In: Bergold-Caldwell, Denise; Digoh, Laura; Haruna-Oelker, Haija; Nkwendja-Ngnoubamdjum, Christelle; Ridha, Camilla und Wiedenroth-Coulibaly, Eleonore (Hg.) (2015): Spiegelblicke: Perspektiven Schwarzer Bewegung in Deutschland. Berlin: Orlanda Verlag, 215.
18 Ein Porträt von Vera Heyer ist zu finden in: Bergold-Caldwell et al. 2015, 214 f.
19 Aus Vera Heyers Sammlung von Literatur, Zeitschriften und Zeitdokumenten entstand die Bibliothek von Each One Teach One (EOTO) e. V., https://www.eoto-archiv.de/literatur/#vera-heyer (10.02.2023).

16 Von Frieden und Freiheit singen

1 Kelly, Natasha A. (2008): Afroism. Zur Situation einer ethnischen Minderheit in Deutschland. Saarbrücken: vdm-Verlag.
2 Kelly, Natasha A. (2016): Afrokultur. »der raum zwischen gestern und morgen«. Münster: Unrast Verlag.

3 Du Bois, W. E. B. (1903): The Souls of Black Folks. Chicago: A. C. McClurg and Co.
4 Davis, Angela (1999): Blues Legacies and Black Feminism, New York: Vintage Books.
5 Kwami, Corina (2015): May Ayim singt den Blues – in schwarz weiss. In: Kelly, Natasha A. (Hg.) (2015): Sisters and Souls. Inspirationen durch May Ayim. Berlin: Orlanda Verlag, 175–184.
6 Ayim, May (1995): Blues in Schwarz Weiss. Berlin: Orlanda Verlag, 82 f.
7 W. E. B. Du Bois beschreibt den strukturellen Rassismus als das Problem des 20. Jahrhunderts, das wie eine »farbige Linie«, »color line« die Welt in eine Schwarze und eine *weiße* Hälfte teilt (vgl. Kelly, Natasha A. (2016)).
8 Ayim 1995.
9 Davis 1999, 181 ff.
10 Achenbach, Marina (2004): Fasia. Geliebte Rebellin. Oberhausen: ASSO Verlag.
11 Massaquoi, Fatima (2013): The Autobiografie of an African Princess. London: Palgrave Macmillan.
12 Achenbach 2004, 19.
13 Kelch, Johanna (2020): Zwangssterilisation im Dritten Reich, https://www.mdr.de/geschichte/ns-zeit/politik-gesellschaft/zwangssterilisation-euthanasie-gesetz-zur-verhuetung-erbkranken-nachwuchses-100.html (09.02.2023).
14 Achenbach 2004, 81.
15 Auf der Internetseite des preisgekrönten Jugendkulturprojekts »Vergessene Biografien« wird an besondere Menschen aus der Zeit des Nationalsozialismus erinnert, die in der gegenwärtigen Erinnerungskultur nur wenig bekannt sind. Darin haben sich Berliner Jugendliche und junge Erwachsene zusammen mit dem »Jugendcafé Nightflight« und dem dokumentartheater berlin gegen das Vergessen engagiert: https://www.vergessene-biografien.de/%C3%BCber-das-projekt/ (09.02.2023).
16 »Homestroy Deutschland – Schwarze Biografien in Geschichte und Gegenwart« ist eine Ausstellung der Initiative Schwarze Menschen in Deutschland – ISD-Bund e. V., die durch die Bundeszentrale für politische Bildung/bpb (2006) und die Stiftung »Erinnerung, Verantwortung und Zukunft« – EVZ (2012/13) gefördert wurde, http://www.homestory-deutschland.de/ (09.02.2023).
17 Bergold-Caldwell, Denise; Digoh, Laura; Haruna-Oelker, Haija; Nkwendja-Ngnoubamdjum, Christelle; Ridha, Camilla und

Wiedenroth-Coulibaly, Eleonore (Hg.) (2015): Spiegelblicke: Perspektiven Schwarzer Bewegung in Deutschland. Berlin: Orlanda Verlag.

18 Die Fasiathek: https://arca-ev.de/projekt/fasiathek-schwarze-praesenzbibliothek/ (12.06.2023).

17 »Angelamania« – Ostdeutschland wirbt mit Angela Davis

1 Kelly, Natasha A. (2016): Afrokultur. »der raum zwischen gestern und morgen«. Münster: Unrast Verlag.

2 Poutrus, Patrice G. und Katharina Warda (2022): Ostdeutsche of Color. Schwarze Geschichte(n) der DDR und Erfahrungen nach der deutschen Einheit. In: Bundeszentrale für politische Bildung, Aus Politik und Zeitgeschichte, Schwarz und Deutsch, 72. Jahrgang, 12/2022, 21. März 2022, 19–25.

3 Lorenz, Sophie (2020): »Schwarze Schwester Angela«. Die DDR und Angela Davis. Kalter Krieg, Rassismus und Black Power. 1965–1975. Bielefeld: transcript Verlag.

4 Davis, Angela (1974): An Autobiography. New York: Random House Inc.

5 Gerund, Katharina (2013): Transatlantic Cultural Exchange. African American Women's Art and Activism in West Germany. Bielefeld: transcript Verlag.

6 Gerund 2013, 102.

7 Mende, Doreen (2020): Mit Nähe blicken: Visuelles Lernen als Display von Politik (für Angela Davis). In: Staatliche Kunstsammlungen Dresden; Reinhardt, Kathleen; Wagner; Hilke (Hg.) (2020): 1 Million Rosen für Angela Davis. Milan: Mousse Publishing, 242–253.

8 Eine digitale Landkarte mit den Spuren leipziger Kolonialgeschichte ist auf der Homepage von Leipzig Postkolonial zu finden: https://leipzig-postkolonial.de (10.06.23).

9 Schubert, Maria (2020): Solidarität! Angela Davis und die DDR. In: Dresden, Reinhardt, Wagner 2020, 56–60.

10 Schubert 2020, 56–60.

11 Schubert 2020, 56–60.

12 Krasznahorkai, Kata (2020): Black Power in Osteuropa. Angela Davis zwischen sozialistischen Staatsoberhäuptern und Künstler*innen. In: Dresden, Reinhardt, Wagner 2020, 78–82.

13 Davis, Angela (1994): »Afro-Images: Politics, Fashion, and Nostalgia«. In: *Critical Inquiry*, 21. Januar (1994), 37–45, 39.

14 Davis, Angela (1971): Reflexionen über die Rolle der Schwarzen Frau* in der versklavten Community. In: Kelly, Natasha A. (Hg.) (2019): Schwarzer Feminismus. Grundlagentexte. Münster: Unrast Verlag, 19–47.

18 Reflexionen zu »Machbuba«

1 Austilat, Andreas (2020): Brandenburgs Kolonialgeschichte. Auch der Große Kurfürst war ein Sklavenhändler, *Tagesspiegel Online*, 18. Juni, https://www.tagesspiegel.de/kultur/auch-der-grosse-kurfurst-war-ein-sklavenhandler-4176115.html (17.02.2023).
2 Mallinckrodt, Rebekka; Köstlbauer, Josef und Lentz, Sarah (Hg.) (2021): Beyond Exceptionalism. Traces of Slavery and the Slave Trade in Early Modern Germany, 1650–1850. Oldenburg: De Gruyter.
3 Martin, Peter (1993): Schwarze Teufel, edle M*. Afrikaner in Bewußtsein und Geschichte der Deutschen. Hamburg: Junius Verlag.
4 Mabe, Jacob Emmanuel (2007): Wilhelm Anton Amo interkulturell gelesen. Nordhausen: Traugott Bautz Verlag, 15.
5 Davis, Angela (1971): Reflexionen über die Rolle der Schwarzen Frau* in der versklavten Community. In: Kelly, Natasha A. (Hg.) (2019): Schwarzer Feminismus. Grundlagentexte. Münster: Unrast Verlag, 19–47.
6 Kleßmann, Eckart (2021): Fürst Pückler und die Sklavin Machbuba. Eine west-östliche Liebesgeschichte. Jena: TvR Medienverlag.
7 Martin 1993.
8 Kleßmann 2021.
9 Kohlschmidt, Arielle und Beder, Renè (2006): Ich, Machbuba: Die Geliebte Pücklers erzählt. Cottbus: Regia-Co-Work-Verlag.
10 Diener, Jana (2008): Typologien und Strategien pädosexueller Täter. München, GRIN Verlag, https://www.grin.com/document/126446 (17.02.2023).
11 Kleßmann 2021, 63.
12 Karg, Frederike (2020): Sexueller Missbrauch unter dem Deckmäntelchen der Romantik, https://musik-theater-buch.de/blog/machbuba-eine-gestohlene-kindheit/ (17.02.2023).
13 Jones-Rogers, Stephanie E. (2019): They Were Her Property: White Women as Slave Owners in the American South. New Haven: Yale University Press.
14 hook, bell (2019): Schwarze Frauen und Feminismus. In: Kelly,

Natasha A. (Hg.) (2019): Schwarzer Feminismus. Grundlagentexte. Münster: Unrast Verlag, 63–107.
15 Weirauch, Dieter (2019): Fürst Pücklers Romanze mit Machbuba. In: *Einfachraus,* 22. Dezember, https://einfachraus.eu/fruest-puecklers-romanze-mit-machbuba/ (17.02.2023).
16 Karg, Frederike (2020): Sexueller Missbrauch unter dem Deckmäntelchen der Romantik, https://musik-theater-buch.de/blog/machbuba-eine-gestohlene-kindheit/ (17.02.2023).
17 Der Mythos von Machbuba, https://www.badmuskau.de/veranstaltungen/2336109/2022/10/27/internationale-tagung-birilele-p%C3%BCckler.html (17.02.23).

19 Die fremde Heimat

1 Laut Artikel 5, Absatz 3 des bundesdeutschen Grundgesetzes sind Kunst und Wissenschaft, Forschung und Lehre frei. Diese Freiheit entbindet jedoch nicht von der Treue zur Verfassung.
2 Poutrus, Patrice G. und Warda, Katharina (2022): Ostdeutsche of Color. Schwarze Geschichte(n) der DDR und Erfahrungen nach der deutschen Einheit. In: Bundeszentrale für politische Bildung, Aus Politik und Zeitgeschichte, Schwarz und Deutsch, 72. Jahrgang, 12/2022, 21. März, 19–25.
3 »Im Tal der Ahnungslosen« – Rassismus in Sachsen damals wie heute, https://conne-island.de/nf/233/20.html (17.02.2023).
4 Poutrus, Warda 2022.
5 Kenna, Constance (Hg.) (1999): Die »DDR-Kinder« von Namibia. Heimkehr in ein fremdes Land. Göttingen/Windhoek: Klaus Hess Verlag.
6 Engombe, Lucia (2004): Kind Nr. 95. Meine deutsch-afrikanische Odyssee. Berlin: Ullstein Verlag.
7 Poutrus, Warda 2022.
8 Engelhardt, Eva (1992): »Die haben uns beigebracht, wie man arbeiten kann«. In: Informationszentrum Afrika e. V. (IZA), Bremen Koordinierungskreis Mosambik e. V. (KKM), Bielefeld terres des hommes e. V. (tdh), Osnabrück, BAOBAB, Infoladen Eine Welt e. V. Ostberlin (Hg.) (1992): Schwarz-Weiße Zeiten. AusländerInnen in Ostdeutschland vor und nach der Wende. Erfahrungen der Vertragsarbeiter aus Mosambik. Interviews. Berichte. Analysen. Leipzig: Milde Multiprint GmbH.
9 Engelhardt 1992.
10 Van der Heyden, Ulrich (2013): Mosambikanische Vertragsarbei-

ter in der Hauptstadt der DDR. In: Diallo, Oumar und Zeller, Joachim (Hg.) (2013): Black Berlin. Die deutsche Metropole und ihre afrikanische Diaspora in Geschichte und Gegenwart. Berlin: Metropol Verlag, 133–150.

11 Schenck, Marcia C. (2023): Remembering African Labor Migration to the Second World Socialist Mobilities between Angola, Mozambique, and East Germany. London: Palgrave Macmillan, https://link.springer.com/content/pdf/10.1007/978-3-031-06776-1.pdf?pdf=button%20sticky (16.02.2023).

12 Hoyng, Hans (2013): Thatcher und die Wiedervereinigung. Eisernes Misstrauen, https://www.spiegel.de/geschichte/margaret-thatcher-und-die-wiedervereinigung-a-951099.html (12.06.2023).

13 Verband der Geschichtslehrer Deutschlands (VGD) und Mitteldeutscher Rundfunk (MDR) (2022): Die Lage der Frauen in den östlichen Bundesländern nach 1990, https://www.mdr.de/geschichte/eure-geschichte/nachwendegeschichte/Frauen-am-Arbeitsmarkt-in-neuen-Bundeslaendern-DDR-BRD-Wende-schulprojekt-eure-geschichte-jung-100.html (18.02.2023).

14 Ayim, May (1995): grenzenlos und unverschämt. ein gedicht gegen die deutsche sch-einheit. In: Ayim, May (1995): blues in schwarz weiss. Berlin: Orlanda Verlag, 61–65.

15 Ayim, May (1997): Das Jahr 1990. Heimat und Einheit aus afrodeutscher Perspektive. In: Ayim, May (1997): grenzenlos und unverschämt. Berlin: Orlanda Verlag, 88–103.

20 Die »Baseballschlägerjahre«

1 2019 ging der Hashtag #Baseballschlägerjahre viral, nachdem der Rapper Testo, der 1988 in der DDR geboren wurde, von seinen Jugendtagen im ostdeutschen Stralsund berichtete, wo er immer wieder auf gewaltbereite Nazis mit Baseballschlägern traf. Vgl. Sven Wolters et al. (2020): Die Baseballschlägerjahre. In: *Zeit Online*, 1. Dezember, https://www.zeit.de/video/2020-12/rechte-gewalt-ostdeutschland-neonazis-baseballschlaegerjahre (16.02.2023).

2 Gezen, Ela (2016): May Ayim und der Blues. In: *Monatshefte*, Vol. 108, No. 2, 247–258.

3 Redaktion Belltower News (2022): 32. Todestag Amadeu Antonio. Erschlagen vom Nazi-Mob, während die Polizei zusah. In: *Belltower*, 6. Dezember, https://www.belltower.news/30-todestag-amadeu-antonio-erschlagen-vom-nazi-mob-waehrend-die-polizei-zusah-107791/ (16.02.2023).

4 Hoyerswerda 1991: die erste »ausländerfreie« Stadt Deutschlands, https://www.mdr.de/geschichte/zeitgeschichte-gegenwart/politik-gesellschaft/hoyerswerda-rassismus-gewalt-skinheads-100.html (16.02.2023).

5 Rostock-Lichtenhagen 1992: Chronologie der Krawalle, https://www.ndr.de/geschichte/schauplaetze/Rostock-Lichtenhagen-1992-Chronologie-der-Krawalle,lichtenhagen161.html (16.02.2023).

6 Brandanschlag von Mölln: Neonazis ermorden 1992 drei Menschen, https://www.ndr.de/geschichte/chronologie/Brandanschlag-von-Moelln-Neonazis-ermorden-1992-drei-Menschen,moelln157.html (16.02.2023).

7 29. Mai 1993 – Fünf Türkinnen bei Brandanschlag in Solingen ermordet, https://www1.wdr.de/stichtag/stichtag-brandanschlag-solingen-100.html (16.02.2023).

8 Pichl, Maximilian (2018): Von Aufklärung keine Spur: 20 Jahre NSU-Komplex, https://www.blaetter.de/ausgabe/2018/januar/von-aufklaerung-keine-spur-20-jahre-nsu-komplex (16.02.2023).

9 Der Anschlag von Halle, https://www.bpb.de/kurz-knapp/hintergrund-aktuell/316638/der-anschlag-von-halle/ (16.02.2023).

10 19. Februar 2020: Anschlag in Hanau: https://www.bpb.de/kurz-knapp/hintergrund-aktuell/505333/19-februar-2020-anschlag-in-hanau/ (16.02.2023).

11 19. Februar 2020: Anschlag in Hanau, https://www.bpb.de/kurz-knapp/hintergrund-aktuell/505333/19-februar-2020-anschlag-in-hanau/ (16.02.2023).

12 Eine Chronologie des Oury-Jalloh-Komplexes ist auf der Seite der Initiative Oury Jalloh zu finden: https://initiativeouryjalloh.wordpress.com (12.06.2023).

13 Simon, Stefan (2021): Frankfurt: Christy Schwundeck – Von einer Polizistin im Gallus erschossen, https://www.fr.de/frankfurt/tod-von-christy-schwundeck-von-einer-polizistin-erschossen-90653172.html (12.06.2023).

14 Keßel, Alexander (2023): Dortmund: Mouhamed D. (†16) getötet – wegen dieser Details geht es den Polizisten jetzt an den Kragen, https://www.derwesten.de/staedte/dortmund/dortmund-mouhamed-d-16-polizei-tot-tod-anklage-id300419357.html (12.06.2023).

15 Grau, Ines (2022): »Aber das war eigentlich nach der Wende…« – von Brüchen und Kontinuitäten rassistischer Erfahrungen mosambikanischer Arbeitsmigrant:innen in der DDR bis in die Gegen-

wart. In: Institut für Demokratie und Zivilgesellschaft (Hg.): Wissen schafft Demokratie. Tagungsband zur Online-Fachtagung »Gesellschaftlicher Zusammenhalt und Rassismus«, Band 11, Jena, 118–127.

16 Die Verteilung der Asylbewerber*innen auf die deutschen Bundesländer wird nach dem sogenannten Königsteiner Schlüssel festgelegt und richtet sich nach den jährlichen Steuereinnahmen und der Bevölkerungszahl der Länder: https://de.statista.com/statistik/daten/studie/376537/umfrage/verteilung-der-fluechtlinge-auf-die-bundeslaender-in-deutschland-nach-dem-verteilungsschluessel/ (16.02.2023).

17 Dean, Jasmin (2022): »Der 9. November war entsetzlich« – »Die Familienzusammenführung war super«. Perspektiven rassifizierter Communitys auf Mauerfall und Transformation. In: Kaya, Asiye, Abed-Ali, Riham und Nguyễn, Phương Thúy (Hg.) (2022): Im Osten was Neues? Perspektiven von Migrant_innen – Schwarzen Menschen – Communitys of Color auf 30 Jahre (Wieder-)Vereinigung und Transformationsprozesse in Ostdeutschland, 28.–30. Oktober 2020, Hochschule Mittweida, Tagungsdokumentation. Dresden.

18 Der Afrika-Rat ist ein Dachverband von 36 Mitgliedsorganisationen, die sich 2005 zusammengetan haben, um die Interessen von Menschen der afrikanischen Diaspora in Berlin und Brandenburg zu bündeln und zu vertreten: https://afrika-rat.org/our-story/ (18.02.2023).

19 Schultze, Christina (2006): No-Go-Areas für Schwarze. In: *Spiegel Online*, 20. April, https://www.spiegel.de/politik/deutschland/gefahrenatlas-deutschland-no-go-areas-fuer-schwarze-a-412226.html (18.02.2023).

20 Gerhäusser, Tina (2006): Gefährliche »No-Go-Areas« für dunkelhäutige WM-Besucher. *Deutsche Welle Online*, 17. Mai, https://www.dw.com/de/gef%C3%A4hrliche-no-go-areas-f%C3%BCr-dunkelh%C3%A4utige-wm-besucher/a-2024446 (18.02.2023).

21 Sisters Keeper – Hüterin meiner Geschwister

1 Zitiert aus dem Lied »Fremd im eigenen Land«, https://www.songtexte.com/songtext/advanced-chemistry/fremd-in-eigenen-land-43c4033f.html (18.02.2023).

2 Kleffner, Heike (2010): Opfer rechter Gewalt: Alberto Adriano – der Tod eines Vaters. *Tagesspiegel*, 15. September,

https://www.tagesspiegel.de/politik/alberto-adriano-der-tod-eines-vaters-6743641.html (18.02.2023).

3 Kelly, Natasha A. (2008): »Afroism«. Zur Situation einer ethnischen Minderheit in Deutschland. Saarbrücken: vdm-Verlag.

4 Ehlert, Sascha (2021): Sexismus im Hip-Hop: Rap und Vorurteil, Frankfurter *Allgemeine Zeitung*, 28. Juni, https://www.faz.net/aktuell/feuilleton/pop/sexismus-in-der-deutschen-hip-hop-szene-rap-und-vorurteil-17407168.html (18.02.2023).

5 Sydow, Elisabeth von (2021): No Angels heute: Comeback, Mitglieder 2021, HIV & Songs, https://praxistipps.focus.de/no-angels-heute-comeback-mitglieder-2021-hiv-songs_129797 (12.06.2023).

22 Die Afrikanische Diaspora in Berlin

1 Fernandes, Desmond und Ofteringer, Ronald (Hg.) (2001): Verfolgung, Krieg und Zerstörung der ethnischen Identität: Genozid an den Kurden in der Türkei? Medico Report 22, Frankfurt am Main: Medico International e. V.

2 Das »Maputo-Protokoll« ist online abrufbar: http://hrlibrary.umn.edu/africa/protocol-women2003.html (21.02.2023).

3 Amadiume, Ifi (1987): Male Daughters, Female Husbands: Gender and Sex in an African Society. London: Zed Press.

4 Lorde, Audre (2021): Sister Outsider. »Nicht Unterschiede lähmen uns, sondern Schweigen«. München: Carl Hanser Verlag, 26.

5 Schultz, Dagmar (1994): Audre Lorde – ihr Kampf und ihre Visionen. In: Lorde, Audre (Hg.) (1994): Auf Leben und Tod. Krebstagebuch. Berlin: Orlanda Verlag, 161–173.

6 Lorde, Audre (1990). Foreword to the English Language Edition: In: Opitz (i. e. Ayim), May; Oguntoye, Katharina und Schultz, Dagmar (Hg.) (1992): Showing Our Colors. Afro-German Women Speak Out. Amherst: The University of Massachusetts Press, iv – xiv.

7 Leschke, Gabriele (2019): Otto von der Gröben und der koloniale Diskurs. Dissertationsschrift. Online abrufbar: https://d-nb.info/1232726540/34 (21.02.2023).

8 Aikins, Joshua Kwesi (2012): Für eine postkoloniale Erinnerungskultur. Rede zur Einweihung der May-Ayim-Gedenktafel am 29.8.2011. In: Leben nach Migration. Newsletter des Migrationsrats Berlin-Brandenburg e. V. Ausgabe 2, Februar 2012, 3 ff.

9 Ani, Marimba (1980): Let the Circle Be Unbroken: The Implica-

tions of African Spirituality in the Diaspora. New York: Nkonimfo Publications.

23 Mit meinen afrikanischen Ahn*innen verbunden

1 Bhabha, Homi K. (1994): The Location of Culture. London: Routledge.
2 Homepage des Year of Return: https://www.yearofreturn.com/media/news/ (09.03.2023).
3 Hameed, Ayesha (2019): Black Atlantis. In: Gunkel, Henriette und Lynch, Kara (Hg.) (2019): We Travel the Space Ways: Black Imagination, Fragments and Diffractions. Bielefeld: transcript Verlag, 107–126.
4 Neuverfilmung: Schwarze Arielle sorgt für unterschiedlichste Reaktionen, https://www.mdr.de/brisant/promi-klatsch/arielle-neuverfilmung-schwarz-100.html (09.03.2023)
5 Schöneberger, Silvia (2002): Mythen und Kulte der Wassergöttin Yemanjá. München, GRIN Verlag, https://www.grin.com/document/53032 (09.03.2023).

24 Rasse und Nation

1 El-Tayeb, Fatima (2001): Schwarze Deutsche. Der Diskurs um »Rasse« und nationale Identität 1890–1933. Frankfurt a. M./New York: Campus Verlag, 124.
2 Arndt, Susan (2021): Rassismus begreifen. München: Verlag C. H. Beck.
3 Dieterich, Johannes (2022): Flucht aus der Ukraine: Die Hautfarbe macht den Unterschied, https://www.fr.de/politik/flucht-aus-der-ukraine-die-hautfarbe-macht-den-unterschied-91381459.html (10.06.2023).
4 Vorwurf: EU-Behörden verweigern Seenotrettung im Mittelmeer, https://www.migazin.de/2022/05/30/80-menschen-gerettet-gefluechtete-vorwurf-eu-behoerden/ (10.06.2023).
5 Kelly, Natasha A. (2021): Rassismus. Strukturelle Probleme brauchen strukturelle Lösungen. Zürich: Atrium Verlag.
6 El-Tayeb 2001.
7 Aitken, Robbie and Rosenhaft, Eve (2013): Black Germany. The Making and Unmaking of a Diaspora Community, 1884–1960. Cambridge University Press.
8 Mamozai, Martha (1992): Frauen und Kolonialismus. Täterinnen

und Opfer. Eine historische Entdeckungsreise. In: Foitzik, Andreas; Leiprecht, Rudolf; Marvakis, Athanasios; Seid, Uwe (Hg.) (1992): Ein Herrenvolk von Untertanen. Rassismus – Nationalismus – Sexismus. Duisburg: DISS, 125–143.

9 Aitken; Rosenhaft 2013.

10 Siehe dazu die Dokumente des Bundestages, die online einsehbar sind: https://www.bundestag.de/dokumente/textarchiv/2018/kw05-de-staatsbuergerschaft-538090 (04.03.2023).

11 Kelly 2021.

25 Internalisierter Rassismus und Colorism

1 Henkel, Sebastian (2001): Imperialismus, Dekolonisation und koloniales Erbe. München: GRIN Verlag.

2 Arndt, Susan (2021): Rassismus begreifen. München: Verlag C. H. Beck.

3 Biskamp, Floris (2020): Sollte man Kant als Rassisten bezeichnen? Kritik der weißen Vernunft. In: *Tagesspiegel*, 21. Juni, https://www.tagesspiegel.de/kultur/kritik-der-weissen-vernunft-4176256.html (03.03.2023).

4 El-Tayeb 2001.

5 Melanin ist das farbgebende Pigment der Haut, Haare und Augen. Es gibt mehrere Arten von Melanin. Beim Menschen kommen Phäomelanin und Eumelanin vor. Letzteres ruft eine braune bis schwarze Färbung von Haut und Haaren hervor, das Phäomelanin hingegen eine rötliche bis gelbe. Das individuelle Anteilsverhältnis der beiden Melanine bestimmt den Hautton. Bei *weißen* Menschen beeinflusst zudem der rötliche Schimmer der Blutgefäße in der untersten Hautschicht den Farbton der Haut. https://mein.sanofi.de/themen/haut/hautfarbe-und-hauttyp (26.4.23).

6 Akeri, Winnie (2021): Über Befreiungsschläge, Bleaching Creme und den afrikanischen Weihnachtsmann. Ein Essay über Colorism. In: Obulor, Evein (Hg.) (2021): Schwarz wird großgeschrieben. München: &Töchter, 66–73.

7 Bradt, Steve (2010): One-Drop-Rule persists. Biracials viewed as members of their lower-status parent group. In: *The Havard Gazette*, 9. Dezember, https://news.harvard.edu/gazette/story/2010/12/one-drop-rule-persists/ (03.03.2023).

8 Hall, Ronald E. (2022): Field Negro and the House Negro. In: Hall, Ronald E. (Hg.) (2022): Interdisciplinary Perspectives on Colorism. Beyond Black and White. New York: Routledge.

9 Starkman, Evan (2022): What is Colorism? In: *WebMD*, 27. Juli, https://www.webmd.com/mental-health/what-is-colorism#091e9c5e8243229b-2-3 (03.03.2023).
10 Ramírez, Dixa (2018): Colonial Phantoms: Belonging and Refusal in the Dominican Americas, from the 19th Century to the Present. New York: University Press.
11 Brown, Aggrey (1978): Color, Class, and Politics in Jamaica. New Jersey: Transactio Publishers.
12 Ayim, May (1997): die farbe der macht. In: Ayim, May (1997): nachtgesang. Berlin: Orlanda Verlag, 72.

26 Von Schwarzen Prinzessinnen und anderen Leitfiguren

1 Todzi, Kim Sebastian (undatiert): Kolonialismus und Imperialismus 1864–1919, https://geschichtsbuch.hamburg.de/epochen/kolonialismus/ (04.03.2023).
2 Die Geschichte des Museums ist auf der Webpage zu finden: https://markk-hamburg.de/geschichte/ (04.03.2023).
3 Das Projekt »Kolonialismus und Museum« ist eine Kooperation zwischen dem Museum für Völkerkunde Hamburg und Prof. Dr. Jürgen Zimmerer, dem Leiter der Forschungsstelle »Hamburgs (post-)koloniales Erbe« an der Universität Hamburg. Vom Sommersemester 2014 bis zum Ende des Wintersemesters 2014/15 fanden insgesamt drei Seminare im Museum statt, die sich mit den kolonialgeschichtlichen Hintergründen des Museums und seiner Sammlungen befassten. Eine Zusammenfassung der Ergebnisse sind online zu finden: https://artsandculture.google.com/story/_QXRWkBQpqlsLw?hl=de (04.03.2023).
4 Ursprünglich bis Dezember 2022 geplant, wurde die Ausstellung »Hey Hamburg, kennst Du Rudolph Duala Manga Bell?« bis Juli 2023 verlängert: https://markk-hamburg.de/ausstellungen/hey-hamburg/ (04.03.2023).
5 Hopmann, Suy Lan und Siegenthaler, Fiona (Hg.) (2021): »Hey Hamburg, kennst Du Rudolph Duala Manga Bell?« Katalog der Ausstellung. Hamburg: Museum am Rothenbaum – Kulturen und Künste der Welt.
6 Hopmann, Siegenthaler 2021.
7 Sephocle, Marylin (1991): Die Rezeption der »Negritude« in Deutschland (Stuttgarter Arbeiten zur Germanistik) (German Edition). Stuttgart: Akademischer Verlag.
8 Die antikoloniale und antifaschistische Zeitschrift *Presence Afri-*

caine (Afrikanische Präsenz) wurde 1949 in Paris gegründet und geht aus dem Engagement des Schwarzen französischen Intellektuellen Alioune Diop, Ehemann von Maria Mandessi Bells Tochter Christiane, hervor. Ziel war es, im Zuge der Négritude-Bewegung ein Schwarzes Medium zu etablieren, in dem Schwarze Stimmen weltweit zusammengebracht werden konnten. Über die Jahre avancierte die Zeitschrift zu einem der bedeutendsten Schwarzen Medien unserer Zeit. 2019 feierte sie ihr 70-jähriges Bestehen. https://www.presenceafricaine.com/ (04.03.2023).

9 Ayim, May (1997): grenzenlos und unverschämt. Berlin: Orlanda Verlag.

10 Serbin, Sylvia (2006): Königinnen Afrikas. Wuppertal: Peter Hammer Verlag.

11 Brändle, Rea (2009): Zwischen den Welten. Die Schwestern Regina, Annie und Lisa Bruce in Togo. In: Bechhaus-Gerst, Marianne und Leutner, Mechtild (Hg.) (2009): Frauen in den deutschen Kolonien. Berlin: Christoph Links Verlag, 156–174.

12 Brändle, Rea (2007): Nayo Bruce. Geschichte einer afrikanischen Familie in Europa. Zürich: Chronos Verlag.

13 Das Museum Treptow-Köpenick und das Projekt »Dekoloniale Erinnerungskultur in der Stadt« zeigen seit Oktober 2021 die überarbeitete Dauerausstellung »zurückgeschaut I looking back – Die Erste Deutsche Kolonialausstellung von 1896 in Berlin-Treptow«. Sie widmet sich der Geschichte und den Nachwirkungen der Ersten Deutschen Kolonialausstellung. Im Fokus stehen 106 Kinder, Frauen und Männer aus Afrika und Ozeanien, ihre Biografien und ihr Widerstand. https://www.museumsportal-berlin.de/de/ausstellungen/zurueckgeschaut-looking-back (04.03.2023).

14 Aitken, Rosenhaft 2013.

15 Aitken, Rosenhaft 2013.

16 Aitken, Rosenhaft 2013.

17 Bechhaus-Gerst, Marianne (2009): »Schwarze Eva«. Konstruktionen der afrikanischen Frau in der Kolonialliteratur. In: Bechhaus-Gerst, Leutner 2009, 188–193.

18 Davies, Carol Boyce (2020): Panafrikanismus, transnationaler Schwarzer Feminismus und die Grenzen des kulturalistischen Blicks in afrikanischen Geschlechterdiskursen. Feministische Studien 1/20; DOI 10.1515/fs-2020–003, 39–57, https://www.degruyter.com/document/doi/10.1515/fs-2020-0003/html (05.03.2023).

19 Sephocle 1991.

20 PAWLO hat das Ziel, das öffentliche Bewusstsein über die Rolle des Panafrikanismus, insbesondere die Rolle der Frauen in afrikanischen Befreiungsprozessen zu stärken: https://pawlo.org/ (04.03.2023).
21 Fejzula, Merve (2022): Gendered Labour, Negritude and the Black Public Sphere. In: *Historical Research,* Vol. 95, No. 269, 423–446, https://doi.org/10.1093/hisres/htac008 (04.03.2023)

27 Auf den Spuren der Familie Diek

1 Oguntoye, Katharina; Opitz, May und Schultz, Dagmar (Hg.) (1986): Farbe bekennen. Afro-deutsche Frauen auf den Spuren ihrer Geschichte. Berlin: Orlanda Verlag.
2 Oguntoye, Katharina (1997): Eine afro-deutsche Geschichte. Zur Lebenssituation von Afrikanern und Afro-Deutschen in Deutschland von 1884 bis 1950. Berlin: Hoho Verlag Christine Hoffmann.
3 Nagl, Tobias (2004): »Sieh mal den Schwarzen Mann da!« Komparsen afrikanischer Herkunft im deutschsprachigen Kino vor 1945. In: Allonzo; Martin, 2004, 81–99.
4 Homepage der Initiative Schwarze Menschen in Deutschland Bund e. V. (ISD): https://isdonline.de/bundestreffen/#:~:text=Das%20Bundestreffen%20findet%20dieses%20Jahr,wenn%20du%20auch%20daran%20teilnimmst.&text=Dieses%20Jahr%20findet%20das%20ISD%20Bundestreffen%20von%20Donnerstag%2C%2011.
5 Adomako, Abenaa und Kelly, Natasha A. (2015): Hin und zurück zu mir. Abenaa Adomako erzählt. In: Kelly, Natasha A. (Hg.) (2015). Sisters and Souls. Inspirationen durch May Ayim. Berlin: Orlanda Verlag, 44–57.
6 Du Bois, W. E. B. (1903/2003): The Souls of Black Folk. New York: Barnes & Noble Classics.
7 Bekanntgabe der Stolpersteinverlegung durch das Bezirksamt Tempelhof-Schöneberg, https://www.berlin.de/ba-tempelhof-schoeneberg/aktuelles/pressemitteilungen/2023/pressemitteilung.1300671.php (04.03.2023).

28 Die Wissensfabrik

1 Leitbild der Humboldt-Universität zu Berlin: https://www.hu-berlin.de/de/ueberblick/humboldt-universitaet-zu-berlin/leitbild/standardseite (04.03.2023).

2 Eine kurze Selbstdarstellung der Einrichtung »Amo Books« ist online zu finden: https://antisystemic.org/Amo/ (05.03.2023).

3 Weitere Beispiele für eine diskriminierende Arbeits- und Alltagskultur an der HU sind die unkritische Verehrung Hegels trotz seiner Verunmenschlichung des Schwarzen als Objekt, die Rolle der Charité in der kolonialrassistischen Forschung oder die inhaltliche Verbindung der HU mit dem Humboldt-Forum, welche die Würde und die Eigentumsrechte von Menschen in allen Teilen der Welt verletzt.

4 Bechhaus-Gerst, Marianne (2009): »Schwarze Eva«. Konstruktionen der afrikanischen Frau in der Kolonialliteratur. In: Bechhaus-Gerst, Marianne und Leutner, Mechtild (Hg.) (2009): Frauen in den deutschen Kolonien. Berlin: Christoph Links Verlag, 188–193.

5 Arndt, Susan (2021): Rassismus begreifen. München: Verlag C. H. Beck.

6 Kelly, Natasha A. (2016): Afrokultur. »der raum zwischen gestern und morgen«. Münster: Unrast Verlag.

7 Ansprache des Dekans der Wirtschaftswissenschaftlichen Fakultät vom 03.12.1958. In: XIV. Black International Cinema Berlin (1999): Opportunity, Please Knock … We Have a Dream! Berlin, 190 ff.

8 W. E. B. Du Bois, Gedenktafel an der HU Berlin: https://www.angl.hu-berlin.de/department/duboismemorial (05.03.2023).

9 Zitiert nach dem *Community Statement* zu dem geplanten Vorhaben der Black Studies an der Universität Bremen: https://blackstudiesgermany.files.wordpress.com/2015/02/communitystatement_blackstudiesbremen_dt_unterz815.pdf (04.03.2023).

10 Zur »ethischen Minderheit« gehörten damals »alle, die sich durch ihre Hautfarbe, ihr Herkunftsland und kulturelle Zugehörigkeit in Deutschland diskriminiert fühlen«. Zitiert nach: Ayim, May; Hügel-Marshall, Ika; Schultz, Dagmar (2021). Erstmals veröffentlicht 1993.

11 Ayim, May; Hügel-Marschall, Ika und Schultz, Dagmar (2021): Hochschullehrer/innen zum Umgang mit Rassismus, Antisemitismus und Ethonzentrismus in Lehre, Forschung und (Personal-) Politik – Ergebnisse einer Befragung. In: Hügel-Marshall, Ika; Prasad, Nivedita und Schultz, Dagmar (Hg.) (2021): May Ayim. Radikale Dichterin, sanfte Rebellin. Münster: Unrast Verlag, 246–256.

12 hooks, bell (1994): Teaching to Transgress. Education as the Practice of Freedom. New York/London: Routledge.

29 Transatlantische Wissenstransfers

1 Callahan, Noaquia (2021): Heat of the day: Mary Church Terrell and African American feminist transnational activism, https://iro.uiowa.edu/discovery/delivery/01IOWA_INST:ResearchRepository/12730684620002771?l#13730720050002771 (05.03.2023).

2 Auszug aus ihrer Rede, übersetzt von der Autorin. Die Rede ist in voller Länge online zu finden: https://archive.org/stream/derinternationa00fraugoog/derinternationa00fraugoog_djvu.txt (09.03.2023).

3 Callahan 2021.

4 Dietrich, Anette (2009): Rassenkonstruktionen im deutschen Kolonialismus. »Weiße Weiblichkeiten« in der kolonialen Rassenpolitik. In: Bechhaus-Gerst, Marianne und Leutner, Mechthild (Hg.) (2009): Frauen in den deutschen Kolonien. Berlin: Christoph Links Verlag, 176–187.

5 Dietrich 2009, 183.

6 Rief, Michelle (2004): Thinking Locally, Acting Globally: The International Agenda of African American Clubwomen, 1880–1940. In: *Journal of African American History* 89, no. 3, 203–222.

7 Mehr Informationen zu Marion Kraft, ihren Publikationen und Übersetzungen können auf ihrer Homepage gefunden werden: http://www.marion-kraft.de/ (05.03.2023).

8 Kraft, Marion (2016): May Ayim, Audre Lorde und die subversive Macht der Ver-Dichtung. In: Bergold-Caldwell, Denise; Digoh, Laura et al. (Hg.) (2016): Spiegelblicke: Perspektiven Schwarzer Bewegung in Deutschland. Berlin: Orlanda Verlag, 56–59.

9 Guerin, Ayasha C. (2021): Die Sprache, die wir wählen. In: Kelly, Natasha A. (Hg.) (2021): Sisters & Souls 2. Inspirationen durch May Ayim. Berlin: Orlanda Verlag, 37–45.

30 Die Gegenwart des Schwarzen Widerstands

1 Autor*in unbekannt (undatiert): Geschichte: Kongokonferenz: In: *westafrikaportal.de,* http://www.westafrikaportal.de/kongokonferenz.html (01.04.2023).

2 Eine Aufzeichnung des Projekts ist bei YouTube zu finden: https://www.youtube.com/watch?v=s683I-d2s6w (09.03.2023).

3 Castro Valera, Maria Do Mar und Dhawan, Nikita (2005): Postkoloniale Theorie. Eine kritische Einführung. Bielefeld: transcript Verlag.

4 Gerbing, Stefan (2010): Afrodeutscher Aktivismus. Interventionen von Kolonialisierten am Wendepunkt der Dekolonialisierung Deutschlands 1919. Frankfurt am Main: Peter Lang Verlag.
5 Aitken, Robbie und Rosenhaft, Eve (2013): Black Germany. The Making and Unmaking of a Diaspora Community, 1884–1960. Cambridge University Press.
6 Diaby, Karamba mit Sudholt, Eva (2016): Mit Karamba in den Bundestag. Mein Weg vom Senegal ins deutsche Parlament. Hamburg: Hoffmann und Campe Verlag.
7 Reed-Anderson, Paulette (2005): Hearing Colonial Voices: Martin Dibobe and the 1919 Cameroonian Petition. In: *Mont Cameroon* (2005), Nr. 2, S. 49–64, Nr. 2, S. 49–64.
8 Gerbing 2010.
9 Gerbing 2010.
10 Djahangrad, Susan (2016): Deutsche Kolonialgeschichte in Berlin. Vom Forschungsobjekt zum Zugführer. In: *Tagesspiegel*, 1. November, https://www.tagesspiegel.de/berlin/deutsche-kolonialgeschichte-in-berlin-vom-forschungsobjekt-zum-zugfuehrer/14764698.html (09.03.2023).
11 Elmenthaler, Sophie (2015): Deutsche Kolonialverbrechen in Namibia: »Wir fordern eine Entschuldigung für diesen Völkermord«. In: *Deutschlandfunk Kultur*, 8. Juli, https://www.deutschlandfunkkultur.de/deutsche-kolonialverbrechen-in-namibia-wir-fordern-eine-100.html (07.06.2023).
12 Kopp, Christian (undatiert): Nachtigalplatz. Eine Welt Stadt Berlin, https://eineweltstadt.berlin/publikationen/stadtneulesen/nachtigalplatz/ (07.06.2023)
13 Verfahrensweisen bei Straßen (Plätzen) und deren Neu- bzw. Umbenennungen sind online zu finden: https://www.berlin.de/kunst-und-kultur-mitte/geschichte/erinnerungskultur/strassenbenennungen/ (10.03.2023).
14 Hilt, Kerstin (2007/2020): Wer war Hänge-Peters. In: *planet wissen*, https://www.planet-wissen.de/geschichte/deutsche_geschichte/deutsche_kolonien/pwiewissensfrage588.html (07.06.2023).
15 Hofmann, Laura (2018): Berlin-Mitte: Afrikanisches Viertel: Verwirrung um Umbenennung der Petersallee. In: *Tagesspiegel*, 13. April, https://www.tagesspiegel.de/berlin/afrikanisches-viertel-verwirrung-um-umbenennung-der-petersallee-4577116.html (21.03.2023).
16 Starzmann, Paul (2017): Völkermord: Warum afrikanische Aktivisten die Bundesrepublik verklagen. In: *vorwärts*, 11. Oktober,

https://vorwaerts.de/artikel/voelkermord-afrikanische-aktivisten-bundesrepublik-verklagen (07.06.2023).

17 Habermalz, Christiane und Wilde, Wulf (2021): Versöhnungsabkommen mit Namibia. Deutschland erkennt Kolonialverbrechen als Genozid an. In: *Deutschlandfunk*, 21. September, https://www.deutschlandfunk.de/versoehnungsabkommen-mit-namibia-deutschland-erkennt-100.html (07.06.2023).

18 Bundeszentrale für politische Bildung (2020): Vor 115 Jahren: Der Maji-Maji-Aufstand, https://www.bpb.de/kurz-knapp/hintergrund-aktuell/209829/vor-115-jahren-der-maji-maji-aufstand/ (21.03.2023).

19 Autor*in unbekannt (2016): Kolonialgeschichte: Wer war Hermann von Wissmann? In: *Westdeutsche Zeitung*, 18. Juni, https://www.wz.de/nrw/duesseldorf/wer-war-hermann-von-wissmann_aid-28280165, (07.06.2023).

20 Martin, Ulrike (2021): Der Name Wissmann ist weg. Der Streit über die erfolgte Umbenennung in Lucy-Lameck-Straße geht aber weiter. In: *Berliner Woche*, 4. Mai, https://www.berliner-woche.de/neukoelln/c-politik/der-streit-ueber-die-erfolgte-umbenennung-in-lucy-lameck-strasse-geht-aber-weiter_a308643 (07.06.2023).

21 Von Bodisco, Corinna (2021): Straßenumbenennung in Berlin-Kreuzberg erfolgt nach zwei Jahren: Der nördliche Teil der Manteuffelstraße soll künftig »Audre Lorde« heißen. In: *Tagesspiegel*, 16. Juni, https://www.tagesspiegel.de/berlin/der-nordliche-teil-der-manteuffelstrasse-soll-kunftig-audre-lorde-heissen-4752451.html (07.06.2023).

22 Memarina, Susanne (2021): Straßenumbenennung in Berlin-Mitte: Die M-Straße und ihre Freunde. In: *taz*, 14. Juli, https://taz.de/Strassenumbenennung-in-Berlin-Mitte/!5781355/ (07.06.2023).

31 Kraft meines Amtes

1 The Poetry Foundation https://www.poetryfoundation.org/poets/maya-angelou (12.06.2023).

2 Die Beauftragte des Berliner Senats für Integration und Migration, Landesbeirat für Partizipation, https://www.berlin.de/lb/intmig/themen/partizipationsbeirat/ (01.04.2023).

3 Wiedemann, Carolin (2014): Protest auf der Platane. In: *Spiegel Online*, 11. April, https://www.spiegel.de/panorama/gesellschaft/oranienplatz-aktivistin-napuli-protestiert-auf-baum-gegen-raeumung-a-963849.html (07.06.2023).

4 Mayer, Verena (2014): Massenquartier mit ungeklärtem Status. In: *Süddeutsche Zeitung*, 3. Mai, https://www.sueddeutsche.de/panorama/fluechtlingslager-in-berlin-massenquartier-mit-ungeklaertem-status-1.1948859 (07.06.2023).

5 Gandzior, Andreas (2014): Flüchtlinge verbarrikadieren sich unterm Dach. In: *Berliner Morgenpost*, 5. November, https://www.morgenpost.de/printarchiv/berlin/article134000181/Fluechtlinge-verbarrikadieren-sich-unterm-Dach.html (07.06.2023).

6 Eines der wenigen Interviews, die Sista Mimi öffentlich gab, führte Nina Kupenda. Es wurde 2017 in »In unseren eigenen Worten. Geflüchtete Frauen in Deutschland erzählen von ihren Erfahrungen« veröffentlicht.

32 Wie ich »Passdeutsche« wurde

1 Du Bois (1940): Dusk of Dawn. An Essay toward an Autobiography of a Race Concept. Oxford University Press, 136.

2 Adams, Anne (2005): The Souls of Black Volk. Contradiction? Oxymoron? In: Mazón, Patricia, Steingröver, Reinhild (Hg.) (2005): Not So Plain as Black And White. Afro-German Culture and History, 1890–2000. New York: University of Rochester Press, 209–232.

3 Rose, Anyusha (2016): The Brexit debate has made Britain more racist. In: *Washington Post*, 22. Juni, https://www.washingtonpost.com/posteverything/wp/2016/06/22/the-brexit-debate-has-made-britain-more-racist/ (07.06.2023).

33 Schwarze Frauen in der deutsch(sprachig)en Politik

1 Münch, Eva Marie von (1976): Hausfrauen-Ehe abgeschafft. In: *Die Zeit*, 15. Oktober, zitiert nach: https://frauenmediaturm.de/neue-frauenbewegung/zeit-hausfrauenehe-eherecht-1976/ (07.06.2023).

2 Lebendiges Museum Online, https://www.hdg.de/lemo/biografie/angela-merkel.html (01.04.2021).

3 Autor*in unbekannt (2018): Merkel zur Gleichberechtigung: »Das Ziel muss Parität sein, Parität überall«. In: *Spiegel Online*, 12. November, https://www.spiegel.de/politik/deutschland/angela-merkel-das-ziel-muss-paritaet-sein-paritaet-ueberall-a-1237989.html (07.06.2023).

4 Duhm, Lisa (2018): Angela Merkel. Feministin wider Willen. In: *Spiegel Online*, 12. November, https://www.spiegel.de/politik/deutschland/angela-merkel-zu-100-jahren-frauenwahlrecht-a-1238034.html (07.06.2023).
5 Eubel, Cordula (2006): Politik: Merkel pocht auf Elterngeld. In: *Tagesspiegel*, 20. April, https://www.tagesspiegel.de/politik/merkel-pocht-auf-elterngeld-1325548.html (07.06.2023).
6 Bertelmanns Stiftung (2022): 2023 fehlen in Deutschland rund 384.000 Kita-Plätze, https://www.bertelsmann-stiftung.de/de/themen/aktuelle-meldungen/2022/oktober/2023-fehlen-in-deutschland-rund-384000-kita-plaetze (01.04.2023).
7 Sadigh, Parvin (2012) Integration, jetzt auch konkret. In: *Zeit Online*, 1. Februar, https://www.zeit.de/gesellschaft/familie/2012-02/integrationsbericht-bilanz?utm_referrer=https%3A%2F%2Fwww.google.com%2F (07.06.2023).
8 Zitiert aus dem Videobeitrag von ZDF Heute, der auf Facebook zu finden ist: https://www.facebook.com/ZDFheute/videos/angela-merkel-findet-klare-worte-zur-integration/1103032313371480/?locale=de_DE (01.04.2023).
9 Zwerenz, Milena (2020): »Wo kommst du eigentlich her?« Merkel positioniert sich zum Thema Integration und das Video geht viral. In: *ze:tt*, 3. März, https://www.zeit.de/zett/politik/2020-03/merkel-positioniert-sich-zum-thema-integration-und-das-video-geht-viral?utm_referrer=https%3A%2F%2Fwww.google.com%2F (01.04.2023).
10 Amesberger, Helga und Halbmayr, Brigitte (2008): Das Privileg der Unsichtbarkeit. Rassismus unter dem Blickwinkel von Weißsein und Dominanzkultur. Wien: Braumüller Verlag.
11 Zitiert aus dem Videobeitrag von ZDF Heute, der auf Facebook zu finden ist: https://www.facebook.com/ZDFheute/videos/angela-merkel-findet-klare-worte-zur-integration/1103032313371480/?locale=de_DE (01.04.2023).
12 Dr. Sylvie Nantcha erzählt im Videointerview bei »Schwarz, Rot, Gold« von ihren politischen Anfängen und der Bedeutung ihrer Religion für Politik und Alltag: https://www.youtube.com/watch?v=sOVAS6TyqiY (01.04.2023).
13 Götz, Eva-Maria (2020): Kirchen in der Kolonialzeit. Christliche Überlegenheitsdoktrin. In: *Deutschlandfunk*, 3. Dezember, https://www.deutschlandfunk.de/kirchen-in-der-kolonialzeit-christliche-100.html (07.06.2023).
14 Wittmütz, Volkmar (undatiert): Die Rheinische Mission, Internet-

portal Rheinische Geschichte, https://www.rheinische-geschichte.lvr.de/Epochen-und-Themen/Themen/die-rheinische-mission/DE-2086/lido/5e565056e7a506.35216030 (01.04.2023).
15 Marina, Christina (2020): Die Kirche und der Kolonialismus. In: *evangelisch.de*, 13. August, https://www.evangelisch.de/inhalte/173601/13-08-2020/die-kirche-und-der-kolonialismus (07.06.2023).
16 Knut, Anton (undatiert): Unterdrückt oder befreit? Die christliche Mission und der Kolonialismus, Zeitzeichen. Evangelische Kommentare zu Religion und Gesellschaft, https://zeitzeichen.net/node/9292 (01.04.2023).
17 Hanimann, Carlos (2021): Der sonderbare Fall der Tilo Frey. In: *Republik*, 2. Juni, https://www.republik.ch/2021/06/02/der-sonderbare-fall-der-tilo-frey (07.06.2023).
18 Hanimann 2021.
19 Hanimann 2021.
20 Hanimann 2021.
21 Hanimann 2021.
22 Bateson, Ian (2021): First Black Woman in Bundestag Wants to Change Image of »Germanness«. The New York Times, https://www.nytimes.com/2021/11/05/world/europe/germany-black-woman-bundestag.html (01.04.2023).
23 Grünes Gedächtnis (undatiert): Grüne Geschichte. Wie alles begann, https://www.gruene.de/unsere-gruene-geschichte (01.04.2023).

34 Kunst und Propaganda

1 Karenga, Maulana (2010): Introduction to Black Studies. 4th ed. Los Angeles, CA: University of Sankore Press.
2 Locke, Alain (Hg.) (1925): The New Negro. Voices from the Harlem Renaissance. New York: Simon & Schuster.
3 Iken, Katja (2016): Josephine Baker in Berlin. Gefeiert wie eine Göttin, begafft wie ein Tier. In: *Spiegel Online*, 13. Januar, https://www.spiegel.de/geschichte/josephine-baker-in-berlin-a-1070322.html (07.06.2023).
4 Marcel Sauvage und Paul Colin erarbeiteten gemeinsam mit Josephine Baker ihre erste Biografie, die unter dem Titel »Les Mémoires de Joséphine Baker« 1927 in Paris erschien.
5 Iken 2016.
6 Jules-Rosette, Bennetta (2007): Josephine Baker in Art and Life. The Icon and the Image. University of Illinois Press.

7 Jules-Rosette 2007.
8 Aitken, Robbie (undatiert): Black Central Europe: Sunrise in Morningland (1930), https://blackcentraleurope.com/sources/1914-1945/sunrise-in-morningland-1930/ (01.04.2023).
9 Foster, Hal (1993): »Primitive« Scenes. In: *Critical Inquiry*, Autumn, Vol. 20, No. 1, pp. 69–102. The University of Chicago Press, http://www.jstor.com/stable/1343948 (10.04.2023).
10 Kupka, Mahret Ifeoma (2022): »Milli«. Eine Metapher für Grenzen und andere Beziehungen. In: Kelly, Natasha A. (2022): I AM MILLI. Ikonografien des Schwarzen Feminismus. Ausstellungskatalog. Berlin: Orlanda Verlag, 30–39.
11 Foster 1993.
12 In den USA wurde der Propagandabegriff von W. E. B. Du Bois verwendet, um einen wichtigen Beitrag zur Dekonstruktion bestehender Machtstrukturen und der Entwicklung einer eigenen Schwarzen Ästhetik im Rahmen der Harlem Renaissance zu fördern. Siehe dazu: W. E. B. Du Bois (1926): Criteria of Negro Art. In: *The Crisis*, 32, 295 ff.
13 De Guzman, Rene (2019): Eine Frage der Erinnerung. Ein Gespräch mit Angela Davis. In: Staatliche Kunstsammlungen Dresden, Kathleen Reinhardt, Hilke Wagner (Hgs.) (2020): 1 Millionen Rosen für Angela Davis. Ausstellungskatalog. Dresden: Mousse Publishing, 162–173.
14 Dillon, David. A. und Maya Angelou (1978): Perspectives: The Natural Artistry of Life –Maya Angelou. Language Arts, 55(5), 630–634, http://www.jstor.org/stable/41404683 (01.04.2023).
15 EDEWA – Der Postkolonialwarenladen, http://www.edewa.info/ (01.04.2023).
16 Kelly, Natasha A: Living in a White Box – Von künstlerischer Freiheit und anderen Privilegien. In: Kelly, Natasha A. (Hg.) (2015): Sisters & Souls: Inspirationen durch May Ayim. Berlin: Orlanda Verlag, 187–200.

35 Der Blick zurück nach vorn

1 Frantz Fanon (1952): Black Skin, White Masks. London: Pluto Press.
2 Lorde, Audre (2021): Die Verwandlung von Schweigen in Sprache und Handeln. In: Lorde, Audre (2021): Sister Outsider. »Nicht Unterschiede lähmen uns, sondern Schweigen«. München: Hanser Verlag.

3 Crenshaw, Kimberlé (2019): Das Zusammenwirken von Race und Gender ins Zentrum rücken. Eine Schwarze feministische Kritik des Antidiskriminierungsdogmas, der feministischen Theorie und antirassistischer Politiken (1989). Übersetzt von Céline Barry. In: Kelly, Natasha A. (Hg.) (2019): Schwarzer Feminismus. Grundlagentexte. Münster: Unrast Verlag, 145–186.

4 Goosby, Bridget J. und Heidbrink, Chelsea (2013): Transgenerational Consequences of Racial Discrimination for African American Health, https://www.ncbi.nlm.nih.gov/pmc/articles/PMC4026365/ (30.04.23).